Ruggero Jacobbi. Acervo: Ruggero Jacobbi.

Ruggero Jacobbi

Coleção Estudos
Dirigida por J. Guinsburg

Equipe de realização: Revisão – Évia Yasumaru; Sobrecapa – Sérgio Kon; Índice Remissivo – Aline E. Sato; Produção – Ricardo W. Neves, Heda Maria Lopes e Maria Amélia F. Ribeiro.

Berenice Raulino

# RUGGERO JACOBBI

## PRESENÇA ITALIANA NO TEATRO BRASILEIRO

Dados Internacionais de Catalogação na Publicação (CIP)
(Câmara Brasileira do Livro, SP, Brasil)

Raulino, Berenice
Ruggero Jacobbi : presença italiana no teatro brasileiro / Berenice Raulino. -- São Paulo : Perspectiva ; FAPESP, 2002. -- (Estudos ; 182)

Bibliografia.
ISBN 85-273-0295-0 (Perspectiva)
ISBN 85-86956-08-2 (Fapesp)

1. Jacobbi, Ruggero - Crítica e interpretação 2. Teatro brasileiro - História e crítica 3. Teatro italiano - História e crítica 4. Teatrólogos italianos I. Título. II. Série.

02-2933 CDD-792.0981

Índices para catálogo sistemático:
1. Teatro brasileiro : Presença italiana : História e crítica 792.0981


EDITORA PERSPECTIVA S.A.
Av. Brigadeiro Luís Antônio, 3025
01401-000 – São Paulo – SP – Brasil
Telefax: (0--11) 3885-8388
www.editoraperspectiva.com.br
2002

*...o eterno Hamlet europeu ia atrás de seus*
*fantasmas, continuava às voltas com problemas.*
*Tese, antítese, tese, antítese... E a síntese?*
*Oh, com certeza amanhã; pois já ouvia*
*as fanfarras de Fortimbrás anunciando o futuro:*
*o tempo inevitável da dignidade humana.*

RUGGERO JACOBBI

# Sumário

# Um Intelectual no Teatro

Ninguém ignora que a modernização do teatro brasileiro é um fenômeno relativamente recente, que contou com a colaboração decisiva de encenadores e cenógrafos europeus, italianos na maior parte, que para cá vieram durante e principalmente depois da Segunda Guerra Mundial. Os nomes de Ziembinski, Ruggero Jacobbi, Adolfo Celi, Aldo Calvo, Luciano Salce, Flamínio Bollini, Gianni Ratto, Alberto D'Aversa, Maurice Vaneau, entre outros, fazem parte da nossa história teatral, assim como os grupos e as companhias em que atuaram, entre eles Os Comediantes, o Teatro Brasileiro de Comédia, o Teatro Popular de Arte, o Teatro dos Doze e a Companhia Tônia-Celi-Autran, para citar alguns dos mais expressivos. Com esses e vários outros conjuntos, o teatro brasileiro adquiriu maioridade artística, absorvendo a figura do encenador como o responsável pela unidade e organicidade do espetáculo teatral.

Este livro, sem perder de vista o plano geral da modernização do nosso teatro, dirige o foco para a trajetória individual do italiano Ruggero Jacobbi, cuja permanência no Brasil durou quatorze anos, de 1946 a 1960.

A autora, Berenice Raulino, não mediu esforços para nos dar um retrato de corpo inteiro desse grande homem de teatro, fazendo-nos acompanhar, primeiramente, sua formação literária e teatral na Itália do entre-guerras, marcada pela ascensão do fascismo, e seus primeiros trabalhos como encenador teatral. Impressiona a precocidade de

Jacobbi, nascido em 1920 e interessado já na adolescência por literatura, cinema e teatro. Uma resenha escrita aos dezoito anos, sobre um livro de Anton Giulio Bragaglia, um dos principais encenadores então em atividade, prenunciava os futuros trabalhos críticos, a carreira de ensaísta e pensador, que se desenvolveria paralelamente às atividades práticas, ligadas ao palco, e iniciadas em 1941, com a montagem, num único espetáculo, das peças *Musica de foglie morte*, de Rosso di San Secondo, e *Giornata nel tempo*, de Ernesto Trecani.

Uma temporada de estudos na Itália propiciou a Berenice Raulino um conhecimento profundo da realidade teatral vivenciada por Jacobbi, na qual três aspectos se destacam. Em primeiro lugar, o *ritardo* do teatro italiano em relação a outros países europeus, provocado pelo prestígio dos grandes atores, que dominavam a cena e impediam a afirmação da arte do encenador. Observe-se que ao chegar ao Brasil, Jacobbi vai se deparar com a mesma situação. O segundo aspecto é decorrente do primeiro: o velho modo de fazer teatro encontra na juventude universitária uma forte oposição, materializada no trabalho de vários grupos que recebem o apoio do regime fascista, por intermédio do Ministério da Cultura. Havia concursos em todos os setores artísticos, com prêmios e subsídios para as melhores revelações. O assunto é delicado e poderia significar uma página não muito nobre na biografia de Jacobbi. Mas a pesquisa de Berenice Raulino revela que ele jamais aderiu ao fascismo, que sempre foi um homem de esquerda, que foi preso por ter atuado na resistência contra o nazi-fascismo, e que, juntamente com Luchino Visconti e Vito Pandolfi, organizou a primeira companhia dramática oficial da Itália democrática, por incumbência do Comitê de Liberação Nacional. O terceiro aspecto marcante da realidade teatral italiana foi um debate teórico, que se refletia no palco, obviamente, travado entre Bragaglia e Silvio D'Amico, em torno dos conceitos de "espetáculo absoluto" e "espetáculo condicionado". Jacobbi chegou a trabalhar com Bragaglia, mas não se deixou influenciar completamente pela idéia de um "teatro teatral". É claro que valorizava, como o mestre, os elementos visuais e plásticos do espetáculo, mas a formação literária e o respeito ao texto sempre tiveram um peso muito grande em suas encenações.

A vinda para o Brasil, em dezembro de 1946, como diretor da companhia dramática de Diana Torrieri, em *tournée* pela América do Sul, deu novo rumo à vida de Jacobbi. O convite para dirigir um espetáculo no Teatro Popular de Arte, companhia de Sandro Polloni e Maria Della Costa, segurou-o no Rio de Janeiro, enquanto os companheiros italianos seguiam viagem rumo a Buenos Aires. O extraordinário sucesso da montagem de *Estrada do Tabaco* (*Tobacco Road*), de Erskine Caldwell e Jack Kirkland, e a competência com que encenou *Tereza Raquin*, de Émile Zola, projetaram seu nome no meio teatral e abriram-lhe a possibilidade de prolongar sua estada no Brasil e de colaborar, como havia feito na Itália, para a modernização do nosso teatro.

A parte mais substanciosa do livro de Berenice Raulino é o estudo dos trabalhos de Jacobbi como encenador de cerca de cinqüenta espetáculos, durante os quatorze anos que se seguiram à estréia carioca. Com base em farta documentação, ela reconstrói a trajetória do artista, que começa no Rio de Janeiro, no Teatro Popular de Arte, e que tem continuidade na Companhia Procópio Ferreira e no Teatro dos Doze, onde dirige um elogiado *Arlequim, Servidor de Dois Amos*, de Goldoni. Em 1949, com o convite para trabalhar no Teatro Brasileiro de Comédia, Jacobbi transfere-se para São Paulo, onde fica até 1957. É nessa fase que realiza os seus espetáculos mais importantes, tanto no TBC quanto em outras companhias, como a de Madalena Nicol, o Teatro Íntimo Nicette Bruno, o Teatro Popular de Arte – agora sediado em São Paulo – e a Companhia Nydia Lícia-Sérgio Cardoso. E se por vezes precisou ceder ao apelo da bilheteria, encenando peças comerciais, por exigência de contratos, de um modo geral o seu repertório é quase sempre de primeira linha: *O Mentiroso* e *Mirandolina*, de Goldoni; *A Ronda dos Malandros*, adaptação de *The beggar's opera*, de John Gay; *A Desconhecida de Arras*, de Salacrou; *Electra e os Fantasmas*, de O'Neill; *Noturno* e *A Mais Forte*, de Strindberg; *O Urso*, de Tchekov; *Henrique IV*, de Pirandello; *O Inglês Maquinista*, de Martins Pena; e *Lição de Botânica*, de Machado de Assis, entre outras peças.

Desses anos de intensa atividade artística como encenador empenhado na modernização do teatro brasileiro, Berenice Raulino selecionou dois espetáculos realizados no TBC para abordar de maneira mais profunda o trabalho de Jacobbi: *O Mentiroso* (1949) e *A Ronda dos Malandros* (1950). Com o primeiro, a autora investiga o significado de trazer para a cena nacional a estilização cômica da *commedia dell'arte* italiana e relata o impacto desse espetáculo – um dos mais perfeitos da história do TBC – no nosso meio teatral; já o segundo lhe permite historiar longamente o que foi uma das maiores polêmicas da época e analisar não apenas o trabalho de encenador de Jacobbi mas também o do dramaturgo, uma vez que ele mesmo adaptou a peça de John Gay, com a ajuda de alguns colaboradores. O leitor poderá então acompanhar todo o processo de criação desse espetáculo, talvez a primeira experiência de teatro de inspiração brechtiana no Brasil, que foi proibido e liberado com cortes e que, apesar de atrair bom público durante duas semanas, foi retirado de cartaz, por ordem de Franco Zampari, proprietário do TBC. Até hoje discute-se se houve motivação política, pois o texto tinha muitos elementos de esquerda, ou se Zampari simplesmente considerou a montagem fraca. De qualquer modo, o encenador italiano demitiu-se, inconformado com a atitude de seu patrão.

Além de destacar o trabalho artístico de Jacobbi, Berenice Raulino chama a atenção para outra faceta não menos importante desse homem de teatro. Ele foi fundamentalmente um intelectual, um estudioso que se dedicou muito intensamente à reflexão teórica e crítica, bem como ao ensino do teatro. Durante todo o tempo em que esteve no Brasil, escreveu em jornais, revistas e suplementos, produção que pode ser parcialmente avaliada nos livros *A Expressão Dramática* (1956), *Goethe, Schiller, Gonçalves Dias* (1958) e *O Espectador Apaixonado* (1962). Como professor de teatro, Jacobbi atuou na Escola de Arte Dramática de São Paulo, no Centro de Estudos Cinematográficos, no Conservatório Dramático e Musical de São Paulo, e finalmente no Curso de Estudos Teatrais da Faculdade de Filosofia do Rio Grande do Sul, que fundou e dirigiu em 1958 e 1959. A proximidade com jovens estudantes o fez apoiar várias iniciativas, entre elas a criação do Teatro Paulista do Estudante, em 1955.

Como se não bastassem os trabalhos já assinalados, Berenice Raulino detalha ainda mais a trajetória de Jacobbi no Brasil, lembrando suas outras atividades, ou seja, que ele dirigiu filmes e óperas, escreveu peças, traduziu e adaptou peças para o português, verteu peças e poemas brasileiros para o italiano, produziu e dirigiu peças para a televisão, e que foi crítico de teatro, cinema e literatura. Tudo isso dá a medida exata do grande intelectual que foi esse italiano apaixonado pelo nosso teatro e pela nossa literatura, o autor de belos ensaios sobre a dramaturgia de Gonçalves Dias, Machado de Assis e Oswald de Andrade e do livro *Teatro in Brasile* – uma história do nosso teatro –, infelizmente não traduzido para o português.

Acompanhá-lo em sua volta à Itália e descrever os trabalhos que lá desenvolveu, entre 1960 e 1981, ano da sua morte, eis a última tarefa levada a cabo por Berenice Raulino para tornar este livro exemplar enquanto biografia intelectual de um homem notável. Jacobbi retomou suas ligações com o Piccolo Teatro de Milão, realizou mais de trinta montagens – entre elas a de *O Pagador de Promessas*, de Dias Gomes –, foi crítico teatral e professor de teatro e finalmente Professor Catedrático de Literatura Brasileira na Universidade Magistero Romana. Uma vida, enfim, dedicada à arte e ao estudo – dois amos a quem ele foi fiel servidor, como o Arlequim de Goldoni, que tanto admirava.

*João Roberto Faria*

# Apresentação

Este livro refere-se à contribuição do teórico e diretor de teatro Ruggero Jacobbi para a evolução do teatro brasileiro. Visando configurar o saber disseminado pelo intelectual italiano em nosso país, a parte inicial deste estudo analisa as transformações por que passa o teatro italiano no princípio do século XX, período em que Jacobbi começa a atuar como crítico e diretor. São abordadas as diferentes conexões articuladas por encenadores entre texto e espetáculo, a polêmica entre Silvio d'Amico e Anton Giulio Bragaglia, os grupos de teatro universitário e as propostas de reformulação da cena italiana. É também analisada a participação de Ruggero Jacobbi na Resistência política e em movimentos literários e cinematográficos, uma vez que o universo cultural vivenciado intensamente por Jacobbi na Itália será o fundamento de sua atuação no Brasil.

Seus livros *A Expressão Dramática*; *Goethe, Schiller, Gonçalves Dias*; *O Espectador Apaixonado*; *Teatro in Brasile*; *Teatro da Ieri a Domani* e *Le Rondini di Spoleto*, os numerosos ensaios sobre teatro, particularmente os publicados na *Revista de Estudos Teatrais,* além das críticas veiculadas em periódicos italianos e brasileiros constituíram as principais fontes para identificar suas linhas de ação.

Uma vez que a direção teatral é um dos temas fundamentais de suas considerações sobre o fenômeno teatral, o seu próprio trabalho como diretor de teatro foi tomado estrategicamente como eixo deste estudo a partir do qual foram historiadas algumas das reverberações que sua ação cultural promoveu em nosso país.

Entre 1946 e 1960, período em que permaneceu no Brasil, Ruggero – como a ele se referiam seus contemporâneos brasileiros – foi diretor de diversas companhias e fundou uma escola de teatro.

No percurso geral das atividades por ele desenvolvidas no país, três iniciativas foram analisadas de maneira mais detalhada, uma vez que emblemáticas da importância de sua atuação. A primeira delas refere-se às montagens feitas a partir da *commedia dell'arte* dos textos goldonianos *Arlequim, Servidor de Dois Amos*, *O Mentiroso* e *Mirandolina*; a segunda diz respeito à encenação de *A Ronda dos Malandros*, no Teatro Brasileiro de Comédia, e a terceira reúne suas diversas experiências no campo do ensino das artes cênicas, que culminaram na fundação do curso de Arte Dramática da Universidade do Rio Grande do Sul.

O termo *Zoom* designa esse olhar aproximado. Na Itália, a expressão *zoomata* é habitualmente empregada em estudos teóricos. A partir daquela expressão, outros vocábulos foram sendo emprestados do cinema para designar os itens deste livro; uma nomenclatura consentânea com a atividade cinematográfica do pesquisado. Assim, a primeira parte foi batizada como *Flashback*; sua trajetória de vida foi focalizada em Panorâmicas; a introdução se tornou *Fade-in* e a conclusão, *Fade-out*. As demais atividades desenvolvidas no âmbito do teatro – teoria, história, crítica, dramaturgia, tradução – estão nos Planos Gerais; suas incursões pelo cinema, pela televisão e pela ópera foram contempladas na Montagem Paralela; a cronologia recebeu a denominação de Tempo Real e nos *Inserts* foram anexados documentos sobre aspectos da figura humana e do intelectual Ruggero Jacobbi; nesse item foi incluído também o texto da aula inaugural do curso gaúcho no qual ele sintetizou suas principais idéias sobre o teatro. Além desses tópicos, foram incluídas as Fichas Técnicas dos espetáculos dirigidos por Jacobbi no Brasil.

A pesquisa foi realizada em bibliotecas brasileiras, como a Biblioteca da Escola de Comunicações e Artes/USP, a Biblioteca do Instituto de Estudos Brasileiros/USP, Biblioteca da História e Geografia/FFLCH-USP, Biblioteca da Faculdade de Filosofia, Letras e Ciências Humanas/USP e italianas como a Biblioteca do Dipartimento di Musica e Spettacolo (DAMS), da Università degli Studi di Bologna, Biblioteca Nazionale di Firenze, Biblioteca Centrale della Università degli Studi di Bologna, Biblioteca Comunale di Bologna, Biblioteca dell'Archiginnasio di Bologna. Foram localizados também documentos em arquivos públicos, como o Arquivo Multimeios do Centro Cultural São Paulo, e particulares como o Arquivo Ruggero Jacobbi do Gabinetto Vieusseux, em Florença, e o Arquivo do Piccolo Teatro, de Milão. Diretores e estudiosos de teatro, e também familiares de Jacobbi foram entrevistados.

Contei com diversas colaborações na elaboração das pesquisas e na estruturação deste livro. Agradeço especialmente ao Prof. Dr.

Sábato Magaldi, orientador da tese de doutoramento, origem deste livro, pelo generoso e fundamental apoio e pela precisão de indicações em todas as etapas de elaboração deste trabalho. Ao Prof. Dr. Décio de Almeida Prado, que me concedeu entrevista e me emprestou livros de sua biblioteca particular o meu tributo especial e meu reconhecimento póstumo; ao Prof. Dr. Jacó Guinsburg, ao Prof. Dr. Flávio Aguiar, ao Prof. Dr. Eudinyr Fraga e ao Prof. Dr. João Roberto Faria, que participaram de minha banca examinadora, e fizeram importantes sugestões de reformulação da tese de doutoramento; à Maria Thereza Vargas, cujo meticuloso e permanente trabalho documental sobre o teatro brasileiro contribuiu significativamente para esta investigação histórica; a Fernando Peixoto, Nydia Lícia e Linneu Dias, que gentilmente me facultaram o acesso a seus arquivos pessoais, nos quais localizei importante documentação; a Sílvia Fernandes, pela gentileza em indicar opções para o encaminhamento do trabalho e pelo incentivo; ao cineasta Aloysio Raulino, meu irmão, pela consultoria em relação aos termos cinematográficos.

Ao CNPq, pela outorga de Bolsa de Estudos no Exterior, por meio da qual pude aprofundar minhas pesquisas.

Na Itália, agradeço: ao Prof. Dr. Marco De Marinis, meu co-orientador, e à professora Eugenia Casini Ropa, ambos do Dipartimento di Musica e Spettacolo, da Università segli Studi di Bologna, que se prontificaram sempre a acompanhar a evolução do meu trabalho, discutindo as diversas possibilidades de encaminhamento, e indicando-me fontes para a realização de minha pesquisa; ao Prof. Dr. Claudio Meldolesi, que me concedeu entrevista e me emprestou livros de sua biblioteca particular; ao diretor de teatro e professor Luigi Squarzina, pela entrevista concedida e pelas cópias de matérias jornalísticas que me ofereceu; ao diretor teatral Luca Ronconi, pela cópia do discurso que proferiu quando recebeu a *laurea honoris causa* da Università degli Studi di Bologna, em 1999; a Caterina del Vivo, do Gabinetto Vieusseux, de Florença; a Daisy Santana, que foi esposa de Ruggero, e a Paola Jacobbi, sua filha, radicadas em Milão, pelos valiosos depoimentos. Agradeço especialmente a Mara Jacobbi, viúva de Ruggero, e a sua filha, Laura, que me abriram seu arquivo pessoal, em Roma, no qual localizei uma quantidade significativa de informações. As traduções do italiano foram por mim realizadas.

Agradeço especialmente à FAPESP pelo auxílio de publicação e ao Centro Cultural São Paulo pela cessão de fotos documentais do Arquivo Multimeios da Divisão de Pesquisas, apoios que em muito contribuiram para possibilitar a edição deste livro.

# Glossário de Termos Cinematográficos

*Fade-in*: Introdução progressiva de imagens a partir de uma tela inicialmente negra ou branca; aumento progressivo do volume de músicas e ruídos na trilha sonora.

*Fade-out*: Desaparecimento progressivo de imagens até que a tela se torne inteiramente negra ou branca; diminuição progressiva do volume de músicas e ruídos na trilha sonora.

*Flashback*: Recurso narrativo em que uma evocação ou um fato ocorrido anteriormente surge no presente.

*Inserts*: Inserção de tomadas no interior de uma tomada maior já existente para fornecer ritmo ou informações complementares à narrativa.

Montagem Paralela: Recurso narrativo que consiste em superpor ou intercalar narrativas simultâneas dentro do filme.

Panorâmica: Movimento da câmera que gira sobre seu eixo horizontal ou vertical para acompanhar o movimento de personagens ou objetos ou descrever a vastidão de um ambiente.

Plano Geral: Tomada de câmera que utiliza uma objetiva aberta, mostrando o assunto focalizado à distância.

Tempo Real: Método de narração que faz transcorrer as imagens na exata ordem cronológica em que se dão os acontecimentos.

*Zoom*: Recurso óptico que consiste em aproximar ou afastar o assunto, sem movimentar a câmera, utilizando uma objetiva (lente zoom) composta de elementos múltiplos e móveis em seu interior.

# 1. Fade-in

Assim como os primeiros europeus que desembarcaram em nosso solo no século XVI lançaram olhares curiosos para os índios brasileiros, também os profissionais italianos que chegaram ao Brasil em meados do século XX, surpreenderam-se com o teatro que era aqui realizado. À exceção de espetáculos produzidos por companhias estruturadas a partir de um único ator, a incipiente atividade amadora revelava sua falta de experiência. Se os portugueses acreditavam que a conversão dos índios significava a salvação de sua alma, os diretores italianos acreditavam que a *salvação* do teatro brasileiro poderia ocorrer por meio da informação e da técnica. A inexperiência dos nossos amadores se lhes afigurava um vasto campo a ser explorado e cultivado: um instigante desafio.

Um dos primeiros italianos que no pós-guerra desembarcaram na América, mais precisamente no Brasil, foi Ruggero Jacobbi. O distanciamento próprio da condição de estrangeiro favoreceu sua percepção da nação como um todo. Fascinado pelo país, analisou-o sob diferentes prismas, chegando a revelar certas facetas desconhecidas aos próprios brasileiros. Preparou-se para exercer os papéis que assumiu nos variados campos de atuação, adquirindo amplo conhecimento de nossa cultura e dominando perfeitamente a nossa língua. Empenhou-se em forjar estratégias, que aliavam a teoria à prática, para impulsionar a arte e a cultura brasileiras.

Ruggero Jacobbi tornou-se, em pouco tempo, um verdadeiro foco de irradiação intelectual em nosso país: o processo de constituição do teatro nacional foi demarcado, em muitos de seus aspectos fundamentais, por sua contribuição. O trabalho desenvolvido por Jacobbi na cena brasileira, entre 1946 e 1960, é tributário de seu saber, permanentemente atualizado.

No teatro, na literatura e no cinema, Jacobbi assumiu as funções de agente e de analista. Ele foi crítico teatral e também diretor de cerca de cem espetáculos de teatro, quase a metade deles no Brasil; foi professor de história do teatro e dramaturgia, tendo sido ele próprio autor de oito textos dramáticos; foi crítico literário e tradutor em italiano, em português, em francês e em espanhol, e foi também poeta e romancista; foi crítico cinematográfico, e também diretor de vários filmes de curta e longa metragem. Aventurou-se, paralelamente, em direções de óperas e de programas de televisão. Trata-se, portanto, de uma figura poliédrica, diria mesmo caleidoscópica.

A vinda de Jacobbi ao país foi marcada pelo ecletismo. Veio como diretor da companhia de Diana Torrieri em *tournée* pela América do Sul; como jornalista, incumbido de escrever artigos sobre o Brasil; e como profissional de cinema, com o objetivo de comercializar cópias de filmes italianos.

Quando Jacobbi chegou ao país, o presidente eleito era o Marechal Dutra; posteriormente ele acompanhou a campanha vitoriosa de Getúlio Vargas à presidência, as conseqüências de seu suicídio, vivenciou o governo de Juscelino Kubitschek de Oliveira, a mudança da capital do Rio de Janeiro para Brasília e retornou à Itália na véspera da posse do presidente Jânio Quadros. Foi um período bastante complexo de nossa história, no qual o sentimento nacionalista se instaurou no espírito dos brasileiros e se disseminou intensamente no campo das artes. Dentre aqueles que mais se empenharam para que os brasileiros assumissem seu palco, que naquele momento se encontrava dominado por diretores estrangeiros, estava o italiano Ruggero Jacobbi.

À primeira direção teatral realizada a convite de Sandro Polloni e Maria Della Costa, no Rio de Janeiro, sucederam-se dezenas de encenações, que integram a própria história de nosso teatro. Nesse período, a cena brasileira deixou de ser dominada pelo teatro de *boulevard* ou seja, por um teatro de mera *distração*, cedendo espaço para o teatro de *cultura*, segundo expressões utilizadas pelo próprio Jacobbi. Foi o período em que se efetivou a renovação do teatro brasileiro.

Da experiência de Jacobbi com figuras estelares de nossos palcos, no final dos anos de 1940, resultaram alguns estudos que contêm informações preciosas sobre o tipo de teatro então realizado. Em seu anseio de transformar a cena por meio da renovação de seus componentes, Ruggero Jacobbi passou a trabalhar com estruturas menos consagradas e mais passíveis, portanto, de transformação; dirigiu grupos emergentes que, embora estivessem mais afinados com as suas propostas artísticas, tinham a liberdade de criação limitada pela escassez de recursos financeiros.

Jacobbi integrou posteriormente a equipe de encenadores do Teatro Brasileiro de Comédia (TBC). Sua montagem de *O Mentiroso*, de Goldoni, é considerada por grande parte da crítica especializada a melhor encenação já realizada pelo TBC. Ali trabalhou com Sérgio Cardoso, Cacilda Becker, Walmor Chagas, Nydia Lícia e Ruy Affonso, entre outros. Sua direção de *A Ronda dos Malandros* afastou-o temporariamente daquela companhia.

Jovens como Flávio Rangel e Antunes Filho aproximaram-se dos mestres italianos com o objetivo de aprender a dirigir teatro. Antunes, por exemplo, atribui a Ruggero Jacobbi um papel decisivo em sua carreira profissional. Assistindo a *O Mentiroso*, Antunes descobriu a arte do teatro; posteriormente, trabalhou como seu assistente na montagem de *Treze à Mesa*, quando recebeu ensinamentos da prática e da teoria teatrais. Nessa ocasião, Antunes pôde acompanhar mais de perto a campanha que Jacobbi fez junto à direção do TBC no sentido de que Franco Zampari oferecesse oportunidade para que os brasileiros candidatos a diretor pudessem iniciar – mesmo que em horários alternativos – sua prática de encenação no teatro da Rua Major Diogo. Antunes Filho foi um dos primeiros brasileiros autorizados a dirigir no TBC. Mas, além dele, muitos dos diretores, atores, autores e também críticos que começaram suas atividades nos anos de 1950 foram, de alguma maneira, influenciados por Jacobbi.

Além de manter sempre sua atividade como diretor de grupos e companhias, Jacobbi, associado a outros artistas, fundou companhias e participou da criação de grupos de teatro. Com uma das principais atrizes do TBC, Ruggero Jacobbi fundou a Companhia Madalena Nicol e com Daisy Santana, em Porto Alegre, a Companhia Teatro do Sul. Dirigiu as companhias de Nicette Bruno, de Dercy Gonçalves e a então recém-constituída Companhia Nydia Lícia-Sérgio Cardoso.

Paralelamente à sua atividade de encenador, Jacobbi dedicou-se ao estudo e ao ensino do teatro e contribuiu de maneira decisiva para a reflexão sobre o fazer teatral: desdobrou-se em conferências, artigos, ciclos de estudo e seminários, além de sua atividade como professor e diretor de cursos de teatro. A tônica de sua atuação foi sempre incentivar e instrumentalizar os brasileiros a realizarem seu próprio teatro.

A produção crítica de Ruggero Jacobbi foi extensa. No período de 1952 a 1956, colaborou com o jornal paulistano *Folha da Noite*, fazendo o acompanhamento diário da atividade teatral no Brasil e no mundo. Entre outubro de 1956 e dezembro de 1962, Jacobbi colaborou no Suplemento Literário de *O Estado de S. Paulo*, com artigos sobre literatura e teatro.

Diversas traduções e adaptações realizadas por ele e uma peça de sua autoria foram encenadas durante sua permanência no país.

Ruggero Jacobbi dirigiu filmes de longa metragem produzidos pelas companhias cinematográficas Vera Cruz e Maristela e, fiel à sua preocupação permanente de formação de novos profissionais, dirigiu o Centro de Estudos Cinematográficos.

Em televisão, produziu e dirigiu um grande número de teleteatros transmitidos ao vivo em emissoras como a Tupi, a Paulista e a Record. O *Teatro Cacilda Becker*, por exemplo, era realizado e transmitido em estações do Rio, de São Paulo e de Belo Horizonte, uma vez que o videoteipe ainda não existia.

Ao voltar para a Itália, em 1960, Jacobbi permaneceu fortemente vinculado ao Brasil. Publicou o importante livro *Teatro in Brasile*, realizou diversas traduções e encenações de obras de dramaturgos brasileiros. Lá continuou a dedicar-se às atividades teóricas e práticas: tornou-se diretor da Escola do Piccolo Teatro de Milão, onde também lecionou Teoria e História do Teatro. Com produção daquela mesma companhia milanesa encenou três textos de jovens dramaturgos italianos. Sua atividade de diretor permaneceu intensa: montou mais de trinta espetáculos. Tornou-se diretor da Academia de Arte Dramática de Roma e presidente da Sociedade Italiana de Autores Dramáticos.

Na área da literatura, atuou sempre de forma destacada. Poeta, com várias obras publicadas, Jacobbi promoveu um forte intercâmbio cultural: não só traduziu autores italianos para o português como apresentou autores brasileiros aos italianos, por meio de primorosas traduções. Por quase três décadas, por exemplo, Jacobbi dedicou-se a traduzir o poeta Jorge de Lima; o resultado é uma cuidada e volumosa edição de suas obras em italiano. Atuou como crítico literário ao longo de toda a sua vida. Tornou-se professor catedrático de Literatura Brasileira, em Roma, função que desempenhava quando faleceu em 1981.

A personalidade de Jacobbi era sem dúvida instigante. O pioneirismo, o espírito desbravador e o ecletismo, aliados a uma convicção política de esquerda, direcionaram seu trabalho para as diversas linguagens artísticas e as diferenciadas possibilidades de realização. Sua preocupação era situar a arte como eixo da evolução do homem enquanto ser social. Nunca alçou suas convicções políticas como bandeiras ou como dogmas pois era contrário à realização artística como veículo de propaganda; seu trabalho tem a coerência de alguém que preza acima de tudo a liberdade.

Retomar a biografia cultural de Ruggero Jacobbi significa revisitar a história das artes cênicas brasileiras a partir de um enfoque diferenciado.

# 2. Flashback

## ASPECTOS DO TEATRO EM FINS DO SÉCULO XIX E INÍCIO DO SÉCULO XX

A Primeira Guerra Mundial é o marco indiscutível de radicais mudanças nas organizações sociais e de profundas transformações culturais. No teatro, há uma reação imediata de oposição ao teatro tradicional, comercial. Procura-se transpor para a cena a condição existencial do homem abalado por fortes contradições. As cortinas são eliminadas e a ficção é dessacralizada para que a verdade ocupe a cena. A busca da verdade cênica parte da realidade inconteste de que o ator está sobre o palco. Teatro teatral é o termo utilizado para designar tal circunstância. A estratégia de desvendar os mistérios do teatro tem por objetivo trazer a realidade para o palco. A ilusão cede lugar à convenção; a tentativa tornada inócua de transposição fiel da realidade para a cena cede lugar à expressão da realidade assimilada pelo artista transmudada em arte. A brusca mudança nem sempre é assimilada pelo espectador.

O diretor de teatro abandona a tentativa de representação da vida no palco e assimila a linguagem da cena no espetáculo assumindo sua condição mediática como meio expressivo. A relação arte-vida é o cerne da formulação do teatro no nosso século, seu elemento fundante e o objetivo que se busca atingir em cena.

A ilusão não é mais aceita por quem se preocupa em atingir a essência do teatro. A teoria teatral integra-se à prática e assume papel primordial no palco. A filosofia do teatro é transposta para a cena por meio do diretor que atua como agente transformador.

A direção teatral, enquanto agente catalizador dos vários elementos que constituem a cena, surge em fins do século XIX, mas é no século XX que assume seu papel de primazia no teatro. A linguagem cênica, em sua nova gênese, mescla indissociavelmente intenção e expressão. O elemento consubstanciador será o espetáculo concebido a partir de uma dramaturgia assimilada enquanto interlocutora do artista da cena.

A verdade é procurada pelo artista de teatro por caminhos diferentes. Alguns acreditam poder encontrá-la abandonando o espaço formal do teatro; outros acreditam que essa verdade está na confraternização, no trabalho de grupo, e na alegria de fazer *laboratório*. O trabalho nos *Piccoli* busca mostrar a viabilidade de um mundo socialmente mais justo.

## ESTÉTICA E POÉTICA

Em artigos sobre teatro publicados no Brasil na década de cinqüenta, Ruggero Jacobbi faz uma distinção entre dois conceitos que fundamentam a análise da encenação: a estética e a poética. O didatismo coaduna-se com o propósito jacobbiano de formação do profissional e do espectador de teatro brasileiros naquele período.

Com relação à estética Jacobbi esclarece: "A estética é a idéia de arte manifestada dentro de uma filosofia, dentro do conjunto de sua concepção do universo, e no quadro da lógica"[1]. Ou: "Chama-se estética a teoria da arte, formulada por um filósofo, dentro do quadro de seu sistema geral; teoria que, mesmo aplicada a uma arte em particular, se refere a toda a arte, e que, aplicando-se à arte, se refere a todo homem"[2].

As definições de poética são as seguintes: "Poética é a doutrina da arte construída por pessoas de alguma forma ligadas à arte (críticos ou artistas), individualmente ou em grupos, e serve apenas para nos iluminar sobre as tendências artísticas dessas pessoas"[3]. Ou: "Chama-se poética a formulação teórica (não necessariamente lógica, nem necessariamente ligada a um sistema geral de filosofia) de algum problema artístico, feito por pessoa que tem familiaridade prática com a arte

1. "A Direção: Texto e Espetáculo", *Revista de Estudos Teatrais*, São Paulo, Federação Paulista de Amadores Teatrais, n. 1, s/p., abr. 1958.

2. "Teoria Geral do Teatro", *Revista de Estudos Teatrais,* São Paulo, Federação Paulista de Amadores Teatrais, n. 3, p. 2, set. 1958.

3. "A Direção: Texto e Espetáculo", art. cit.

em questão, e que portanto fala por experiência própria, procurando dela tirar conseqüências gerais"[4].

O que podemos depreender dessas considerações é que a estética, por ser muito abrangente, mergulha freqüentemente na abstração, distancia-se do objeto concreto de análise; a poética, por sua vez, liga-se subjetivamente à especificidade de seu objeto isolando-o de manifestações correlatas, sem configurar uma categorização estética mas podendo contribuir, eventualmente, para a compreensão do teatro em geral. Jacobbi, ao transitar por essas duas esferas, promove o diálogo entre a estética e a poética e enriquece a reflexão sobre o fenômeno teatral.

A discussão sobre o texto na encenação surge simultaneamente ao aparecimento da figura do encenador ou diretor teatral que intencionalmente confere à cena um significado, algumas vezes emancipado do texto. É o diretor quem organiza todos os elementos sígnicos em função de uma idéia mestra, que nem sempre coincide com aquela do autor. Os conceitos de espetáculo condicionado e espetáculo absoluto são definidos em relação à maior ou menor proximidade entre a encenação e o texto, ou seja, ambos têm como referencial a peça escrita. Assim, quando o diretor busca traduzir exatamente a proposta contida no texto em cena, está realizando um espetáculo condicionado. Em contrapartida, quando o encenador se outorga o direito de interferir, seja no sentido global do texto dramático, seja nas indicações cênicas expressas em rubricas, visando elaborar uma arte própria da cena, está realizando um espetáculo absoluto. Nesse caso, o diretor pode tanto ter como referência o texto escrito anteriormente, como até dispensar qualquer registro aprioristicamente escrito que determine trilhas para o processo criativo do espetáculo.

A diferença de nomenclatura – teatro de texto ou teatro literário – se estabelece em função da intencionalidade do autor. Os gregos, os autores medievais e Shakespeare, por exemplo, escrevem visando à representação. Nesses casos, o texto está a serviço do espetáculo. O autor do teatro literário, por sua vez, tem como proposição fazer prevalecer o valor literário do texto em cena em detrimento da linguagem específica do palco. Seu representante por excelência é Racine. Evidentemente, esse tipo de preponderância da palavra vai contaminar a arte do ator: a declamação torna-se valor máximo na representação clássica francesa.

Em oposição ao teatro literário, surge um movimento de valorização da linguagem específica da cena, de retomada de seus atributos essenciais. Não se trata, portanto, da eliminação pura e simples da palavra, mas de alteração de seu estatuto na cena.

4. "Teoria Geral do Teatro", art. cit., p. 2.

Diante das relações possíveis entre texto e representação, Jacobbi considera que a peça não é uma obra de literatura que o diretor transforma em obra de teatro, mas a peça é uma obra de *teatro escrito* que se transforma em *teatro representado*. Tal observação evidencia-se quando pensamos que o leitor de um texto dramático é um espectador virtual. O autor de uma peça não é um ficcionista absoluto; ele elabora seu texto tendo como referência a cena e o leitor é consciente desse procedimento. A peça não nasce para ser lida mas sim representada; a representação conforma, portanto, o terreno de sua gênese. Se a peça escrita não é literatura, ela encaixa-se em uma categoria especial, a de literatura dramática.

Levando às últimas conseqüências a preponderância do texto na cena, Augusto Comte considera que o teatro é apenas uma forma secundária e provisória da poesia. Secundária uma vez que a representação teatral justifica-se somente pelo jogo dos atores (gestos e mímica), meio de expressão inferior. Provisória já que a representação não tem mais significação religiosa, a linguagem da ação ligada à celebração do culto não se justifica mais a partir do momento exato em que o teatro se desliga do culto.

Segundo Jacobbi, o trabalho do diretor, posto que seja arte, é interpretação; é arte sobre a arte, arte que aproveita a arte. A imaginação do leitor é direcionada pela transposição que o autor faz dessa ficção para a cena.

No entanto, parece-me que mesmo quando o autor se propõe a realizar em sua obra um detalhamento para circunscrever a *praxis*, a mera transformação da palavra em voz já é uma alteração fenomenal incontornável e a vocação que um texto escrito tem de tornar-se espetáculo ultrapassa a elaboração de uma indicação didascálica que busque definir *a priori* o espetáculo. A forma nascida da prática da cena é de uma verdade dificilmente suplantada pela projeção da imaginação do autor em palavras.

Jacobbi, em uma observação bastante radical, considera que de cada peça existe apenas uma direção, um espetáculo. Todas as invenções diretoriais estariam já contidas – mesmo que não explicitadas – no texto. Dialeticamente, as virtuais *mises en scène* de um mesmo texto seriam transposições do ritmo próprio da realidade para a cena. A passagem do uno para o múltiplo e do múltiplo para o uno resultariam da eterna cisão da existência.

Segundo Ruggero Jacobbi, tanto o diretor como o ator são intérpretes da obra do autor. O diretor de teatro tem, para ele, a função de um crítico, enquanto responsável pelas questões intelectuais, racionais, lógicas, estruturais e organizativas. Ao ator cabe o lado irracional, intuitivo, sensitivo, fisiológico da interpretação. Essa conceituação, apesar de atribuir preponderância ao trabalho do autor, reforça a complementaridade das funções e reafirma o teatro como arte coletiva. O papel do diretor é definido de maneira diversa por Jacobbi em outro momento de suas reflexões quando, ele próprio crítico e diretor, movido pela observação poética, considera que:

> Em cada noite de estréia, repete-se esse milagre. Do povo saiu um homem capaz de exprimir os sentimentos e as idéias de todos, de maneira a torná-los claros a eles mesmos; no espetáculo efetua-se esse reconhecimento do povo e da história dentro da sua expressão; a mensagem foi decifrada e revelada, encerrou-se em pessoas físicas, em vozes[5].

Se a representação teatral de um texto jamais traduzirá fielmente o universo imaginário que a literatura é capaz de evocar, assim também a magia que é própria da cena jamais será plenamente traduzida pelo código lingüístico.

O encenador moderno surge nos fins do século passado em função de circunstâncias históricas precisas que exigem a reformulação do modo de fazer teatro. As novas propostas dramatúrgicas, decorrentes das transformações mundiais, necessitam encontrar sua correspondência na representação que permanece todavia atrelada à *performance* da estrela principal. As novas descobertas tecnológicas, como a luz elétrica, promovem a transformação de todos os elementos da cena. As mudanças requerem uma formação mais ampla do profissional de teatro que inclua estudos de história – particularmente dos movimentos sociais – e de psicologia, além do conhecimento mais aprofundado do próprio teatro.

## DIRETORES DO ESPETÁCULO CONDICIONADO E DO ESPETÁCULO ABSOLUTO

Ruggero Jacobbi analisa as poéticas de encenadores da primeira metade do século XX que contribuíram de maneira decisiva para a evolução da cena moderna, tendo como eixo as conceituações de teatro absoluto e de teatro condicionado.

Alguns encenadores emancipam o espetáculo do texto, ou seja, realizam o espetáculo absoluto e outros, que consideram o espetáculo, essencialmente, a interpretação do texto"[6], seriam os realizadores do espetáculo condicionado. Evidentemente, dentro dessa classificação geral e abrangente existem várias gradações.

Retomo, a seguir alguns pontos da análise feita por Jacobbi sobre os diretores no artigo no qual resume o curso por ele ministrado na Faculdade de Filosofia da Universidade do Rio Grande do Sul (URGS), em Porto Alegre.

5. *Idem, ibidem.*
6. *Idem*, p. 3.

Coerente com sua noção de diretor de teatro, Jacobbi considera que o primeiro encenador moderno é Goethe (1749-1832), uma vez no Teatro de Weimar, ele

> [...] fez sentir sua autoridade intelectual na escolha do repertório, nos critérios de representação, na determinação de um gosto cenográfico especial. Com efeito, a figura moderna do encenador é, antes de mais nada, uma figura de líder intelectual, de animador que não precisa necessariamente ser ator ou autor mas que resume em si conhecimentos suficientes de todas as técnicas teatrais para dominar os síngulos especialistas e submetê-los a uma visão unitária (criadora, na opinião de alguns, crítica, na opinião de outros) do espetáculo a ser realizado[7].

A partir da segunda metade do século XIX, os Meininger empreendem uma "reforma da arte cênica, baseada na pesquisa da verdade histórica"[8] em espetáculos realizados sob a direção de Ludwig Chroneck (1837-1891). "A função dos Meininger foi a de aplicar a mentalidade típica do naturalismo ao teatro do passado; a função de Antoine será a de provocar um surto de teatro naturalista atual"[9].

Na França, André Antoine propõe uma reformulação da cena baseada em um tipo de representação que favoreça o ator. Os objetivos principais de Antoine, apontados por Jacobbi, são:

> 1) criação de um novo repertório francês e lançamento do novo repertório estrangeiro; 2) substituição da cenografia convencional por uma cenografia construída, detalhada, uma verdadeira fotografia da realidade diária; 3) guerra à declamação e aos grandes gestos – o ator deve ser sóbrio e natural[10].

Embora persiga uma fidelidade ao texto, Antoine não encontra na dramaturgia francesa obras que permitam o desenvolvimento de seu projeto artístico, o que o obriga, portanto, segundo Jacobbi, a encenar adaptações de romances como os de Zola e Goncourt, e peças de dramaturgos estrangeiros. Posteriormente, em espetáculos grandiosos realizados a partir da obra de Shakespeare e dos clássicos, Antoine observa a idéia de reconstrução histórica dos Meininger.

O início do espetáculo absoluto coincide com a formulação da idéia do *teatro total*. A reação contra o Naturalismo é simbolista, espiritualista e esteticista. Jacobbi esclarece o conceito de esteticismo:

> Chamaremos de Esteticismo aquela atitude que vê na arte um esforço de superar a *vulgaridade* do mundo humano; a redução da vida e da história a meros pretextos para a arte; a exaltação da arte *pura*, isto é, livre de fermentos ideológicos ou éticos; a religião da beleza e da forma como ideais universais e eternos, além e acima de tudo o que parece transitório, efêmero e material. É uma posição substancialmente aristocrática

7. *Idem, ibidem*.
8. *Idem, ibidem*.
9. *Idem, ibidem*.
10. *Idem*, p. 4.

que se coloca em atitude de revolta contra a ditadura da maioria, da opinião pública, dos *lugares comuns*, da mentalidade burguesa. O esteticismo é uma das manifestações daquela "crise interna" da cultura ocidental[11].

O suíço Adolphe Appia é o primeiro encenador a pensar no espaço cênico onde sejam apresentados experimentos que não sigam a fórmula estabelecida da transposição do texto escrito para o palco. Appia considera o movimento como a essência do teatro. Jacobbi retoma os fundamentos de sua poética: "Para Appia, o teatro é a arte total: síntese de elementos extraídos de todas as artes, porém não síntese de artes. [...] A elaboração da síntese é efetuada da forma seguinte: todos aqueles elementos se submetem a um princípio que é a verdadeira essência do drama – o Movimento"[12]. No entanto, ao privilegiar o movimento, Appia substitui a palavra pela nota musical e conseqüentemente o texto pela partitura. Permanece, portanto, o mesmo tipo de inter-relação. A essa crítica feita ao seu trabalho, Appia objeta que o mesmo artista acumula as funções de poeta, músico e encenador, e que seria um sacrilégio separar a dramaturgia da encenação, uma vez que a arte viva nasce da interpretação – ou da interpenetração – das duas.

Mas, se for analisada especificamente a relação entre texto dramático e encenação, o iniciador da tendência do teatro absoluto e um de seus maiores teóricos é o inglês Gordon Craig. Craig é o primeiro diretor a insurgir-se totalmente contra a rubrica. Ao realizar seus espetáculos, ele simplesmente ignora a didascália e luta por conferir autonomia à linguagem da cena. Craig sonha com o *teatro puro*[13], mas esse teatro não se coaduna com a precariedade própria da concretude da cena.

O estranho é que a exclusão da literatura do teatro não é feita, por Craig, em nome de um desprezo pela literatura, mas sim, em nome de um excessivo respeito. Shakespeare, por exemplo, por quem Craig tem verdadeira veneração é, na sua opinião, um autor que não deve ser representado sob pena e perder seu valor poético; suas obras foram feitas exclusivamente para serem lidas[14].

Os artistas russos reagem contra o Naturalismo, cujo expoente, Constantin Stanislávski, havia levado às últimas conseqüências a proposta de trazer a vida – tal qual ela é – para a cena. Esse procedimento pressupunha também a fidelidade total ao texto.

A reação russa ao Naturalismo é intestina. Meierhold, ator e assistente de direção de Stanislávski, sonha com um teatro total no qual devem estar presentes tanto o gosto do poético, do abstrato e do musical dos simbolistas, como a máquina e o dinamismo encampados pe-

11. *Idem*, p. 5.
12. *Idem*, p. 6.
13. Esse conceito era muito difundido naquele período. Havia a *música pura* e estava nascendo uma arte que era considerada totalmente pura: o cinema mudo.
14. "Teoria Geral do Teatro", art. cit., pp. 7-8.

los futuristas. É também referencial importante para sua formulação estética o sentido popular da *commedia dell'arte*, do *music hall* e do circo. Algumas características de seus espetáculos são a declamação ritmada, pausada, cantada, os gestos estilizados, os grupos estáticos em atitudes plásticas e o predomínio de uma cenografia com forte inspiração em quadros antigos e efeitos de luz colorida. Em síntese, o teatro meierholdiano tem componentes simbolistas, expressionistas e futuristas. A revolução cênica empreendida por Meierhold modifica totalmente a arte do ator, que deve dominar todos os seus recursos físicos e não apenas a intensidade interior naturalista. Segundo Jacobbi, as críticas e objeções que Meierhold faz ao sistema de Stanislávski baseiam-se nos seguintes pontos:

a) o ator naturalista, por demais preocupado em *viver* seus papéis, descuidava-se da técnica externa da representação; b) o sistema psicológico não se adaptava a todas as peças, e era especialmente inadequado à interpretação de dramas clássicos ou poéticos; c) a cenografia *imitação da realidade* cortava as asas à fantasia dos pintores; d) o naturalismo psicológico era, sim, uma superação do naturalismo fotográfico de um Antoine, mas ao mesmo tempo ficava atrasado perante as novas tendências européias: Gordon Craig, Appia etc.[15]

Jacobbi continua sua reflexão estética relacionando algumas características do encenador Meierhold com suas fontes primárias:

É evidente a influência do simbolismo e, em geral, do esteticismo europeu sobre Meierhold. Duas influências russas servem, no caso de intermediários: 1) os *ballets* de Diaghilev e especialmente a cenografia de Léon Bakst; 2) os movimentos literários do simbolismo de Blok e Brjusóv ao futurismo de Maiakóvski, esse, por sua vez, influenciado pelo futurismo italiano de F.T. Marinetti e de seus sequazes[16].

Embora hoje o trabalho de Meierhold seja considerado fundamental para a reflexão sobre o teatro, quando Jacobbi publica esses artigos, seus escritos não haviam sido publicados, o que explica a maior divulgação dada ao trabalho de Taírov, cujo livro *Storia e Teoria del Teatro Kammernhy di Mosca* havia sido traduzido, por Enrico Fulchignoni, e publicado pela Universidade de Roma, em 1942.

A poética de Taírov é referência constante nos estudos teatrais de Jacobbi embora nem sempre suas opiniões sejam coincidentes. Jacobbi considera que Taírov quer reduzir o texto a um *sentimento absoluto*, a um conflito metafísico de forças, e ressalta as diferenças apontadas por Taírov entre o Teatro Naturalista (TN) e o assim denominado Teatro de Estilo (TS):

15. *Idem*, pp. 8-9.
16. *Idem*, *ibidem*.

Tudo como na vida (TN).
Tudo de modo diferente da vida (TS).
O espectador deve esquecer que tem diante de si uma ribalta (TN).
O espectador não deve esquecer nunca que se encontra num teatro (TS).
O ator deve sentir-se viver como na vida (TN).
O ator deve sempre considerar que está num palco e não em casa ou na rua (TS).
O ator deve viver tudo como se fosse autêntico (TN).
O ator deve proibir a si mesmo todo sentimento autêntico e real (TS).

Mas, imediatamente, Taírov passa a criticar também o teatro de estilo pelo seu excessivo plasticismo, pelo seu *visualismo estático*. O teatro naturalista fora um prisioneiro da literatura, mas o teatro estilístico era uma vítima da pintura[17].

O trabalho desenvolvido por Taírov é marcadamente inspirado na pantomima e Jacobbi revela seu interesse pela poética de Taírov ao sintetizar suas reflexões sobre o teatro.

Afirma justamente Taírov que para tocar piano decentemente é preciso estudar anos e fazer exercícios diariamente, e isso sem nenhuma pretensão de ser pianista profissional, ao passo que para ser ator hoje em dia basta ter uma coisa muito vaga chamada talento. O resto, dizem, virá depois. Diz que a esse estado de coisas é que devemos teorias como a da Super-Marionete de Craig. Sustenta Taírov que no teatro moderno os únicos atores conscientes e profissionais são os bailarinos: o balé é realmente uma escola, uma técnica, um *métier*, um domínio dos meios de expressão[18].

Jacobbi refere-se, na seqüência, à divisão entre a técnica interna e a técnica externa do ator proposta por Taírov. Com relação à técnica interna, identificada por Taírov como "uma síntese entre emoção e forma, nascida de sua fantasia criadora", Jacobbi considera que "Taírov quer criar no espectador um prazer puramente estético e chega a dizer que os momentos de maior tensão trágica devem provocar na platéia um luminoso sorriso: um sorriso pela alegria da obra de arte que se desenrola diante dos olhos de um espectador sempre consciente do seu valor de beleza pura"[19].

Jacobbi se reporta ao conceito de Taírov sobre técnica externa do ator:

Consiste na exploração de seu material físico: o corpo, a respiração, a voz. [...] E o maior elogio que Taírov diz ter recebido sobre um de seus espetáculos foi quando um crítico disse, com intenção irônica, que os atores não representavam seus papéis, mas sim os dançavam. Evidentemente, Taírov é contra a *naturalidade* e diz, justamente, que ela não serve para obras que se passam em outras épocas ou utilizam uma lingua-

17. "Teoria Geral do Teatro", *Revista de Estudos Teatrais,* São Paulo, Federação Paulista de Amadores Teatrais, n. 4-5, p. 4, dez. 1958.
18. *Idem, ibidem.*
19. *Idem*, p. 5.

gem poética. [...] Sustenta Taírov que os valores lógicos e psicológicos devem ceder diante dos valores rítmicos da palavra[20].

Para Taírov, o teatro é "uma arte coletiva e portanto precisa de alguém capaz de conduzir toda a ação à perfeição harmônica"[21], ou seja, o encenador. As maiores restrições que Jacobbi faz à teoria do teatro *liberado* de Taírov dizem respeito exatamente à falta de clareza do diretor russo, para quem o teatro seria criado pelo ator, captado pelo encenador e transformado em palavras pelo autor-poeta. Ele acusa Taírov de não indicar com precisão o eixo, o "centro de gravidade" de seu teatro, deslocando-o ora para o ator, ora para o encenador, ora para o autor, o que tiraria de seu espetáculo a categorização de absoluto para torná-lo, segundo palavras do crítico italiano, "vagamente condicionado".

A discussão que Jacobbi estabelece no artigo em relação à teoria de Taírov agudiza-se no item A Literatura e o Teatro. Se para o diretor russo a tarefa do teatro "é imensa e autônoma" e o teatro, "utilizando a obra segundo suas próprias exigências cênicas, deve criar uma nova obra prima autônoma", ele próprio admite que "mesmo no futuro, quando todos estaremos próximos da meta, ainda precisaremos de alguma ajuda no que se refere à concepção"[22]. Jacobbi ressalta que Taírov se apóia em textos literários como os contos de Hoffmann para fundamentar seus espetáculos e critica a postura de Taírov: "o teatro seria imaginado, aliás criado, pelo Ator – cuja intuição seria captada magicamente pelo Encenador e redigida materialmente por um Secretário-Escritor que, porém haveria de ser poeta... As contradições e o confusionismo estético dessa tese são evidentes". Parece-me, portanto, que deslocar o ponto de partida da criação para o ator é inconcebível para o intelectual Jacobbi, cuja ponderação nesse sentido revela uma certa inquietação; raras vezes em seus escritos Jacobbi manifesta tamanho grau de indignação.

A partitura musical permitiria a fixação da seqüência de movimentos. No entanto, como argumenta o mestre italiano, se o teatro necessita de uma música para estruturar uma ordem, "não seria melhor que o teatro conseguisse isso através de seu meio típico, que é a palavra?" e termina por asseverar: "É um coreógrafo frustrado"[23]. Com relação à cenografia, nomeada por Taírov como atmosfera cênica, o diretor russo alinha-se com os construtivistas e, para ele, o figurino deve seguir a linha de personagens-tipo como Arlequim ou Pierrot.

20. *Idem, ibidem.*
21. *Idem*, p. 6.
22. *Idem*, p. 7.
23. *Idem, ibidem.*

Jacobbi surpreende-se com as considerações tairovianas, formuladas no item relativo ao espectador, de que o desaparecimento do coro no teatro grego pode ser considerado como um sinal de progresso e não de decadência. Para Jacobbi tal idéia causa estranheza principalmente por ser expressa durante o regime soviético "por um homem que ainda ocupava uma posição semi-oficial no teatro de seu país"[24].

Na "Conclusão" de seu livro Taírov afirma que:

> O teatro é teatro. Essa verdade deve ser finalmente reconhecida. A força do teatro reside no dinamismo da ação. Quem presencia a ação é o ator. Sua força é o domínio dos meios técnicos. Esse domínio é o mais genuíno conteúdo do teatro. A criação cênica e não o texto literário deve ser portanto a última meta do teatro futuro.

Jacobbi objeta:

> Os meios são, precisamente, meios, não fins. A técnica não é a forma. A forma é sempre, forma de um conteúdo. Como pode então o meio técnico ser o conteúdo de uma arte, se nem chega a ser a sua forma? Evidentemente, tudo isso é meio para algum fim; está a serviço de alguma coisa, cujo nome não nos é revelado; e de outro e maior *conteúdo*, que é o protagonista secreto do teatro, senão ele se transformará, como o próprio livro de Taírov num estranho romance policial, em que a descoberta do assassino fica adiada *ad infinitum*[25].

Jacobbi identifica pontos em comum entre as poéticas de Meierhold e de Taírov:

> a) revalorização dos elementos visuais do teatro; b) superação do Naturalismo na cenografia e no gosto literário; c) superação do psicologismo na formação do ator; d) saudade de um *teatro total* de tipo grego ou medieval, acentuada em sentido ritualista e *populista* por Meierhold[26].

Ainda no universo do teatro russo, Jacobbi analisa o trabalho de outros diretores sempre sob a luz da distinção entre o espetáculo absoluto e o espetáculo condicionado.

Vaghtângov, de quem destaca atuação marcante naquele panorama, mesmo que brevíssima, considera o texto uma exigência insuprimível e, ao mesmo tempo, aplica em suas encenações as propostas visuais e estilizadoras de Meierhold.

Evreinov, que além de diretor é também dramaturgo e teórico, pretende realizar em seu teatro a reteatralização da vida: "Os atos fundamentais da existência humana devem ser transformados em cerimônias, rituais, espetáculos"[27]. É um dos principais defensores

24. *Idem*, p. 8.
25. *Idem, ibidem.*
26. *Idem*, p. 9.
27. *Idem, ibidem.*

do espetáculo absoluto. No período imediatamente posterior à revolução russa, Evreinov utiliza apenas roteiros – para divulgar as máximas comunistas – em apresentações que envolvem massas organizadas em coreografias corais inspiradas no espetáculo coletivo grego.

Kommissarjewski, opondo-se ao estilo preconizado por Meierhold, busca um retorno ao texto e sua obra, de forte influência stanislavskiana, é constituída a partir da idéia do espetáculo condicionado.

Esse é apenas o início da retomada do espetáculo condicionado, que se torna impositivo na Rússia, mais tarde, transformado em realismo socialista. A poética de cada um desses diretores citados perde sua autonomia quando o teatro é requisitado como veículo de difusão de idéias.

Na França o direcionamento do teatro para o espetáculo absoluto, conduzido por Appia e Craig, é interrompido e, talvez face à forte tradição literária francesa, volta-se para o espetáculo condicionado. Lembremo-nos de que durante o Classicismo francês, *Sire le Mot,* Sua Majestade a Palavra, reinara plenamente. Jacques Copeau é o principal diretor da vertente que pretende a retomada da palavra e da poesia em cena. Paul Fort promove a aproximação de poetas simbolistas com o teatro no seu Théâtre d'Art, fundado em 1890. O jovem ator Lugné Poe que participara do Théâtre Libre, de Antoine, dirige no Théâtre d'Art as primeiras obras de Maeterlinck, o autor simbolista por excelência. Mais tarde, Poe funda o Théâtre de l'Oeuvre. Pode ser considerado um diretor do espetáculo condicionado pois assume o estilo mais adequado a cada texto, sem observar *a priori* um conceito de encenação.

Jacques Rouché divulga as novas teorias alemãs e russas entre os franceses em seu livro *L'Art théâtrale moderne*. O Théâtre des Arts, criado em 1906, a partir de 1910 fica sob sua direção; dele participam Copeau e Jouvet, por exemplo. A principal preocupação de Rouché é a instauração de um gosto moderno, concebido pela pintura e pela poesia do novo século.

Na vertente do espetáculo absoluto pautado pela política, ou pela ética ideológica encampada por Evreinov e por Piscator, situa-se Firmin Gémier. Republicano radical, procurava realizar uma arte popular de fundo social, orientado pelas idéias de Roman Rolland. Entre 1901 e 1933, o ator formado por Antoine procurou realizar espetáculos *de massas* por meio de textos shakespearianos, *shows* ao ar livre, danças, atrações esportivas, canto coral e também reevocando a Revolução Francesa. Jean Vilar, mesmo que mais refinado em termos literários e plásticos, pode ser considerado um continuador dos ideais de Gémier.

A grande revolta francesa contra o espetáculo condicionado é encabeçada por Gaston Baty e por Antonin Artaud.

Baty, encaminhado para a prática da profissão por Gémier, integra o Cartel des Quatre, associação de quatro diretores e de seus respectivos grupos que dominam a cena francesa nos anos de 1930. Também fazem parte do Cartel: Louis Jouvet, Charles Dullin e Georges Pitoëff. Deles, o único adepto do espetáculo absoluto é Baty. Citando Jacobbi:

> O teatro, para Gaston Baty, é uma representação do universo: representação metafísica, irreal, sugestiva, afastada de qualquer espírito de documentação ou de atualidade. O teatro deve libertar o homem de sua vida diária e dar-lhe a imagem da ordem secreta da Criação, das leis transcendentais da vida. O que ao teatro interessa no homem é a vida psíquica, o mistério interior ligado por destino às nascentes da Natureza. O que de impalpável, de sobrenatural, se passa nas consciências humanas fica sempre nas entrelinhas das obras dos dramaturgos[28].

Gaston Baty refuta a idéia de que o teatro deve reverenciar a palavra. Compara o papel do texto no teatro com o da palavra na vida. Para ele, o encenador deve aproximar-se do oficiador místico-religioso, e atualiza o conceito de mito, nomeando-o inconsciente coletivo. Acredita que o teatro deve liberar o homem do cotidiano e fazê-lo penetrar na origem secreta da Criação, na magia da transcendência, numa harmonia panteística. O espetáculo, ao preencher os silêncios, seria capaz de revelar o sentido mais secreto das palavras.

O mais radical diretor do espetáculo absoluto é, sem dúvida, o surrealista Artaud, que considera que o teatro não pode subordinar-se ao texto, assim como o corpo não pode subordinar-se à mente.

Não se trata de abolir a palavra, mas de conferir-lhe um poder encantatório. Em oposição à linguagem lógica forjada a partir da observação da realidade, Artaud propõe a linguagem mágica inspirada na religiosidade e no misticismo capaz de revelar estados de espírito.

A poesia é assimilada como possibilidade de expressão de sensações e sentimentos. A poesia, oriunda da desordem do caos, é anárquica ao colocar em jogo as relações entre os objetos e entre a forma e o conteúdo.

O teatro de Artaud merece uma longa reflexão por parte de Jacobbi, o que evidencia a importância fundamental que ele atribui ao maior expoente do espetáculo absoluto. Em uma aproximação com a realidade brasileira, Jacobbi considera que o espetáculo teatral geralmente procura apenas atingir um valor artístico e desencadeia forças ao acaso e sem consciência, equivalente à macumba realizada para turistas. Já o espetáculo artaudiano seria o candomblé verdadeiro; "movido pela fé no animismo permanente da natureza"[29].

28. *Idem*, p. 13.
29. *Idem*, p. 16.

O encenador que mais coloca em prática o espetáculo absoluto é Max Reinhardt. Sem dedicar-se a teorizar sobre sua poética, o diretor alemão de origem austríaca, realiza, no decorrer de trinta anos, doze versões diferentes – sendo a última, em 1935, uma versão cinematográfica – do texto shakespeariano *Sonho de uma Noite de Verão*, como a comprovar na multiplicidade de encenações que a peça escrita é apenas um referencial para o espetáculo, um dos elementos que o constituem. O ecletismo é sua marca diretorial.

Georg Fuchs, cujas teorias inspiram Meierhold e Taírov, radicaliza a ruptura entre texto e espetáculo ao promover o rompimento da cena com a literatura e considerar que o teatro é uma arte plástica e que, portanto, a encenação deve ser responsabilidade de um cenógrafo.

Embora não se estenda sobre o assunto, Ruggero Jacobbi refere-se ao espetáculo absoluto a serviço da política, tendo como parâmetro o trabalho desenvolvido por Erwin Piscator e Leon Schiller. A política autoriza o encenador a modificar o texto que se torna, nesse caso, um pretexto para a veiculação de idéias marxistas. O diretor transforma o palco em palanque no qual o espetáculo absoluto se impõe.

Piscator antecipa, de certa maneira, as teorias brechtianas sobre o ator e a cenografia; estabelece com Brecht uma intensa parceria durante certo período e é, inclusive, o primeiro diretor a encenar obras brechtianas.

O espetáculo absoluto, em Leon Schiller, adquire características de ritual folclórico com forte acento nacionalista, por meio da encenação de lendas, tradições e músicas que estabelecem o comportamento típico polonês. Schiller inicialmente realiza um teatro simbolista para depois assumir posições políticas de esquerda.

A *Revista de Estudos Teatrais* deixa de circular a partir do número 5, truncando a continuidade de publicação dos artigos de Jacobbi; no entanto, a análise da obra dos encenadores que promoveram uma revolução da encenação em âmbito mundial apresentada até aquele número amplia nossa apreensão do universo de preocupação estética de Jacobbi, forte referência em sua atividade teatral.

## O TEATRO ITALIANO NO PERÍODO DO FASCISMO

Nesse período histórico a cultura é permeada por um conjunto de doutrinas que se impõe às linguagens por meio das quais o homem se expressa. Surge uma nova relação entre cultura e política que não se atém às fronteiras italianas, uma vez que a cultura de massas é um fenômeno disseminado em todo o mundo nos primeiros decênios do século XX. Em cada nação, ela germina diferentemente. Na Itália, ela coincide com o fascismo, época da formação de Ruggero Jacobbi. Nos anos de 1930 tem início uma articulação entre cultura de massa e a denominada médio-alta cultura. A cultura, na Itália, é classificada habitualmente como baixa, média, médio-alta e alta.

Para a compreensão do período é necessário retroceder até o século XIX e os primeiríssimos anos do século XX, quando o teatro italiano – principalmente o teatro popular italiano – floresce e alarga suas fronteiras peninsulares. As platéias da Europa e do continente americano são conquistadas pelas famosas *tournées* empreendidas pelas companhias nômades dos atores.

Antes da Primeira Guerra Mundial, embora as viagens sejam difíceis e longas, as companhias freqüentemente cruzam o Atlântico para realizar suas *tournées* na América, basicamente na América do Sul. Elas são movidas por um objetivo muito claro: os altos lucros que rendem. É o período em que as Américas recebem de braços abertos os imigrantes e, conseqüentemente, o seu teatro. A descrição de Tofano é a seguinte:

> [...] era o tempo dos fáceis entusiasmos daqueles povos ainda ingênuos, com uma informação teatral ainda em formação, dispostos a recompensar com louros e dinheiro qualquer formação que esticasse cortinas em seus teatros: mesmo que fossem de segundo time, e mesmo em teatros de segunda categoria. E não havia companhia, pode-se dizer, que, ao menos uma vez, no espaço de três anos, deixasse de fazer uma visitinha a Buenos Aires, dar uma chegada a São Paulo e ao Rio de Janeiro e, do Rio, na volta, dar uma parada em Montevidéu. Essa era a pequena *tournée*, a mais freqüente, a *tournée* ida-e-volta, a mais comum[30].

Se para os povos americanos assistir a esses espetáculos significa um importante contato com a cultura européia, para os italianos é uma verdadeira batalha campal, como o mesmo Tofano descreve, referindo-se, principalmente, às *tournées* mais longas, cujos integrantes percorrem o interior da Argentina, escalam os Andes, para chegar ao Chile e ao Peru:

> Não recuavam diante de nada aqueles nossos atores itinerantes; viagens longas, lentas, incômodas, com meios ainda primitivos, entre as areias do Pampa, as neves dos Andes, desafiando a febre amarela ainda não controlada, e as revoluções tão habituais naqueles países, carregando montanhas de malas e vagões de baús, sempre prontos a partir, chegar, partir de novo, de país em país, de teatro em teatro, para públicos que nem sempre os entendiam mesmo se muito acolhedores, envenenando o estômago com aquelas comidas selvagens, aventurando-se muitas vezes à dispersão, apostando tudo em suas forças, animados pelo espírito de sua desenfreada vagabundagem[31].

30. Sergio Tofano, *Il Teatro all'Antica Italiana e Altri Scritti di Teatro,* Roma, Bulzoni, 1985, pp. 105-106.

31. *Idem*, p. 106.

Os atores, nas *tournées* pela América, levam uma vida que não difere muito de seu cotidiano na Itália, onde eles estão também em constantes *tournées* pelo país e sujeitos a enfrentar situações com dificuldades semelhantes, embora percorrendo, evidentemente, distâncias menores. Em compensação, na América, seu magro salário é substancialmente engordado com a venda de roupas e figurinos, requisitados a tal ponto que os atores voltam, em geral, apenas com a roupa do corpo. O que se deduz por essas descrições é que diante de tamanhas dificuldades e peripécias, o cuidado com a elaboração do espetáculo torna-se mínimo.

Algumas *tournées* são realizadas também em outras regiões da Europa, mas só os grandes atores italianos, aqueles realmente consagrados (os *mattatori*), arriscam apresentações em Paris, Londres, Viena ou mesmo São Petersburgo, Barcelona e Madri. Eles apostam no poder de suas *performances* individuais para conquistar essas platéias.

Além de ser necessariamente dotado de uma excelente voz, condição *sine qua non* para o indivíduo tornar-se ator em um período em que a declamação reina absoluta no palco, o *mattatore*, segue, em sua *performance*, algumas regras de dicção como as descritas por Sergio Tofano:

> Pode-se dizer que cada palavra era sublinhada, ou mesmo cada sílaba, acentuando-se a intenção e destacando cada detalhe... Nascia, então, uma estranha forma de recitação, articulada em altos e baixos, que se soltavam através de estranhos desníveis de voz[32].

A maneira de dizer é acompanhada por uma postura em cena que se assemelha à caricatura do cantor de ópera, aquele que infla o peito e se apruma como uma estátua acreditando que assim se fará ouvir melhor. O que é dito, no entanto, tem importância relativa. São, em geral, textos heróicos, históricos, clássicos escolhidos em função não apenas dos recursos de atuação do primeiro ator, mas também de seus recursos materiais, visto que na organização de uma companhia o primeiro ator, além de seu próprio figurino, é também o proprietário dos cenários das peças. Os atores da companhia possuem igualmente seus próprios figurinos. No teatro italiano à antiga, portanto, atores e atrizes não apenas estão em cena, mas constituem a base da organização formal do espetáculo no âmbito do qual autores e críticos desempenham papéis totalmente secundários. E, senhor todo-poderoso da cena, o ator tem uma maneira peculiar de desenvolver sua performance. D'Amico descreve as indicações feitas por Ermete Novelli, um conhecido *mattatore*, para o ator que deve fazer Herodes na montagem de *Salomé* de Oscar Wilde e que não consegue fazer o papel:

32. *Idem*, p. 25.

"– Agora te explico. Esse aqui é um velho porco que se apaixonou pela enteada. Agora te mostro". E sentado em seu lugar e pescando ao acaso as falas do ponto, enrolando a metade, inventando a outra metade, balbuciando, mugindo, ganindo, improvisando, plasmou e criou, diante do trêmulo estupor dos seus atores, um bíblico monstro de luxúria, de quem ninguém, um momento antes, tinha imaginado a força[33].

Trata-se, portanto, de uma atuação que surge da intuição e apóia-se na imitação, sem vincular-se ao estudo da arte do teatro.

O receio de não ter uma boa acolhida por parte do público cresce entre os atores após a Primeira Guerra Mundial em função das alterações do panorama teatral. O teatro então realizado em outros países europeus pressiona os italianos a se atualizarem.

É importante notar que, no período entre as duas guerras, a função do teatro transforma-se profundamente em decorrência da progressiva afirmação da sociedade industrial de massa: o teatro torna-se uma arte basicamente institucional. O cinema falado é o responsável pela grande necessidade de adequação da linguagem teatral em relação à tradição e às manifestações populares. O público passa a ter acesso a um tipo de representação que se aproxima de modo inusitado do espectador. Os profissionais de teatro devem redefinir o significado do fazer teatral. Numa época em que a televisão ainda não existe, o cinema falado, enquanto fábrica de sonhos, alimenta o imaginário coletivo e, com suas características de reprodutibilidade, supre de maneira exemplar as necessidades de comunicação de massa. Para manter-se vivo, o teatro deve operar modificações tanto essenciais, repensando-se enquanto linguagem, quanto estratégicas, reestruturando-se em termos organizacionais.

Acresce-se a isso o fato de que, na Itália, o regime fascista estabelece relações muito estreitas entre interesses públicos e privados. O teatro tem como destinatário o público pequeno burguês das grandes cidades, junto ao qual deve atuar como instrumento para a formação de uma identidade da classe média. O Estado organiza o sistema de produção e incumbe os dramaturgos de criar novos textos.

Ruggero Jacobbi reflete sobre esse período em seus escritos. Em 1964, ele afirma: "o advento do fascismo e de seus derivados condicionou o êxito de um regime à publicidade e ao luxo, à arrogância e à energia, a imensas concentrações de massa, a falas enfáticas e lapidares, – um teatro público para mistificar um público, e subjugá-lo à insidiosa cantilena do Estado"[34]. Em 1980, em uma intervenção pública, Jacobbi revela sua acurada percepção da estratégia fascista com relação ao teatro. Considera que se cada profissional de teatro quer tirar partido da situação em benefício próprio, Mussolini, por sua vez,

33. Silvio d'Amico, *Tramonto del Grande Attore*, Firenze, La Casa Usher, 1985, pp. 30-31.

34. *Teatro da Ieri a Domani*, Firenze, La Nuova Italia, 1972, p. 6.

pretende satisfazer a todos. O Duce tem consciência da importância das estréias e dos assinantes garantidos pelas categorias tradicionais dos artesãos do texto e da interpretação de um teatro sem ideologias, pois ele acredita que o teatro, ao veicular determinado ideário, deve contrapor personagens que defendam pontos de vista divergentes, o que poderia despertar o espectador a se manifestar por meio de um aplauso antes que aquela idéia seja refutada por um camisa negra.

> Não – pensa o Duce – um teatro fascista é tão perigoso como um teatro de idéias, livre de censuras. Melhor um teatro sem idéias. E nada de propaganda. Se a propaganda é pouco hábil e enfadonha, retórica, não correria o risco de ser contraproducente? Não. Nada de teatro político. Para Mussolini o teatro é apolítico; as pessoas vão ao teatro para divertir-se e ponto[35].

Seria impossível, é evidente, atribuir ao ato teatral a isenção pretendida pelo chefe fascista pois toda a atividade teatral é política, mesmo quando tal propósito não é enunciado. Jacobbi ressalta que o espetáculo mais apreciado por Mussolini é a parada, pois nela não há adversários, apenas vencedores.

O partido fascista intervém fortemente nas questões sindicais relativas ao teatro. Três dias após a marcha sobre Roma, os Camisas Negras invadem a sede da Liga de Melhoramento dos Artistas Dramáticos. A *Lega di Miglioramento degli Artisti Drammatici* era um organismo sindical que acabara de realizar algumas greves malsucedidas. Em 1923, surge a Corporação Nacional do Teatro com o objetivo de unir os membros da Liga e de outras associações de diferentes opções partidárias. A estratégia usada pelos fascistas é a criação de uma única organização sindical que congregue todos os profissionais de teatro, que surge em março de 1930 sob o nome de Corporação do Espetáculo. Vale ressaltar que se trata da primeira corporação fascista a ser instituída.

A intervenção fascista altera radicalmente a evolução do teatro italiano uma vez que, ao mesmo tempo, enfraquece a luta sindical dos atores e reduz a autoridade e a autonomia do *capocomico*, ou seja, do ator principal, chefe da companhia, em torno do qual a produção teatral se organizara até então. A direção começa a existir nesse momento em que o terreno está preparado e livre para seu exercício. O desaparecimento do teatro de primeiro ator e da companhia mambembe – em italiano, *compagnia dei guitti* – é, portanto, fundamental para que a função de diretor teatral possa instaurar-se.

Uma das questões recorrentes nos estudos da história do teatro italiano diz respeito ao atraso do teatro italiano em relação ao euro-

35. Ruggero Jacobbi, "La Figura dell'Autore e i Progetti di Reforma del Teatro", relazione tenuta al XXVII Convegno dell'Istituto del Dramma Italiano, 2 out. 1980 (datilografado, Gabinetto Vieusseux).

peu, e esse atraso, ou *ritardo* em italiano, é sempre relacionado com a demora do surgimento da direção teatral em sua acepção moderna.

Talvez o verdadeiro atraso da cena italiana se deva à dificuldade de entrosamento entre o diretor moderno e o ator tradicional. É freqüentemente atribuída ao grande ator a responsabilidade por aquele atraso. Silvio d'Amico, em seu livro *Tramonto del Grande Attore*, de 1929, é um dos primeiros teóricos italianos a formular essa hipótese, embora reconheça sempre a força da interpretação do ator italiano. O atraso se prende à recusa do *mattatore* e da companhia mambembe em dar espaço para o teatro de diretor. É evidente que aqueles profissionais têm interesse na manutenção de seu *métier* conquistado a duras penas e com uma tradição de séculos de sucesso. Afinal, é o seu trabalho que está em jogo. Mas seu desaparecimento é considerado como condição *sine qua non* para o surgimento do novo teatro. Essa noção de que o chamado teatro antigo deve desaparecer é nociva para a evolução de todo o teatro italiano, pois se a nova leva de diretores tivesse sabido – ou podido – incorporar o trabalho do ator, possivelmente, sua contribuição na formulação de uma nova linguagem teria sido benéfica. Se a proposta direcional incluísse em seus pressupostos o trabalho do ator, o espetáculo sairia ganhando. Mas os jovens diretores fundamentam sua ação na teoria e, demarcando seu terreno, supervalorizam a própria função. Claudio Meldolesi aponta esse fator como o mais grave equívoco da chamada direção crítica, pois os diretores trabalham basicamente com atores médios e em lugar de buscar desenvolver todas as habilidades em potencial desses atores, restringem-se a cuidar da dicção e resolvem encobrir outras falhas de interpretação por meio de efeitos cênicos, o que empobrece a própria direção.

Recuperar o atraso em que o teatro italiano se encontra significa também eliminar, por meio de uma atividade diretorial mais incisiva, a defasagem em que se encontra a cena italiana em relação à revolução teatral que ocorre em outros palcos.

Em reação ao Naturalismo do século XIX, passa a vigorar em outros países o teatro de inspiração simbólica e idealista: é uma nova estética que surge, por iniciativa do diretor, amparada na fusão inusitada de técnicas, de tempos e de modalidades de produção. O Teatro-Studio de Meierhold é de 1905, os Kammerspiele, de Reinhardt, em Berlim, são de 1906, o teatro-escola do Vieux Colombier, de Copeau, é inaugurado em 1913, o teatro Kamernyj, de Taírov, é aberto em Moscou em 1914, o Atelier de Dullin é inaugurado em 1922 e Jouvet, Baty e Pitoëff começam suas atividades no Comédie des Champs Elysées nesse mesmo período. O único italiano sintonizado com as grandes transformações cênicas é Anton Giulio Bragaglia, que inicia suas atividades junto ao Teatro Sperimentale degli Indipendenti em 1923.

O diretor de teatro pode optar por uma das duas vertentes que se colocam de maneira bastante clara: ligar-se à grande tradição do ator italiano, respeitando-a e renovando-a, ou estar a serviço de um princípio regulador da cena, um critério de otimização dos recursos e dos tempos de produção teatral que conferem ao ator um papel exclusivamente executivo e interpretativo. O diretor pode também recorrer a diferentes modulações de intensidade na interação entre as duas opções.

Na Itália, após a Primeira Guerra Mundial, há raríssimas experiências de teatro de arte ou, como são denominados então, de exceção, *d'eccezione* em italiano. Luigi Pirandello, um de seus expoentes, afirma que o objetivo desses teatros é que o ator transmita ao público algo totalmente diferente do habitual, seja no repertório, seja na encenação ou na representação. D'Amico se posiciona diametralmente contra os teatros de exceção. Ele aponta o abuso das encenações sintéticas, a renúncia à ação (de alguém que se chama *ator*) e a dicção em voz baixa e uniforme, em lugar da declamação, como fatores de negação do teatro.

A direção, enquanto instância totalizante do teatro, tem papel importante na reforma dos estatutos próprios da cena, visando a sua maior eficácia expressiva e comunicativa. Luigi Squarzina refere-se ao diretor, nesse sentido, como "elemento unificador e crítico, como consciência da representação", e ao teatro de diretor como um modo de produção e não enquanto "epifania do espírito"[36].

O teatro passa a ser feito em pequenos locais, muitas vezes adaptados ao seu exercício, como antigas salas de cinema. Neles a atividade teatral se fixa. O nomadismo torna-se eventual.

A atividade da nova geração de diretores e de atores começa a existir de modo sistemático na Itália em 1935, ano em que é criada, por Silvio d'Amico, a Academia de Arte Dramática. O que impulsiona a abertura daquela escola é escapar da tradição já esgotada dos *figli d'arte*, em tradução literal: filhos da arte, como são conhecidos os atores que seguem a prática dos *comici dell'arte*, ou dos experimentos e iniciativas individuais conduzidas a partir de modelos franceses, alemães ou russos. Trata-se de passar da era da naturalidade para a era do estilo, de elevar o teatro ao mesmo plano de dignidade cultural atingido pela literatura, pelas artes plásticas ou pela música. Essa dignidade seria atingida pelo desaparecimento da fissura existente entre o texto teatral literário, objeto de estudo das faculdades de letras e tema de revistas de cultura, e o espetáculo, entregue então ao talento casual de um primeiro ator, *capocomico*, ou aos experimentos de um diretor estrangeiro. A primeira iniciativa da academia visa a reconstituir a unidade estética do espetáculo. Para tanto, a difusão dos procedimen-

36. Luigi Squarzina, *Da Dioniso a Brecht – Pensiero Teatrale e Azione Scenica*, Bologna, Il Mulino, 1988, p. 376. É de Squarzina a expressão "instância totalizante".

tos diretoriais em vigor em outros países do mundo é fundamental, mesmo que eles não sejam tomados como modelos absolutos. Tatiana Pavlova e Guido Salvini são dois dos mestres que revelam as poéticas de Stanislávski e Copeau, entre outros, aos jovens estudantes italianos.

D'Amico define a *regia*, ou seja, a direção, da seguinte maneira: "aquela arte que se incumbe de transformar em vivência cênica não este ou aquele personagem do poeta, mas toda a sua obra integralmente, com todo o seu espírito, traduzindo-a com todos os subsídios que a cena moderna pode oferecer, ao gosto, à sensibilidade do público moderno". E para desenvolver essa que ele considera ser uma atividade desinteressada é necessária a presença de

> [...] um artista novo: de um chefe que não esteja dentro do espetáculo, mas fora dele; que materialmente, ou pelo menos idealmente, não pertença à categoria dos atores, não tenha como único ou principal objetivo mostrar sua capacidade ou sua vaidade; mas, dotado de uma inteligência e de uma cultura *ad hoc* tenha por supremo ideal o equilíbrio, as proporções, a harmonia, e, é claro, a fidelidade do conjunto[37].

Os novos diretores buscam aplicar na prática de seu *métier* alguns dos dogmas de Appia, como o princípio da interioridade criadora, a absolutização da verdade cênica e das formas puras, e a identificação da razão com o ato expressivo.

Ao dramaturgo é atribuída a responsabilidade de embasar as novas propostas de encenação. É uma dramaturgia fortemente influenciada pela linguagem cinematográfica e sua principal temática é a precariedade da vida humana.

É necessário realizar um mergulho na realidade dos anos de 1930 e 1940, na Itália, para que o tipo de formação de Ruggero Jacobbi seja melhor identificado. O regime fascista organiza a atividade artístico-cultural dos jovens criando certames, concursos universitários chamados *littoriali*. Segundo Gianni Ratto,

> [...] o Ministério da Cultura, da propaganda do regime fascista, tinha pessoas inteligentes que percebiam a necessidade de contrapor proibições de autores estrangeiros, que a censura fascista determinava, a uma força juvenil que pudesse propor idéias. Então, no tempo do fascismo, foi estabelecido um concurso nacional que se chamava *littoriale*, que é uma palavra que vem de *littorio*. *Littorio* é o símbolo do Império Romano, que dizia o seguinte: uma vara sozinha não faz nada; muitas varas amarradas com um machado amarrado, podem realmente derrubar. Então, baseados nisso, criaram esses *littoriali* que deviam ser uma homenagem ao próprio fascismo. Esses *littoriali* eram uma série de concursos, que eram *littoriali* justamente por isso, eram muitas forças culturais que se juntavam. Era um concurso universitário. Tinha concurso para composição musical, para regência musical, tinha concurso para dramaturgia, para direção de teatro, para cenografia, para arquitetura e para música. Então, como era organizado isso? Cada cidade tinha um comitê, um grupo encarregado de fazer uma exposição de pessoas, estudantes universitários que se candidatassem e apresentassem projetos que poderiam ser apro-

37. Silvio D'Amico, *La Regia Teatrale*, Roma, Angelo Belardetti, 1947, p. 14.

vados ou não. [...] Cada cidade, então, escolhia o seu representante. [...] Os escolhidos iam para Veneza onde tinha a exposição final, o concurso terminava em Veneza, com uma repercussão muito grande. As pessoas eram premiadas; havia desfiles em homenagem ao fascismo[38].

Os concursos são anuais e é concedida uma subvenção, mesmo que pequena, para os jovens realizarem o seu trabalho. Essa incentivo desencadeia uma efervescência cultural e muitos dos seus participantes têm destaque no período pós-guerra.

A sigla GUF significa Gioventù Universitaria Fascista e o teatro GUF é o teatro realizado por essa juventude organizada em grupos que, por sua vez, também participam dos *littoriali*. O GUF era uma espécie de clube. Cada cidade, cada universidade tinha o seu próprio GUF. Os *littoriali* estavam vinculados a ele por serem grupos universitários ou equiparados à universidade. Esse tipo de organização inicia-se já entre os mais jovens, que ainda freqüentam o curso médio, são os chamados *prelittoriali* que reúnem os estudantes das escolas médias. São grupos que se organizam em função da oportunidade que lhes é oferecida pelo estado fascista, e não movidos propriamente por um objetivo programático.

Segundo Meldolesi, os GUF eram grupos universitários fascistas, mas eram também cheios de estudantes não-fascistas; também Giorgio Strehler e Paolo Grassi se formam nos GUF. [...] O GUF tinha um caráter de formação direta porque não havia de fato professores, em suma, o jovem aprendia automaticamente a fazer teatro sozinho, seguindo alguns modelos[39].

O teatro GUF foi mais um teatro de conversas, de *chiacchiere* em italiano, do que um teatro de pesquisa efetiva sobre o palco. O principal tema de discussão é a direção e as diversas alternativas para definir sua prática. O diretor é considerado o responsável pelo equilíbrio formal do espetáculo, pela continuidade da história teatral, pela colocação em prática de novos caminhos ou dimensões expressivas, e até mesmo pela descoberta do presente. O mito da danação ao ecletismo é o cerne do Gufismo, cujos integrantes têm como forte característica comum o interesse pela leitura. No grande número de revistas que editam, publicam poemas estrangeiros de vanguarda, artigos de mestres da direção, além de textos de dramaturgos como Pirandello e Bontempelli. O abismo entre a cultura idealista e a real mentalidade GUF angustia os jovens gufistas mais conscientes.

Ao historiar suas carreiras, os homens de teatro italianos, com exceção de Jacobbi, como ressalta Meldolesi, parecem querer esquecer sua atuação durante o período fascista. Paolo Grassi, por exemplo,

38. Gianni Ratto em entrevista à autora em 13 de janeiro de 1999.
39. Entrevista à autora em 23 de março de 1999.

situa o nascimento da direção teatral na Itália em 1945, ignorando toda a experiência anterior.

Os Grupos Universitários Fascistas[40], em ação esporádica nos anos de 1930, a partir de 1941 passam a ter sua atividade normatizada pela Comissão Nacional. Essa normatização contempla os diversos aspectos do fazer teatral. A escolha do repertório deve estar centrada na tradição italiana; os espetáculos devem ser ensaiados durante um período longo; a produção deve obedecer às regras de um "teatro pobre", de autogestão. Os GUF devem privilegiar a educação em detrimento da estética e o Ministério da Cultura Popular subvenciona o trabalho de cinco escritores a cada ano.

Essas são as regras – que ficam a meio caminho entre a ditadura e a utopia – da reforma elaborada por uma comissão composta por funcionários do regime e homens de teatro representativos, dentre os quais Bragaglia, Fulchignoni, Pacuvio e Venturini.

Se se persegue um teatro de revelação, de descoberta do presente, a direção atua como meio condutor para a transmissão da Idéia. A encenação de *Nossa Cidade* (*Our Town*), de Thornton Wilder, realizada por Enrico Fulchignoni, em 1939, é um marco da revolução da cena italiana naquele momento. A repercussão obtida pelo espetáculo assemelha-se àquela obtida por *Vestido de Noiva*, em 1943, no Teatro Municipal do Rio de Janeiro. Se o texto é brasileiro e o diretor é polonês, no caso em questão o texto é americano e o diretor é italiano. E se Ziembinski inicia o ciclo de diretores estrangeiros modernos no Brasil, o texto de Wilder tem a marca da contestação da juventude da época.

Ruggero Jacobbi, em 1946, se autocritica pela frágil ilusão de *Piccola Città*, na tradução italiana, escrevendo em um jornal comunista: "O teatro verdadeiro será aquele que cada um conseguir extrair do seu mundo, da gente que compartilha suas preocupações e seus pensamentos, de uma verdadeira coletividade"[41]. É uma reflexão pautada por normas políticas. No entanto, muitos anos mais tarde, rememora o impacto causado por *Piccola Città* da seguinte maneira:

> [...] o extraordinário daquele espetáculo para nós, italianos, o seu significado histórico estava exatamente nisso: ele colocava em primeiro plano, na sua própria realização, a figura do diretor (num teatro até aquele momento dominado pelos atores) e, quase simbolicamente, tinha mesmo um diretor como figura principal da ação do rito cênico[42].

40. GUF é considerada indiscriminadamente sigla de Gioventù Universitaria Fascista ou de Gruppo Universitario Fascista, pelos diversos autores que se ocupam do tema.

41. Os artigos publicados em *L'Unità* são: "Storie d'Italiani", 19 mar. 1946 e "Un Italiano a Londra", 26 jun. 1946.

42. "Ritorna Piccola Città", 28 fev. 1975, recorte de jornal não identificado (Gabinetto Vieusseux).

E completa a observação considerando que a cena liberta de objetos e elementos realça a impostação espiritualista e se coaduna com o clima sugerido pela poesia hermética[43]. Jacobbi vê em *Piccola Città*, segundo Meldolesi, "um processo de transmutação exemplar do ato liberado de si mesmo (o texto) ao ato liberado a si mesmo (o espetáculo espiritual)"[44]. Mas a encenação não tem uma avaliação positiva unânime. Wilder é acusado de ter-se inspirado em Pirandello; e Marinetti, depois de ser ventilada a hipótese de parentesco entre o espetáculo e o futurismo, faz um discurso aos altos brados – no decorrer de uma apresentação do espetáculo – reivindicando créditos para si. O espetáculo é objeto de outras diferentes manifestações durante sua apresentação. Na estréia em Milão, durante os dois primeiros atos, os estudantes aplaudem enquanto os comendadores vaiam. No terceiro ato, todos se calam diante do lirismo de Wilder, nas palavras de Jacobbi, que considera esse espetáculo como emblemático de sua geração:

> E uma noite de 41 aconteceu o fato. Ou o grande acontecimento. Aconteceu a *Piccola Città* com os pais e os filhos que se estapeavam na platéia, Simoni perturbado, Repaci em êxtase, Cialente que vem à ribalta pedir que o deixem acabar e o terceiro ato que atinge a todos. Os estudantes carregam o diretor Fulchignoni nos braços pela galeria ainda vestido com um *sleeping-bag*, e com os pés descalços. Entre os desenfreados na platéia há um jovem com os bigodes à la mosqueteiro e com uma cabeleira ondulada que se chama Paolo Grassi. É o animador de um movimento ligado a Corrente, o grupinho que se chamou Palcoscenico[45].

A maneira como Fulchignoni, o diretor de *Piccola Città*, analisa os espetáculos realizados pelos teatros GUF poderia ser sintetizada nos seguintes itens:

> a) eram configurados como ensaios de antologia dramática escolhidos a partir de toda a história do teatro; b) o diretor-sacerdote havia aprendido a arte de purificar o texto de qualquer substância inerte: como base do trabalho poder-se-iam tomar também trechos musicais, imagens figurativas, lendas folclóricas, e qualquer manifestação de conteúdo eterno; c) que o público fosse convidado a debater os resultados do trabalho: o espetáculo considerado como passível de aperfeiçoamento[46].

Oportunamente, analisaremos a presença de muitas dessas prerrogativas no trabalho direcional de Jacobbi no Brasil, particularmente na encenação de *A Ronda dos Malandros*.

43. Movimento poético italiano do qual Ruggero Jacobbi participa, como *mascote*, nos anos de 1930.

44. Claudio Meldolesi, *Fondamenti del Teatro Italiano – La Generazione dei Registi*, Firenze, Sansoni, 1984, p. 49.

45. "Sulla Ribalta di Remigio Paone", *Avanti*, s/d [entre jun. e nov. 1963] (Gabinetto Vieusseux).

46. Enrico Fulchignoni, "Il Teatro Sperimentale del GUF di Messina", em AA. VV., *Il Teatro Sperimentale di Messina*. Messina: GUF, 1941 (Gabinetto Vieusseux).

Trata-se de uma maneira de fazer teatro que, antes de definir características estéticas do espetáculo em si, traduz a preocupação de uma geração de jovens empenhados em fazer arte conseqüente, ou seja, para quem o teatro é a possibilidade de expressar, de maneira objetiva, as inquietações existenciais do homem face à realidade de um mundo que prepara e trava a Segunda Guerra Mundial; um teatro de resistência cultural que visa a tornar o homem melhor. Tomados por esse ímpeto primordial, os jovens militantes culturais buscam procedimentos eficazes para colocar em prática suas idéias.

A aprendizagem do *métier* é feita na prática. Não existem professores; os jovens aprendem a fazer teatro por meio de modelos, como o do diretor francês Charles Dullin. A assimilação dos conhecimentos apreendidos de maneira informal se dá, no entanto, de maneira singular. Se o ponto de partida de Strehler é a atuação, o de Jacobbi é a literatura. O princípio difundido pela política cultural fascista de que o jovem deve ser inventor é aproveitado e favorece a atividade diretorial dos que nela se lançam e inauguram no teatro a idéia da modernidade.

Os sete principais aspectos apontados por Meldolesi daquele movimento teatral[47], marcado primordialmente pela diversidade, são sintetizados a seguir.

O primeiro refere-se ao teatro como um espaço ideal, da verdade, cosmo inexplorado, passível de ser explorado somente por exercícios experimentais. Em todos os jovens realizadores aparece a necessidade de apoiar seu trabalho em outras linguagens. O teatro inicialmente realizado por Grassi, Strehler e Veronesi baseia-se nas concepções visuais de Gordon Craig e da Bauhaus; Joppolo promove, na dramaturgia, a dissolução das personagens a partir de pintores do grupo Corrente, Gerardo Guerrieri baseia-se na montagem cinematográfica, Jacobbi no antilirismo e o espetáculo do surrealista Vito Pandolfi é invadido por contaminações poético-filosóficas. Trata-se de uma girândola que tende ao sincretismo. O denominador comum de todas as tendências é a filosofia teatral de Appia.

A segunda constatação é a de que não se pode considerar a existência de um espetáculo *gufino*, ou seja, um espetáculo-síntese das proposições *gufistas*. São levadas à cena realizações marcadas pelo compromisso em seguir as últimas tendências teatrais, como *Sturm und Drang*, são produções pobres mas ambiciosas, nas quais todos os elementos são articulados em torno de uma idéia exterior. O texto é reduzido a falas e situações, a recitação fonética é reduzida a ritmo e volume, e a assim chamada recitação visual é reduzida a material plástico subordinado aos signos cenográficos.

47. "Atti di Fede e Polemiche al Tramonto dei Teatri – GUF", *Rivista Biblioteca Teatrale*, Roma, Bulzoni, 1978, pp. 106-110.

O que norteia o terceiro ponto é a idéia da arte absoluta. Os novos processos de trabalho não visam à elaboração da linguagem da cena mas à produção, o que explica uma certa desatenção com o trabalho do ator. Se o movimento GUF nasce em reação ao teatro feito pelos grandes atores, podem subir ao palco dos *teatriguf* pessoas sem qualquer conhecimento da cena, como pintores, por exemplo.

O quarto aspecto diz respeito à organização hierárquica do teatro GUF, no alto da qual está a criação e a manifestação essencial do que se quer transmitir e, abaixo, vem a interpretação. Criadores são considerados o autor, o cenógrafo e, sobretudo, o diretor enquanto responsável pela articulação da idéia em espetáculo. O fascínio pela direção provém de uma linha cultural preocupada em sintetizar e comunicar temáticas de conscientização do homem em face da realidade. O fascínio pela direção para os muito jovens, como Ruggero Jacobbi, tem origem literária.

O quinto ponto diz respeito à postura dos diversos diretores com relação à sua função. A direção é definida, por um lado, como decorrência da necessidade de dar prosseguimento à vida histórica do teatro em tempos de perturbação moral, uma exigência ideológico-lingüística; por outro lado, os bragaglianos tendem a acentuar o valor criativo da técnica, alma da *mise en scène* de ação – que para Jacobbi é ação e poesia. Assumir a direção significa contrapor-se ao *mattatore* e ao teatro comercial, chegar ao grau zero do teatro, buscar o homem autêntico e ignorar o homem banal. O diretor aproxima-se assim do demiurgo.

Em sexto lugar, os diretores fazem suas escolhas de textos dramáticos movidos pela intenção de contar, por alegorias, a desolação italiana por meio de personagens da dramaturgia mundial, sejam elas americanas, clássicas ou metafísicas. Nesse sentido não conseguem ir além da alusão. A conspiração é o que move mais intensamente os *teatrantes* – termo forjado por Bragaglia –, de tal forma que o reconhecimento passa a ter valor absoluto e a alusão em cena é um fim; não chega a configurar-se como escritura cênica. A descoberta da relação da arte teatral italiana desse momento com o expressionismo e o surrealismo surge posteriormente e é confirmada pelas revelações de Kaiser, Apollinaire, Cocteau e Artaud. No entanto, os resultados atingidos pelos jovens italianos ficam muito aquém dos modelos. Talvez o diretor que mais se aproxime seja Strehler quando, em *Os Gigantes da Montanha*, se propõe a fazer a separação entre espetáculo e sinceridade, desenvolvendo duas narrações cênicas distintas: uma absolutamente espetacular e a outra absolutamente sincera.

Como sétimo ponto, a polêmica é apontada como uma forte característica que orienta tanto o modo de ser como o de pensar desses grupos de teatro universitário, o que gera uma crítica totalizante, briguenta e, freqüentemente, provinciana. Há, por parte da platéia, uma reação que se assemelha àquela da Rússia e da França nos anos de 1920, guardadas as devidas proporções. Por sua vez, os jovens realizadores são marcados pelo espírito corporativista e, mesmo quando atacam o gosto médio e se pretendem intransigentes e atuais, sua idéia de atualidade se prende ainda a ensinamentos escolares.

Paolo Grassi critica os espetáculos realizados pelos teatros GUF, em seus aspectos realmente mais frágeis:

> O que nos interessa naqueles espetáculos não é a novidade dos textos, já conhecidos, mas a direção e a encenação. E aí vamos mal. Invade esses palcos um anônimo gosto moderno que desemboca ou na cena de elementos, com escadas e banquinhos, ou na cena construída e pintada quase sempre naquele tom azul acinzentado, cor moderna por excelência[48].

Realmente, o que se pode depreender das observações de Grassi é que os jovens, não tendo o domínio da linguagem cênica, apóiam-se por um lado na literatura e por outro em uma estética preestabelecida de gosto duvidoso. Falta aos jovens o conhecimento da *práxis* que os autorize a experimentar soluções intuitivas e não apenas racionais.

Ruggero Jacobbi vincula o surgimento do novo teatro na Itália com a política. Situa, portanto, seu nascimento em 1938, em função da necessidade premente de democracia surgida nos jovens naquele ano. Mas é só em 1945, segundo ele, que se inicia efetivamente o teatro moderno italiano, ou seja, quando é oficialmente proclamada a democracia italiana. Silvio d'Amico é considerado por Jacobbi como o principal articulador da implementação da cena italiana tendo como ponto de partida a relação teatro-estado. D'Amico consegue tornar realidade três dos objetivos que se propusera:

> a) instauração da moderna direção italiana; b) criação de uma escola de formação de atores que contemple a educação cultural e técnica; e c) fundação de um teatro estável em nível europeu, objetivo esse realizado por Paolo Grassi e Giorgio Strehler.

Jacobbi aponta, em termos gerais, as metas dos mais sérios responsáveis pelo teatro italiano, a partir do pós-guerra:

> a) idéia de direção como ato crítico, como interpretação, e não arbítrio e neurose estética; b) gosto da cenografia equiparado ao da pintura e escultura contemporâneas; c) formação de um tipo de ator que não tenha que se submeter como uma diva, nem que se domar como escravo ou animal falante; d) redescoberta das linguagens tradicionais do teatro por meio da experiência de uma linguagem moderna, isto é, Itália de Goldoni ou de Bertolazzi como possível fundamento de uma Itália cênica hoje, Shakespeare dos italianos como espelho atual e nosso do Shakespeare de todos etc.; e) aproximação a um público novo como classe – a fábrica – ou como geração – a escola – para impedir não só o perpetuar-se de um ritual de minoria, mas também aquela possível esclerose

48. Paolo Grassi, *apud* Meldolesi, "Atti di Fede e Polemiche al Tramonto dei Teatri – GUF", art. cit., p. 136.

que ameaça, por exemplo, o teatro lírico por motivos de geração; f) utilização dos meios tradicionais da propaganda (programa, cartaz, entrevista) como meios de ação cultural e criação de novos meios[49].

Se o diretor é capaz de revolucionar a cena, o dramaturgo, por sua vez, é o responsável por atualizar sua dinâmica oferecendo o suporte textual para tanto. A dramaturgia italiana é incentivada e valorizada, pois se acredita que por meio dela o teatro poderá recuperar sua força.

Podemos perceber a diferença de postura entre o que preconizam Jacobbi e Paolo Grassi, cuja proposta de atuação, ao fundar o Piccolo Teatro de Milão, é trazer o universo teatral já existente em outras terras para uma companhia estável. A proposta que se prefigura como grande inovação do teatro italiano vem, a bem dizer, a reboque da renovação cênica já em vigor em outros países. Paolo Grassi e Giorgio Strehler apóiam-se em experimentações análogas realizadas por outros diretores. É importante lembrar que embora o Teatro delle Arti tenha se revelado falho tanto na formulação de propostas como em seus resultados ele é o primeiro teatro estável na Itália e apresenta algumas características de encenação de uso corrente no período pós-guerra.

## A POLÊMICA ITALIANA: D'AMICO *VERSUS* BRAGAGLIA

Na época da formação de Ruggero Jacobbi, convivem em Roma duas tendências fortemente diferenciadas: de um lado, o chamado centro de renovação teatral representado pelo trabalho de Silvio d'Amico, apoiado no didatismo da Regia Accademia di Arte Drammatica, que gera o denominado espetáculo *condizionato* e, de outro, no Teatro delle Arti, a prática de Anton Giulio Bragaglia, o diretor italiano do chamado espetáculo *assoluto*. Essas tendências servem como eixo referencial para a abordagem histórica sobre os rumos da encenação no teatro moderno feita por Jacobbi que consta de item anterior deste estudo.

A polêmica entre D'Amico e Bragaglia começa em 1923, quando é inaugurado o Teatro degli Indipendenti, e dura até 1955, ano da morte de D'Amico. O diálogo, às vezes feroz, entre as tendências, é decisivo para a geração de jovens que podem optar por cursar a Academia, e conhecer o vigor da poética filológica de D'Amico, ou iniciar sua atividade dirigindo grupos universitários e, posteriormente, colaborar com Anton Giulio Bragaglia e entrar em contato com o seu teatro teatral, como é o caso de Jacobbi. Transitar entre as duas práticas é também

49. *Idem*, p. 170.

possível. Em oposição ao teatro estreitamente vinculado à palavra preconizado por Silvio d'Amico, Bragaglia opta pela teatralidade como essência do espetáculo; valoriza os elementos visuais, plásticos, dinâmicos do espetáculo e passa a interessar-se pelo mimo, pela dança e pela pantomima, ou seja, pela "poesia muda da cena", denominação de Simonide di Ceo. No entanto, as propostas do diretor, que é considerado por Jacobbi um profeta contraditório mas muito sensível, não são ouvidas por seus contemporâneos. Durante as três primeiras décadas de nosso século, Bragaglia trava uma áspera batalha ao definir uma teoria e uma prática da *mise en scène* que visam a instaurar uma linguagem específica da cena, a partir do texto dramático. Em suas obras teóricas, *La Maschera Mobile* (1927) e *Del Teatro Teatrale ossia del Teatro* (1929), Bragaglia expõe idéias de vanguarda decididamente opostas às de Silvio d'Amico que é, então, a maior autoridade crítica italiana.

Bragaglia acusa os autores de desconhecimento da cena, ou seja, afirma que os dramaturgos não se atualizam em relação à evolução da linguagem cênica e se atêm a escrever peças dissociadas de seu tempo. Assinala a fragmentação do discurso e a aceleração da movimentação como características inalienáveis de um teatro atual que são sistematicamente ignoradas por autores tradicionalistas. Bragaglia acredita que a técnica pode promover uma nova estética. O "espetáculo é para ver, a palavra para ler", diz Bragaglia.

Ao seu grande mestre, Anton Giulio Bragaglia, Ruggero Jacobbi atribui o aprendizado em matéria de técnica e artesanato teatral. A referência constante de Bragaglia está documentada por Jacobbi em seu livro *A Expressão Dramática*, nos artigos "A Direção: Texto e Espetáculo", publicado no primeiro número da *Revista de Estudos Teatrais*, no artigo "Bragaglia, Artista e Profeta", publicado em *Teatro da Ieri a Domani*, e no artigo "Os Velhos", publicado n' *O Espectador Apaixonado*, entre outros.

De personalidade desconcertante, descrito por Jacobbi como "uma figura comprida e magra de D. Quixote provinciano, envolto em suas echarpes fabulosas, à sombra de um chapéu quase mexicano"[50], Anton Giulio Bragaglia (1890-1960) desenvolve múltiplas atividades. Faz estudos de arqueologia, torna-se jornalista e ensaísta, além de diretor de teatro e de cinema. Tem grande projeção no teatro italiano de entre-guerras. Adota o chamado teatro teatral no rasto de encenadores como Fuchs, Evreinov e Baty.

Companheiro de estrada de futuristas em numerosas manifestações artísticas e teatrais, Bragaglia nunca adere oficialmente ao movimento de Marinetti. Jacobbi considera que Filippo Tommaso Marinetti em seu artigo "O Teatro de Variedade", de 1913, estabelece a matriz antinaturalista, que vai além do simbolismo abstrato de Craig e Appia

50. "A Direção: Texto e Espetáculo", *Revista de Estudos Teatrais*, n. 1, art. cit., s/p.

e antecipa os conceitos de espetáculo total, espetáculo absoluto e teatro teatral, que seriam encampados no pós-guerra por Meierhold, Taírov, Bragaglia e Baty, em contraposição ao espetáculo condicionado de Copeau e D'Amico, entre outros.

O nome de Bragaglia é sempre associado às experiências teatrais que integram a vanguarda cultural européia e que são o celeiro de grande número de artistas emergentes na época. Bragaglia gosta de definir-se como *corago*, termo clássico que indica aquele que acumula as funções de diretor, cenógrafo e técnico. Estréia em 1919, na direção de duas peças de Rosso di San Secondo, *Per Fare l'Alba* e *La Bella Addormentata*, nas quais experimenta os efeitos da iluminação psicológica.

É sobretudo em sua atividade no Teatro Sperimentale degli Indipendenti, fundado em Roma, em 1923, e que dirige durante dez anos juntamente com seu irmão Carlo Lodovico, que Anton Giulio Bragaglia desenvolve seu projeto de renovação do teatro italiano, em relação à encenação e à ampliação do repertório. Ele encena ali cerca de duzentas peças novas italianas ou estrangeiras; Pirandello, Bontempelli, Marinetti, Wedekind, Jarry, Strindberg e Brecht são alguns dos dramaturgos escolhidos. Para Bragaglia, em artigo publicado em 1936,

> O Teatro degli Indipendenti teve um papel fundamental de suscitar energias inovadoras, essenciais para um novo espírito teatral, para a direção e a *mise en scène* técnica que idealmente fundia as imprescindíveis presenças da nova iluminação e da cor aeroforme, com as contribuições plásticas. Para nós o espaço fluiu para as formas, movido e conduzido pela luz. O *continente* das personagens vivas, exaltado pela luz, tornou-se vibrante e sensível: a função da iluminação (*luministica*) tornou-se elemento *coadjuvador* da expressão representativa. A técnica teatral na nova arte da representação assumiu o valor de uma verdadeira e própria poética cênica. Portanto, a eletricidade, a plástica e a mecânica representaram uma força dessa poética. As conquistas do espírito são mais lentas do que as outras a serem reconhecidas; porque geralmente não tramitam como acontecimentos clamorosos ou como tratados explícitos[51].

As montagens bragaglianas expressam uma grande ambição inovadora mas padecem, freqüentemente, da insuficiência de equipamentos técnicos, assim como de amadorismo na interpretação. Essas falhas características de espetáculos inovadores são apontadas também em trabalhos iniciais de outros diretores, como Meierhold, nos quais existe um descompasso entre a teoria revolucionária e a colocação em cena de hipóteses artísticas por meio de técnicas e elencos, no mínimo, frágeis.

Bragalia propõe que o verbo *teatrare* passe a integrar a língua corrente. *Teatrar* seria, portanto, a síntese de colocar em cena (*mettere in scena*) e colocar em ação (*mettere in azione*), método utilizado no

51. Anton Giulio Bragaglia, *Variazioni sulla Regia*, separata de *Ottobre – Quotidiano del Fascismo Universale*, Roma, 1936, pp. 8-9.

mimodrama. Por extensão, os artistas de teatro são denominados *teatrantes*. Na contracorrente de vários profissionais de teatro que consideram Jacques Copeau como o grande mestre, Bragagalia acredita que ele defende o teatro literário porque constitui a tradição francesa, assim como a italiana seria a representação *a gran teatro*. Bragaglia acredita que se aprende a ser diretor na prática, assim como se aprende a voar voando e que, entre outras funções, o diretor é "o moderador dos baixos instintos do ator e é seu guia espiritual e cultural"[52]. Talvez exatamente por isso abomine o diretor-ator que, segundo ele, seria capaz de realizar apenas o espetáculo-exumação, ou seja, um espetáculo sem vida ou atmosfera rejuvenescedoras. Considera também que os últimos adversários da direção na Itália são os *capocomici* que, apegados à fama conquistada, têm uma mentalidade antiquada e não aceitam, conseqüentemente, qualquer crítica.

De 1937 a 1943, Bragaglia prossegue suas atividades como diretor do novo Teatro delle Arti, fundado em Roma dentro do quadro da política cultural do fascismo, que o deixa livre para fazer suas escolhas artísticas, segundo Gianni Ratto que se refere à contradição que envolve a figura de Bragaglia e ao boicote que sofreria por parte de profissionais que o sucederam, por ter trabalhado no período fascista. Para Ratto, "como bom homem de cultura, Bragaglia se comportou como um renascentista: ele bajulava os poderosos e fez muito bem porque era a única maneira de fazer o que ele queria fazer"[53].

Em carta enviada a Riccardo Marchi, Bragaglia faz algumas observações práticas e objetivas sobre a encenação de um texto de autoria do irmão do destinatário:

> Ainda mais quando as personagens traem intenções literárias: (quero dizer: têm a consciência de bordar uma situação de literatura dramática. Nada de mais... corrupto!). [...] Em suma, é preciso controlar *cenicamente* o presumível resultado da *ação teatral* passo a passo. Preparar tal material para ser felizmente colocado em cena, agilmente colocado em ação. Ser rigorosos *antipoeticiparoliati*. Tornar-se *poeticiazionanti*[54].

Bragaglia cria essas palavras, assim como cria os termos "teatrar" e "teatrante". Poderíamos arriscar uma tradução delas, somente para tentar deixar mais claro o raciocínio de Bragaglia: *antipoeticospalavrórios* e *poeticosacionantes*. Bragaglia, como Artaud, persegue o objetivo fundamental de colocar a poesia em cena.

52. *Idem*, p. 22.

53. Gianni Ratto em entrevista à autora em 13 de janeiro de 1999.

54. Arquivo Ruggero Jacobbi (Gabinetto Vieusseux). É interessante notar que Jacobbi conservou duas cartas de Bragaglia dirigidas a Riccardo Marchi, datadas de 1928, até a sua morte. Poderíamos deduzir daí a importância por ele atribuída aos ensinamentos nelas contidos, além, evidentemente, do valor histórico dos documentos.

Ruggero Jacobbi tem dezoito anos quando escreve uma resenha sobre o livro *Sottopalco*, de Bragaglia. Defende incondicionalmente o diretor que é chamado por outros críticos de agitador, concorda com o adjetivo, porém apenas em sua acepção positiva. Em sua defesa, cita Spinoza: "são os descontentes que fazem o mundo caminhar". Reconhece a importância do Teatro degli Indipendenti: "certas bases para o ainda em construção edifício do teatro italiano permaneceram lá dentro, e só lá dentro podem ser repescadas". E continua com os elogios que exalam algum entusiasmo juvenil: "lá [...] foi feito o que Bragaglia ama chamar de o teatro teatral, isto é, vivo e moderno e nacional e exatamente *independente*". Nessa resenha fica evidenciada a precocidade de Jacobbi; além de expressar sua posição claramente favorável a um diretor tão polêmico e combatido na época, cita Spinoza e utiliza diversas palavras em latim[55]. O autor agradece e quer conhecê-lo. A colaboração entre os dois inicia-se efetivamente quando, depois de assistir ao espetáculo *Minnie la Candida*, de Bontempelli, Bragaglia contrata seu diretor, Ruggero Jacobbi, e a atriz principal, Anna Proclemer, para trabalharem em sua companhia. A encenação de *Minnie la Candida*, estréia no Teatro dell'Università, com o GUF em Roma, em 1942. Jacobbi tinha, portanto, vinte e dois anos. Anna Proclemer, que tinha apenas dezesseis anos, tornou-se posteriormente uma das grandes atrizes da Itália.

Bragaglia renova o teatro italiano não apenas na prática da encenação, mas pela iniciativa de criar o primeiro teatro estável, no sentido moderno, da Itália. Gianni Ratto ressalta a importância da iniciativa:

> As companhias viajavam para Milão, para Bolonha, para Pádua, para Veneza, para Bari, para Florença e em cada lugar permaneciam em geral uma semana, dez dias, apresentando uma programação de pelo menos três peças. [...] Naquele tempo o ensaio era muito rápido. Havia um ponto que ajudava quando a memória falhava, fazia parte do *script*. A cenografia, em geral, era uma cenografia alugada, era uma cenografia montada pelo contra-regra, que então se chamava diretor de cena. Às vezes, tinha bons diretores de cena, mas a cenografia não tinha características muito marcantes. Também é necessário dizer o seguinte: no Ministério da Cultura, da propaganda do regime fascista havia pessoas inteligentes que percebiam a necessidade de contrapor às proibições de autores estrangeiros determinadas pela censura fascista, uma força juvenil que pudesse propor idéias[56].

O Teatro delle Arti é organizado por meio de um programa que é divulgado no início de cada estação. Textos clássicos, textos estrangeiros modernos, textos italianos novos e adaptações de romances integram a programação. A organização financeira inclui um sistema de assinaturas e abatimentos para grupos. A composição gráfica dos pro-

55. Sottopalco di A.G.B., *Il Meridiano di Roma*, 31 out. 1937 (Gabinetto Vieusseux).

56. Entrevista à autora em 13 de janeiro de 1999.

gramas e dos cartazes e a própria maneira de receber os espectadores antecipam tendências vigentes no pós-guerra.

O Teatro delle Arti constitui uma fonte de atualização da cultura teatral italiana, visto que encena espetáculos em Roma e também em Milão e publica textos – na revista *Il Dramma* – de dramaturgos como O'Neill, Salacrou, Thornton Wilder, que constituem a base do repertório das companhias que realizam *tournées* pelo mundo no pós-guerra. Bragaglia, além de se ocupar pessoalmente do repertório, é um grande incentivador de jovens diretores que podem exercitar-se no palco do Teatro delle Arti, como foi o caso de Jacobbi, que recorda ter trabalhado em condições peculiares, uma vez que o mestre é muito centralizador, um pouco atrapalhado e principalmente um grande amigo de seus colaboradores.

O Teatro delle Arti, sob a direção de Bragaglia, recoloca a noção de tradição italiana, direcionando-a para o realismo popular, incentiva os autores italianos do período e aproxima o teatro da narrativa moderna.

> Anton Giulio Bragaglia foi realmente uma figura genial, uma figura controvertida, depois da guerra foi acusado de ser fascista. E daí? Aí que me pergunto: – E daí? Ele matou alguém? Ele fez guerra? Ele fez teatro. Portanto, eu o defendo. Depois da guerra, todas as polêmicas que faziam contra ele... Eu assisti, inclusive, durante o período fascista, a palestras dele que eram brilhantíssimas. E fascistas mandavam provocadores para, no debate, fazer perguntas. Ele era muito habilidoso. Perguntavam alguma coisa: – Ah, não sei, não sei. Nunca sabia. E não respondia também. Então, ele foi muito ágil. Ele bajulou Mussolini, mandou cartas para ele pedindo condições para isso e para aquilo. Batalhou, a vida toda em favor do teatro. O que me importa se era de direita ou se não era? Fascismo, e daí? Ele fez teatro e o teatro é importante. Saíram atores importantes de lá e ele organizou exposições importantes de cenografia que viajaram pelo mundo inteiro. Ele promoveu a cenografia[57].

Ruggero Jacobbi escreve de modo afetivo sobre Bragaglia e sublinha de maneira bem-humorada as idiossincrasias de seu mestre. Em 1925, por exemplo, aquele diretor italiano assiste de modo peculiar a uma peça na Alemanha. Recém-chegado ao país, e não entendendo nem uma palavra de alemão, Bragaglia assiste a um espetáculo. Trata-se de uma experiência de fruição da teatralidade desvinculada do texto dramatúrgico que Bragaglia forja para si como espectador: assiste ao teatro teatral, liberto, pelo desconhecimento da língua, de quaisquer compromissos com mensagens que a montagem germânica pretendesse transmitir por meio da fala.

Em seus próprios experimentos como diretor, Bragaglia preocupa-se em reafirmar a vocação do teatro como arte, expurgando dessa atividade os grilhões que o comprometimento com a literatura ou com um mercantilismo exacerbado podem impor. Simultaneamente, há o interesse na legitimação do *métier*, que ainda não se firmara naquele

57. *Idem.*

momento; é importante destacar a direção não apenas como a mera organização dos diversos elementos que constituem a cena, mas como o exercício de uma atividade artística diferenciada que busca sua definição dentro do fenômeno teatral. Essa tendência à qual se vinculam, entre outros, Lugné Poe, Max Reinhardt, Meierhold e Grotowski, tem em Bragaglia seu representante italiano por excelência. A prática de Bragaglia distancia-se, no entanto, de seus objetivos artísticos. Em seu pequeno teatro de Roma, na Via degli Avignonesi, o Teatro delle Arti, espaço precário, que não comporta abrigar o sonho de um teatro que privilegie a visualidade, como é o seu, a genialidade de Bragaglia é, muitas vezes, sufocada pelo "pântano da improvisação", em comentário de Jacobbi. Silvio d'Amico, o feroz antagonista de Bragaglia, ressalta esse aspecto em seu artigo "O Teatrinho de Bragaglia". Evidentemente, o famoso crítico e historiador italiano aproveita-se das pequenas dimensões do Teatro delle Arti para atribuir uma dupla conotação ao diminutivo, menosprezando tudo o que é realizado naquele local. D'Amico chega, malevolamente, a afirmar que "pregar o teatro teatral e fechar-se em um porão, é como promover um comício em um banheirinho"[58].

É necessário atentarmos para o fato de que naquele período começam a surgir em toda a Europa os Piccoli, ou seja, os teatros de câmera, em que as encenações privilegiam o psicologismo, apoiadas na proximidade de atores e espectadores que os espaços exíguos ensejam. O que D'Amico salienta, portanto, é a inadequação do diminuto espaço para abrigar uma estética espetacular que valoriza a visualidade.

Em 1950, Bragaglia repete o que vem afirmando durante trinta anos: "para renovar a dramaturgia é necessário reformar os palcos", visto que "os novos meios mecânicos determinam novas estéticas". O pensamento teatral é, para ele, um pensamento plástico *sui generis*. A valorização visual da cena em seus espetáculos traduz-se pelo uso de cortinas pretas e brancas, pelos finos sarrafos pintados, pelas escadas estilizadas. Com relação à *mise en scène* propriamente dita, Bragaglia declara, presumivelmente em resposta a críticas feitas a seu trabalho, que:

> A direção teatral foi uma invenção de russos e alemães. Gente louca ou teimosa. Nós, os futuristas italianos, inventamos a cenotécnica. Depois vimos que os atores italianos faziam tudo por conta própria: tradição. No começo divertíamo-nos a encaixar a tradicional verve canastrônica nacional dentro dos efeitos da cenotécnica. Depois, os assistentes e os operários aprenderam a fazer os efeitos sozinhos. E então começou para nós o tempo da moleza. Ou do tédio. [...] Vocês acham que o problema é outro. A direção de atores, eu sei. A análise filológica do texto. Pode ser. Para mim é tarde. Ademais, não acredito. Os atores, dirigidos por vocês, perdem toda a graça. Não se comunicam com a platéia. Melhor deixá-los soltos. Ator nasceu para gritar, pular, se esbaldar sem compreender muito o que diz. Quanto ao texto, não há análise que possa dar teatralidade

58. Silvio d'Amico, *Tramonto del Grande Attore*, *op. cit.*, p. 107.

a um texto que não a possua. E se a teatralidade existe, qualquer ponto, qualquer contra-regra sabe descobri-la imediatamente[59].

A displicência do diretor é apontada por Jacobbi: enquanto os atores no palco se esforçam ensaiando, ele escreve cartas ou desenha croquis de cenários. De fato, Bragaglia apenas atenta para a marcação e para a sonoridade das palavras. Muitas vezes indica somente que tal cena se alonga demais e deve ter parte do texto cortada, ou então que determinado ator deve gritar um pouco. Nenhuma análise psicológica é por ele admitida. Ao fazer a leitura da peça, divide cada ato com base nos principais golpes de cena e a cada uma dessas unidades atribui um tom fixo de representação; o ritmo da peça fica assim definido. Cada cena é marcada com um movimento espetacular em que se alternam excessos de lentidão e de agitação, visando impressionar o público. Cenários, iluminação e figurinos são os elementos do espetáculo que mais o atraem e o instigam ao perfeccionismo; sobre eles trabalha com infinita paciência.

Bragaglia convida os atores mais vazios e convencionais ou mesmo rapazes sem nenhuma experiência para integrar o elenco de suas peças, isso porque execra o *bom ator*, ou seja, o ator que quer sempre saber o porquê das coisas, o que o forçaria a perder tempo. Adora quem o obedece sem nada questionar de suas sintéticas indicações como: *chore*, *ria*, *pare*, *mais baixo*, *pausa*, *ritmo* ou *faça de conta que é tragédia grega*. Para ele a palavra é um som, um ruído. A análise da personagem resume-se a um adjetivo como: *violento* ou *ingênua*. Bragaglia apóia-se no fato de que, na tradição italiana, os atores dominam as diferentes maneiras de representar cada um dos gêneros. As indicações que dá não têm qualquer respaldo no sentido pretendido pelo texto; seu objetivo é apenas um: manter presa a atenção do público por meio de uma seqüência de surpresas.

Bragaglia trata o texto como se fosse um libreto de ópera, do qual ele estivesse incumbido de fazer a música e trata o ator como um dos elementos do espetáculo, como o faz um diretor de cinema. Ópera e cinema são suas referências fundamentais.

Depois da guerra, sua atividade teatral diminui: Bragaglia passa a dedicar-se sobretudo à crítica e a trabalhos sobre a história do espetáculo, particularmente sobre a *commedia dell'arte*. Além das publicações citadas anteriormente, Bragalia escreveu *Fotodinamismo Futurista*, em 1911, *Il Teatro della Rivoluzione*, em 1929, e *Pulcinella*, em 1953, um longo e aprofundado estudo sobre a personagem da *commedia dell'arte*.

Apesar da admiração profunda por Anton Giulio Bragaglia e de considerá-lo um indivíduo único e inimitável na inspiração e na

59. *Apud* Ruggero Jacobbi, *A Expressão Dramática*, São Paulo, Ministério da Educação e Cultura/Instituto Nacional do Livro, 1956, p. 182.

genialidade, Ruggero Jacobbi diverge de seu mestre quando ele considera que o problema é teatro e só teatro, não admitindo sua vinculação com a política.

## ECOS E REFLEXOS DAS QUESTÕES TEATRAIS ITALIANAS NO BRASIL

Os jovens diretores italianos que chegam ao Brasil, no início dos anos de 1950, dão seu depoimento sobre aquele período. Alberto D'Aversa declara:

> No imediato pós-guerra, a situação teatral italiana era caótica e instável; provisórios os homens e as instituições; indefinidas as idéias; concretos só os rancores políticos e uma vontade, ou melhor, um instinto de rebeldia, de não-aceitação, de dizer "não". Porém as finalidades eram confusas, os furores – como dizia Vittorini – abstratos (Strehler apresentava-se como ator medíocre em *Calígula*, de Camus, e estreava como diretor em *Tereza Raquin*, de Zola e *Winterset*, de Maxwell Anderson); e o governo não tinha política teatral definida porque ainda desprovido de uma política autônoma e continental. Quem mantinha vivas as exigências do espetáculo era a fome – física, palpável, visceral – dos atores: todos faziam de tudo; organizavam *tournées* (lembro-me de uma companhia de ex-alunos da Academia, dirigida por Squarzina, com Gassman, Lea Padovani, Santuccio etc., que circulava pelos hospitais da província romana), apresentavam-se em revistas musicais (lembro de de Sica e Isa Miranda, dirigidos por Salvini, cantarem: "...dimmi che sei tutta per me..."), topavam qualquer parada (Caprioli, no Brancaccio, dançava *rock'n roll* acompanhando-se com o violão e uma gaita de boca, da qual extraía tumultuosos ruídos)[60].

Luciano Salce, discípulo de Salvini e colega de Adolfo Celi na Academia de Arte Dramática de Roma, chega ao Brasil, em 1950, após ter dirigido, em Paris, *Os Filhos de Eduardo*, peça que estreava em São Paulo, naquela semana, sob direção de Jacobbi e de Cacilda Becker. Salce se refere a um outro teor de dificuldades por que passa o teatro na Europa:

> Após quatro anos de teatro na Europa, sinto-me um tanto cansado do velho continente. O mesmo não direi, porém, do seu teatro. Explico-me: a Europa é encantadora e o teatro que possui, dos melhores. Há nele paixão e séculos de profissão que permitem espetáculos bons e muito interessantes. Entretanto, apresenta defeitos: os atores, na sua maioria, são velhas máquinas muito usadas que caminham com o apoio de tradições inúteis; os autores procuram sempre os caminhos mais fáceis, do sucesso a qualquer preço. O público, dia a dia, perde o interesse por aquilo que vê nos palcos, repetido pelo mau cinema, e assim perde a faculdade de julgar e apreciar uma peça, de separar o bom do mau, em uma palavra, está na iminência de afastar-se irremediavelmente das repre-

60. Alberto D'Aversa, "Um Homem de Teatro: Ivo Chiesa", *Diário de São Paulo*, 2º caderno, 27 jun. 1967, p. 10, *apud* Antonio Mercado Neto, *A Crítica Teatral de Alberto D'Aversa no Diário de São Paulo*, São Paulo, ECA-USP, 1979 (dissertação de mestrado).

sentações teatrais. [...] Além disso, há tais contradições econômicas e burocráticas, como as exigências comerciais, além de interferências estrangeiras no verdadeiro espírito do teatro, que, montar hoje um espetáculo e realizá-lo exatamente como se o imaginou e se o previu tornou-se quase impossível. Foi considerando essas razões que aceitei, com satisfação, o convite para trabalhar no Teatro Brasileiro de Comédia, que me propôs encenar algumas peças. Num país jovem, sinceramente devotado ao teatro e felizmente livre de tradições embaraçosas e preconceituosas, estou certo de que poderei realizar alguma coisa boa e experiências interessantes. Tive a satisfação também de verificar que tudo o que de melhor existe, em matéria de teatro e qualidade de espetáculos, está muito bem representado pelo Teatro Brasileiro de Comédia. O que se faz aqui em São Paulo, por iniciativa do TBC, onde há bons artistas disciplinados e entusiastas, entre os quais meu velho amigo Celi e esse grande cenógrafo que é o Aldo Calvo, pode ser representado e aplaudido nos melhores teatros de Londres, Paris e Roma. Tudo isso torna difícil meu trabalho, isto é, terei que me esforçar seriamente para me colocar à altura do que se faz no TBC. Espero, entretanto, não decepcionar o público paulista que agora terá a oportunidade de aplaudir *Os Filhos de Eduardo*, uma das peças de maior sucesso que atualmente se representa na Europa e que Cacilda Becker e Jacobbi dirigem em São Paulo, com arte e perfeição[61].

O que se pode depreender desse depoimento é que o teatro em São Paulo encontra-se de fato em uma condição peculiar: é um campo fértil a experimentações, representando um grande desafio para a criação propriamente dita. Se os atores são novatos, eles também não têm os vícios da interpretação tradicionalista apontados por Salce e, se a terra é virgem, pode-se prepará-la especialmente para o cultivo do que se pretende. São, sem dúvida, vantagens que compensam a inexperiência teatral vigente.

A grande vantagem do Brasil em relação à Itália é que nele se desenvolve um movimento amador muito forte. Daqueles grupos fazem parte jovens que iniciam suas carreiras no palco tendo como fontes de inspiração para seu trabalho a interpretação no cinema e nos grupos estrangeiros que freqüentemente visitam o país. E, sem dúvida alguma, é necessário fazer o registro das importantes marcas deixadas pela permanência de Louis Jouvet, com sua companhia, por mais de um ano em atividade em nosso país no período da guerra.

As iniciativas de Franco Zampari – criar uma companhia estável –, e de Alfredo Mesquita – fundar uma escola de atores –, equiparam-se, de certa forma, às iniciativas levadas a cabo na Itália no mesmo período.

O que nós brasileiros buscamos, o teatro italiano tem por objetivo central naquele momento: instituir a direção teatral como fator de construção do espetáculo como manifestação cultural em substituição ao espetáculo como entretenimento. O trabalho inicial de transformação do teatro nacional é realizado pelos amadores que assimilam algumas das mudanças que ocorrem na cena mundial por meio das ressonâncias européias que atingem nossa terra. A distinção

61. "Contratado pelo Teatro Brasileiro de Comédia um Ensaiador Italiano", *Folha da Manhã*, São Paulo, 12 mar. 1950, p. 12 (arquivo Maria Thereza Vargas).

entre espetáculo condicionado e espetáculo absoluto, tem início, no Brasil, nos anos de 1950.

Ruggero Jacobbi surpreende-se com a acurada compreensão que Bragaglia tem do Brasil em sua rápida passagem por nossa terra, compreensão que demandaria, a rigor, um longo período de permanência no país, e impressiona-se com as marcas que Bragaglia aqui deixa por ocasião das *tournées* de espetáculos por ele dirigidos. Em 1937, Bragaglia visita o país com Maria Adami e Renzo Ricci como *primeiras figuras* e faz enorme sucesso[62]. A primeira grande exposição de cenografia em nosso país é organizada por aquele diretor e cenógrafo italiano que introduz inovações no sentido da prática teatral propriamente dita. Ele traz a nossos palcos um tipo de cenografia desconhecido e inusitado, e é responsável pela difusão de uma técnica de armar e reforçar o palco que os cenotécnicos brasileiros batizaram de *alla Bragaglia*[63]. Jacobbi ouve essa expressão de técnicos brasileiros ao dirigir espetáculos em nosso país.

Em termos de transmissão de informação teórica, seu livro *Fora de Cena* é aqui traduzido e editado[64], e ele colabora na revista *Anhembi*, desde o primeiro ano de sua fundação. Quando retorna à Itália, essa colaboração perdura por meio de artigos enviados, que são aqui traduzidos e publicados naquela que é uma das mais prestigiadas publicações culturais do período, até às vésperas de sua morte, em 1960. Apesar de desenvolver atividade intensa no país, como as relatadas, são raras as referências a Anton Giulio Bragaglia na historiografia do teatro brasileiro.

O bom humor de Bragaglia nasce de um singular espírito crítico. O relato de Jacobbi é revelador:

> Eu disse adeus a ele em dezembro de 1946. Eu partia para a América do Sul com uma companhia dramática italiana: Bragaglia me deu de presente um chicote. "O que é isso?", perguntei. "O cetro antiborbônico". Eu sorria embaraçado, sem entender, e ele explicou: "É o que eu usava quando tinha companhia com a Borboni". E, como ele havia levado esta companhia com a Borboni à América do Sul, achava que a primeira companhia italiana que no pós-guerra rumava para a América do Sul deveria herdar aquele troféu: o cetro *antiborbônico*, símbolo do poder do diretor[65].

Dos diretores em atividade no Brasil a partir dos anos de 1940, Ziembinski é o grande realizador do espetáculo absoluto. Jacobbi, ao

62. A repercussão das apresentações de Bragaglia no Teatro Municipal foi de tal forma positiva que a Secretaria de Educação comprou um espetáculo para ser apresentado para as estudantes das Escolas Normais, como nos informam Sábato Magaldi e Maria Thereza Vargas em *Cem Anos de Teatro em São Paulo*, Senac, 2000, p. 161.

63. "Bragaglia, Artista e Profeta", em *Teatro da Ieri a Domani*, *op. cit.*, pp. 97-98.

64. O livro *Fora de Cena* (*Sottopalco – Saggi sul teatro*, Osimo, Barulli, 1937), de Bragaglia, foi traduzido por Álvaro Moreyra e editado, no Rio de Janeiro, pela Casa Editora Vecchi, em 1941.

65. "Bragaglia, Artista e Profeta", em *Teatro da Ieri a Domani*, *op. cit.*, p. 97.

referir-se ao teatro do encenador expressionista Leopold Jessner, comenta o trabalho desenvolvido por Ziembinski no Brasil:

> Seu estilo [de Jessner] baseado em sugestões de mistério, no gosto do tétrico, do macabro, do ritmo lento e da iluminação fraca, dos efeitos musicais, da estilização trágica, é praticamente o estilo que ainda hoje, em todo o mundo se chama *expressionista* e que nós pudemos ver no Brasil, nos primeiros espetáculos de Ziembinski. Aqui também o encenador passa para o primeiro plano, quer ser o verdadeiro *criador* do espetáculo[66].

Os primeiros diretores brasileiros de teatro, no sentido de *metteurs en scène*, surgem em meados dos anos de 1950. Naquele período, a única escola de teatro existente em São Paulo destina-se a formar atores; os aspirantes a diretores buscam conhecer o *métier* observando os profissionais no exercício de suas funções; seu aprendizado inicia-se, fundamentalmente, com os diretores que atuam no TBC. Flávio Rangel e Antunes Filho são dois desses aprendizes que se tornam posteriormente – e durante décadas – importantes diretores do panorama teatral brasileiro. As encenações desses dois diretores são paradigmáticas dos tipos de espetáculos analisados. Flávio Rangel, falecido em 1988, realiza seu trabalho sob a perspectiva do espetáculo condicionado e Antunes Filho, em plena atividade hoje, atualiza o conceito de espetáculo absoluto em suas encenações.

A existência do espetáculo absoluto é instigante, pois coloca em xeque os valores, de certo modo acomodatícios, de uma encenação que se proponha a somente *levantar* um texto em cena. O espectador, que assiste a um espetáculo absoluto, terá sua percepção do exercício teatral completamente alterada, o que poderá incrementar dialeticamente suas possibilidades futuras de fruição.

Embora hoje, em todo o mundo, os dois tipos de espetáculos convivam placidamente, é importante perceber como foi crucial aquela polêmica. A distinção entre espetáculo condicionado e espetáculo absoluto estabelece as vertentes da encenação moderna e coincide com a hegemonia do diretor em cena.

## ASPECTOS DA POÉTICA DE RUGGERO JACOBBI

Um intelectual do gabarito de Ruggero Jacobbi tece considerações estéticas no decorrer de toda a sua obra. Seus escritos são o legado em registro do seu pensamento. Alguns aspectos de seus estudos são apontados na seqüência deste trabalho apenas como indicativos

66. "Teoria Geral do Teatro", *Revista de Estudos Teatrais*, n. 4-5, *art. cit.*, p. 19.

dessas análises, cuja consulta na íntegra é altamente enriquecedora. Trata-se, evidentemente, de recortes de sua obra. O procedimento, embora arriscado, é sinalizado pelo próprio Jacobbi:

> O trabalho artístico tem essa peculiaridade, que o fragmento não é o seu limite, é, em certo sentido, a sua natureza. O mais orgânico romance, o melhor arquitetado drama, sabe de começo que é um pedaço, ou melhor, nasce da angústia de definir-se em relação a todo o tempo que o supera, opondo-lhe o exorcismo do próprio acabamento particular, da própria forma. Essa é soberana frente ao real[67].

Ruggero Jacobbi esteve sempre dividido entre o pensamento racional, lógico, e o fascínio pelo delírio: "Mas o velho demônio da lógica continuava a me ditar aquelas duras e negativas conclusões: tese, antítese e síntese, a velha máquina dialética dentro da minha cabeça não queria saber de entregar os pontos diante daquela realidade"[68]. O racionalismo ocupa no entanto um espaço maior do que qualquer espécie de delírio, embora Ruggero lamente muitas vezes essa condicionante: "Eu tenho a desgraça de possuir uma *mens* eminentemente histórica, que me obriga, não digo a julgar, mas a tentar sempre concatenar"[69].

Para Jacobbi, a arte é um processo de comunicação, evasão, criação e recriação que, não se colocando a serviço de nada, é a manifestação máxima da liberdade do homem: a arte enquanto escândalo e exemplo na sociedade que, pelo simples fato de existir, cria em cada ser humano as mais fecundas conjecturas. A arte é entendida por Jacobbi como assunção superior da vida, como contraponto do universo, como espelho da ordem natural e histórica, que sobrevive ao homem e documenta sua existência, na possibilidade de eterno, ou seja, na história. Para ele "o teatro é um modo vivo, imediato, de cultura – e a cultura não tem sentido se não é a manifestação da vida histórica, da livre e criativa existência de todos"[70].

Tendo como referencial Henri Bergson, Jacobbi se reporta à energia vital não discursiva, ao impulso da evolução criadora e se interroga:

> Como fugir, nessa corrida, do eterno presente? Através da memória que permite, não conhecer, mas *ser* o passado: através da *Erlebnis*, segundo a indicação de Dilthey. E essa memória é, por sua vez, a base das ciências morais e históricas, em que a vida refaz e reconhece a vida: noção que posteriormente foi, de diferentes maneiras, transferida para a estética, sendo a atividade artística fundada exatamente sobre a memória e sobre a contínua convivência do eu com a própria aventura, passada, presente e contínua[71].

67. *L'Avventura del Novecento*, Milano, Garzanti, 1984, p. 101. Escritos de R. J. por Anna Dolfi.
68. "A Direção: Texto e Espetáculo", *Revista de Estudos Teatrais*, n. 1, art. cit., s/p.
69. *Le Rondini di Spoleto*, Samedan (Svizzera), Munt Press, 1977, p. 142.
70. *Guida per lo Spettatore di Teatro*, Messina, G. D., Firenze, D'Anna, 1973, p. 6.
71. *L'Avventura del Novecento*, *op. cit.*, p. 543.

Viver plenamente o presente é para Jacobbi o fundamento da existência, ou da *Erlebnis*, termo alemão por ele utilizado que associa as noções de vivência e revelação, ou seja, a experiência: "Finquemos os pés no presente: vomitemos o nosso ser aqui, tracemos em um espaço o gesto da nossa presença. Ela iluminará um tempo mais longo do que podemos imaginar, porque ela pressupõe *sozinha* toda a curva da história"[72].

Vida, arte e história formam o tripé que embasa seu pensamento; para Jacobbi o teatro é a arte do homem, a manifestação estética que parte do homem e se destina a ele, indissoluvelmente ligado à sua espécie. Um dos principais eixos de sua reflexão é a direção teatral e suas modificações em função do tempo em consonância com a realidade de cada situação objetiva. Ele tece as seguintes considerações relativas à direção teatral:

> Ao exclusivismo talvez obtuso dos séculos passados sucede uma alegre falta de escrúpulos. Tudo acontece como se o nosso tempo fosse a condensação única e máxima de toda a cultura e de toda a história. A primeira e mais significativa resultante dessa historicização da consciência foi o aparecimento do diretor. Sem dúvida a função diretorial sempre existiu em teatro, mas só no século XX apareceu um tipo de profissional com funções específicas e autônomas. Ele se torna o princípio mesmo, o fulcro da unidade do espetáculo[73].

Jacobbi se autodenomina diretor crítico, ou seja, mesmo no início de sua atividade, ainda muito jovem, tem consciência da responsabilidade do diretor enquanto mestre, não o instituído mantenedor do *métier*, sinal indiscutível, portanto, de autoridade e de fama, mas o diretor-pedagogo que indica os valores do teatro: o diretor culto que realiza uma operação maiêutica.

Sua opção é reportada por Meldolesi:

> Ele se colocou sempre como professor, mesmo quando era jovem. Tinha uma vocação para professor. Nesse sentido ele valorizou sua capacidade. Realmente, acredito que ele gostasse mais de ensinar teatro do que fazê-lo. De fato, dedicou mais tempo ao ensino do que à realização de espetáculos. Mas, também Copeau, no fundo, pensava assim. O próprio Copeau no fundo tinha essa idéia de que o teatro deveria acima de tudo ser praticado com os alunos, com relação comunitária, com desenvolvimento da consciência[74].

Em 1941, por ocasião da estréia de seu espetáculo integrado pelas peças *Musica di Foglie Morte*, de Rosso di San Secondo e *Giornata*

72. "Il Teatro non è un Servizio Pubblico, è un'Arte". IV Convegno di Studio della Rassegna dei Teatri Stabili – Condizione e Responsabilità del Teatro, Oggi (datilografado, Gabinetto Vieusseux).

73. "Teatro dell'io Teatro del Mondo", em *Ridotto*, Roma, jun./jul. 1982 (edição da revista dedicada a Ruggero Jacobbi).

74. Claudio Meldolesi em entrevista à autora em 23 de março de 1999.

*nel Tempo*, de Ernesto Trecani, Jacobbi explicita suas intenções como diretor:

> [...] espetáculo de vanguarda e de poesia, distante daquele teatro burguês no qual o único a dominar era o grande ator (*mattatore*, como se diz na gíria) e todas as exigências cenotécnicas caíam diante das sentimentais efusões do autor, ao seu pequeno psicologismo, à sua comicidade de salão, e a possibilidade que, felizes, os *divos* dela extraíam para dominar a cena. É uma época não totalmente ultrapassada, mas que o nascer de novos atores e a sempre maior importância assumida pela figura do diretor conduzem a um rápido e certo fim[75].

Fica evidenciada nesse depoimento a ojeriza do jovem diretor por aquele tipo de teatro. No entanto, excluídos de cena os grandes atores da época, são içados à categoria de intérpretes jovens sem qualquer experiência anterior: "É um trabalho que pode trazer surpresas: lida-se com um elemento virgem, não deturpado nem cristalizado pelos vetustos hábitos e convenções cênicas e portanto se pode, ou deixá-lo em estado bruto ou levá-lo facilmente a exprimir tudo aquilo que se quer"[76]. No entanto, o conhecimento intelectual não faculta aos executantes da prática um bom desempenho, o que, freqüentemente, compromete o resultado artístico em sua totalidade, e a idéia de que se pode atingir a expressão de tudo o que se quer por meio do não-ator é, efetivamente, uma falácia.

A pedagogia de Jacobbi passa obrigatoriamente pela literatura para chegar à cena:

> Entendo a direção antes de tudo como uma obra crítica, assumida para eliminar do trabalho não aquilo que literariamente pareça ausente, mas aquilo que seja *teatralmente* ausente. Presta-se um bom serviço acredito também ao autor-literário, colocando o seu trabalho em condição de viver uma vida independente e palpitante, fora da página. Eliminar o não-teatral significa – é óbvio – potencializar o teatral. Por teatral não entendo os golpes de cena, as *cenas mães*, as *tiradas*, mas uma verdadeira e própria poesia da ação[77].

Dentro do grupo gufista, Jacobbi é o maior defensor da poesia da cena, tanto que, no mesmo ano de 1941, ele faz uma apologia ao que subjaz à palavra escrita, referindo-se ao teatro oriental:

> Eu por mim jurei fidelidade ao teatro Kabuki, àquela *dança do leão* que nos conduz a uma feliz disposição em relação ao espetáculo digna da infância mais vivaz. Não conheço nada de mais poético do que aquela didascália impressa no programa: "Um leão está dormindo sobre a rocha em um bosque, quando chegam duas borboletas que

75. "Verso una Nuova Arte Teatrale", *Il Solco – Settimanale della Federazione dei Fasci di Combattimento di Teramo*, maio 1941 (Gabinetto Vieusseux).
76. *Idem*.
77. *Idem*.

começam a brincar com ele até que o despertam. Acordado, o leão dança também com as borboletas"[78].

O enaltecimento da poesia da cena é intensificado em Jacobbi por sua aproximação com o universo de Bragaglia e gera mesmo uma polêmica com Paolo Grassi. O futuro criador do Piccolo Teatro organiza, naquele momento, um *staff* de jovens que se opõem ao teatro enquanto manifestação artística conformada a partir de certos pressupostos que consideram inadequados e articulam sua dissolução em nome de máximas bem ao gosto da época, como: "Os personagens devem entrar em cena já dissolvidos e percorrer sobre a cena o caminho da estratosfera humana", ou "Amamos Prometeu porque não é mais nem homem nem deus e está a delirar no mundo das palavras", até o radicalismo extremo: "Deve-se, portanto, renunciar ao espetáculo"[79]. Jacobbi reage a essas invectivas dirigindo-se diretamente ao seu catalizador: "Caro Grassi, ainda me chamará de literato? todos os meus colegas teatrantes me consideram um literato. E eu sou um literato; conheço por isso ao menos os limites da literatura"[80].

No entanto, Jacobbi monta, em 1942, um texto em versos, *La Donna Romantica e il Medico Omeopatico*, de Riccardo de Castelvecchio, cuja encenação tem forte gosto literário, distanciando-se da propalada teatralidade bragagliana.

Ruggero Jacobbi flutua, portanto, entre o fascínio pelo espetáculo absoluto e o respeito ao texto. Ficam muito evidentes as influências que sofre no período de formação, em que esses dois tipos de espetáculo são veementemente discutidos pelas maiores autoridades da cena italiana da época. E, segundo ele, "o velho debate entre as poéticas do espetáculo pode sempre ser resolvido na prática fazendo da direção um ato crítico, uma peremptória intervenção da razão"[81].

Com relação ao trabalho do ator, Jacobbi manifesta-se algumas vezes, no decorrer de sua vida. Seleciono, a seguir, três dessas observações. A primeira data de 1948 e está inserida no seu estudo sobre as máscaras da *commedia dell'arte*. Possivelmente contaminado pelo caráter improvisacional daquele gênero, Jacobbi declara:

O ator moderno está sempre obrigado a um processo gradativo e complexo de conquista da personagem e da peça; uma vez compreendida a peça, tem que encaixar nela a personagem; uma vez decorada a fala, tem que harmonizá-la com as outras, dele e dos outros atores; tem que se convencer de que aquelas palavras são melhores

78. Ruggero Jacobbi, "La Danza del Leone", *Roma Fascista*, 12 jun. 1941, *apud* Claudio Meldolesi, *Fondamenti del teatro italiano...*, *op. cit.*, p. 81.

79. Claudio Meldolesi, *Fondamenti del teatro italiano...*, *op. cit.*, p. 88.

80. "Dignità dello Spettacolo", *Roma Fascista*, 18 set. 1942, *apud* Claudio Meldolesi, *Fondamenti del teatro italiano...*, *op. cit.*, p. 90.

81. "Ritorna Piccola Città", 28 fev. 1975, recorte de jornal não identificado (Gabinetto Vieusseux).

do que as que ele usaria nas mesmas circunstâncias; tem que transformá-las em ação, acumulando aos poucos inflexão, gestos, marcações, efeitos de voz, necessidade de respiração, até esquecer que tudo aquilo parte de um texto escrito por outro e acreditar que surgiu de dentro dele mesmo. Essa dificuldade inicial permanece às vezes visível até o fim, mesmo num resultado perfeitamente conseguido, pois foi conseguido à custa de inteligência, ténica e força de vontade, agindo sobre a sensibilidade em momentos sucessivos e, às vezes, friamente distintos. Esse excesso de análise, a fim de chegar a uma síntese, que pode ficar imperfeita, não existe na representação do improvisador, que é, ela mesma, uma síntese *a priori*; a qual, se for imperfeita, sempre o será globalmente, e não por falta de um ou outro elemento, pois ela se apresenta como um todo[82].

A segunda consideração, embora sem data, é publicada por um jornal brasileiro. Nela modifica-se aquele conceito inicial. Jacobbi valoriza o ator informado e consciente de sua *performance*:

Eu acredito que o que faz um bom ator são dois fatores: um que vem da natureza e outro que vem propriamente do indivíduo. O que vem da natureza é certa qualidade física insuprimível. Uma pessoa sem vivacidade, sem elasticidade, sem um gosto profundo pelo *faz de conta* que é aquilo que de infantil permanece no ator e que deve ser capitalizado e explorado pelo adulto não será ator nunca. Mas ao lado desse elemento natural, há o elemento pessoal, de autoformação. É o esforço que o ator tem de fazer para se livrar imediatamente daquela *bossa*, na qual ele acreditou em demasia, desde o momento em que se aproximou do teatro. Eu acredito que o ator é uma pessoa que só realiza o resultado artístico quando trabalha com uma certa frieza que o público não vê, mas que ele tem, possui e domina, quando sabe até a última sílaba o sentido lógico daquilo que está dizendo. Fora disso não há o ator[83].

A terceira observação a ser aqui mencionada, de 1973, atribui importância à técnica como suporte da arte de representar:

O ator é um artesão que se serve das fórmulas e dos meios do seu ofício como outro qualquer. Se a sensibilidade e a emoção influem no seu trabalho artístico, há também, em contrapartida, muito de mecânico, de aprendido, de assimilação de artifícios, de metodicamente preparado naquele mesmo trabalho; e que exatamente esses dados artesanais abrem o caminho para a forma, isto é, para a arte[84].

## RUGGERO JACOBBI: *HOMO POLITICUS*

Na época da juventude de Jacobbi, existem máximas de discussão sobre o eixos que devem reger as manifestações artísticas. Se a palavra de ordem do fascismo é a estetização da política, procurar-se-á

82. Ruggero Jacobbi, *A Expressão Dramática*, *op. cit.*, pp. 26-27.

83. Freire Jr., "Ruggero Jacobbi Traz a Mensagem de Teatro como Ato de Cultura e Expressão Estética", recorte de jornal sem identificação nem data (arquivo particular Ruggero Jacobbi).

84. *Guida per lo Spettatore di Teatro*, *op. cit.*, p. 51.

colocar em prática, ao contrário, a politização da arte, segundo os termos de Walter Benjamin.

Jacobbi se autoproclama *surrealista-trotskista-anárquico-libertário*[85]. E mesmo se compartilha com os comunistas as suas teorias, não se filiará nunca ao Partido Comunista. No seu percurso pessoal ou artístico, Jacobbi não segue normas rígidas. Ama a liberdade acima de qualquer circunstânica e paga, no transcurso de sua vida, o alto preço de assumi-la sem restrições. Ruggero Jacobbi é um homem de esquerda, não de matriz marxista, mas surrealista. Não se deixa capturar em armadilhas de uma ideologia institucionalizada; não se torna instrumento. O seu comunismo provém do surrealismo de Breton. O chamado socialismo científico é, para o surrealista André Breton,

> [...] uma escola modelo. Como uma escola de penetração sempre mais profunda da necessidade humana que deve tender, em todos os campos, e na escala mais vasta, a encontrar satisfação, mas também como uma escola de independência na qual cada um deve ser livre para exprimir em qualquer circunstância o seu ponto de vista, deve estar em condições de justificar continuamente a não-domesticação do próprio espírito[86].

Jacobbi, por sua vez, considera que "o simples gesto de exprimir-se é sempre um gesto subversivo – a menos que tenha sido acertado de antemão com os patrões do mundo sobre as bases de um compromisso". E que "Em tal caso não apenas não subverte, mas nem sequer exprime"[87]. Jacobbi não estabelece limites entre valor social e valor individual da arte porque, segundo ele, "A arte não muda o mundo; é o mundo que, mudando, muda também a arte"[88]. A arte em geral, e o teatro em particular, não podem ser colocados a serviço de um projeto político. Ele afirma sempre que o tema do teatro é o homem e todas as suas circunstâncias, uma vez que

> [...] o homem pode ter sensações, emoções, pensamentos sugeridos pela experiência, mas pode também criá-los absolutamente novos: e isto é próprio da arte, a qual não traduz a experiência, mas é uma experiência em si mesma. Tal experiência não se refere a conteúdos, mas se faz conteúdo unitário de si mesma, no próprio ato da sua produção ou elaboração técnica[89].

Portanto, Jacobbi não nega à política o seu poder de facultar os meios capazes de corroborar a execução das diversas manifestações

85. Anna Dolfi, em Ruggero Jacobbi, *L'Avventura del Novecento*, *op. cit.*, p. 8.
86. André Breton, "Posizione Politica del surrealismo (1935)", em *Manifesti del Surrealismo*, Torino, Einaudi, 1998, p. 135.
87. "Il Teatro non è un Servizio Pubblico, è un'Arte", IV Convegno di Studio della Rassegna dei Teatro Stabili – Condizione e Responsabilità del Teatro, Oggi (datilografado, Gabinetto Vieusseux).
88. Entrevista em *D'Ars Agency* [1960-1966?], recorte não identificado (Gabinetto Vieusseux).
89. Ruggero Jacobbi, *L'Avventura del Novecento*, *op. cit.*, p. 101.

artísticas. Ele não aceita, no entanto, qualquer ingerência no produto artístico, de modo a transformá-lo em um veículo de difusão de máximas políticas.

Sempre guiado pelo espírito de liberdade, Jacobbi ressalta o importante papel da arte na sociedade: "Não colocada a serviço, mas livre, a arte está na sociedade como escândalo e exemplo. E assim cria em cada um as mais fecundas indagações, pela circunstância de sua própria existência"[90].

90. "Il Teatro non è un Servizio Pubblico, è un'Arte...", cit.

Ruggero em Veneza, no colo da babá, entre sua mãe, Lucia Dentis e seu pai, Nicola Jacobbi, 1920. Acervo: Ruggero Jacobbi.

Ruggero Jacobbi com 3 anos. Acervo: Ruggero Jacobbi.

# 3. Panorâmica 1 – Itália (1920-1946)

Ruggero Jacobbi nasce em 21 de fevereiro de 1920, em Campo San Boldo, Veneza, de família burguesa. Seu pai, Nicola Jacobbi, piemontês, de remota origem judia, provavelmente descendente de judeus marranos, é um aristocrata, que tem título de barão: um dos seus antepassados, médico na corte de um rei borbônico na Sicília, por volta de 1500 ou 1600, recebe aquele título do rei por tê-lo curado de icterícia. Sua mãe, Lucia Dentis, é do sul da Itália, de família natural de Messina. Conhecem-se em Roma. O democrata Nicola trabalha muitos anos como executivo da Shell, o que obriga a família a morar em diferentes cidades italianas. Filho único, Ruggero tem uma relação conflituosa com a mãe.

Jacobbi inicia os estudos em Turim e obtém o diploma de *Maturità Classica* no outono de 1937, no Liceo Ginnasio Torquato Tasso, de Roma. Cursa o Centro Sperimentale di Cinematografia no ano letivo 1938-1839 e inscreve-se na Faculdade de Letras, de Roma, onde estuda até 1941, mas não chega a diplomar-se.

No início da adolescência contrai meningite, doença de difícil cura naquele tempo. O médico recomenda-lhe, como método para combatê-la, que aprenda muitas coisas de cor. Durante os longos meses da doença e da convalescença em que é obrigado a permanecer em casa, isolado, para evitar o contágio, lê muitíssimo. Bem jovem ainda, possui um conhecimento intelectual excepcional, tanto que sua estréia como crítico acontece aos dezesseis anos, quando publica dois ensaios sobre Marcello Gallian. Ainda nos anos de 1930, começa a escrever poesias.

No Centro Sperimentale di Cinematografia estuda com Umberto Barbaro e Francesco Pasinetti. O interesse de Barbaro é agrupar pessoas de variadas proveniências, que possuam uma maneira semelhante de enxergar a realidade e de torná-la criativa, modificando-a por meio da arte. Apaixonado pela literatura e pelo cinema russo e soviético, Barbaro concebe um movimento que batiza como Imaginismo, que não tem relação com o movimento de Ezra Pound, mas afina-se, em alguns pontos, com o dos soviéticos.

Os imaginistas almejam o exercício periclitante do fazer artístico no antinaturalismo, na atividade onírica surreal que tem origem no artifício e no falso, na provocação subjetiva da imaginação e na sua transposição visionária em mundos bizarros, criados pelo paradoxo, pela deformação.

O radicalismo anti-burguês dos imaginistas parte do maquinismo, do construtivismo, do futurismo, do cubismo, do dadaísmo, mas visa a atingir o irracionalismo. Os imaginistas proclamam a natureza estética do sonho. O grupo é apoiado por Anton Giulio Bragaglia, que encena, no Teatro degli Indipendenti, vários textos teatrais de Barbaro, por exemplo.

Depois de freqüentar o curso de cinema, Jacobbi transfere-se para Florença, a capital da literatura de vanguarda e um dos mais vivos centros da cultura italiana e européia naquele momento. Torna-se crítico cinematográfico, literário e, sobretudo, teatral, em revistas de vanguarda da época, dentre as quais *Corrente*, *Circoli* e *Itália Literária*, esta última dirigida por Pietro Maria Bardi. Em seus artigos juvenis utiliza o pseudônimo Jacopo Ruggeri e é considerado o mascote do Hermetismo, movimento poético-literário cujo maior expoente é Salvatore Quasimodo. Os herméticos divulgam suas obras principalmente na revista floretina *Campo de Marte*, que constitui um importante instrumento de contestação ao fascismo e é interditada pela censura fascista um ano depois[1]. Ruggero Jacobbi refere-se ao Hermetismo como o simbolismo italiano verdadeiro, ou o limite extremo entre o simbolismo e a vanguarda. Talvez mais esclarecedora seja a definição formulada por Jacobbi no Brasil, anos mais tarde:

> Esse foi, [...] à diferença do que muitos pensam, um fenômeno da crítica mais do que da poesia; ou melhor, nasceu da reflexão crítica de uma geração sobre os textos poéticos dos mais velhos. Quando Bo, Bigongiari e Macrì começam a extrair da poesia de Ungaretti, Montale e Quasimodo uma *poética*, o hermetismo toma consciência de si e se consolida como fato cultural. Essa atmosfera de cultura influencia a poesia dos mais moços, [...] determinando uma coordenada lírico-estética inconfundível. Mais complexa ainda é a coincidência substancial dos dois elementos, o lírico e o estético, pois, na verdade, a característica mais singular do hermetismo é

1. Jacobbi publica, em 1969, *Campo di Marti Trent'Anni dopo – 1938-1968*.

justamente a estruturação da crítica literária como gênero poético, como operação, não-científica, mas sim criadora; e, vice-versa, a presença da linguagem teórica e reflexiva no próprio corpo da poesia[2].

A sensibilidade de Jacobbi afina-se com as poéticas romântico-simbolistas de Mario Luzi e Oreste Macrì e com o surrealismo, principalmente de Piero Bigongiari, com quem mantém sempre profunda identificação. O Hermetismo não pretende ser uma escola, mas promover um encontro direto, uma fusão propriamente dita entre cultura e literatura, e entre literatura e vida. Aqueles jovens intelectuais consideram a literatura como a única coisa limpa, impoluta, de uma sociedade criminosa e avassaladora. Embora seja um movimento eminentemente poético, os principais fundamentos do Hermetismo apreendidos por Jacobbi migram com ele para outros campos da arte.

São muitos os depoimentos de contemporâneos que enaltecem as qualidades intelectuais de Ruggero Jacobbi, desde o início de sua atividade literária, como o de Mario Luzi: "Era ainda adolescente e conhecia teatro, cinema, direção, quanto nenhum de nós, acredito, pudesse fazer-lhe objeção. Além disso, não havia problema de forma e de sua conexão com a substância [...] de que não quisesse se apropriar: e o fazia com extraordinária inteligência e felicidade"[3]. Ou o depoimento de Carlo Bo: "aos dezesseis anos sabia de cor toda a obra de Mallarmé e não parava de nos surpreender com a vivacidade de sua inteligência"[4].

A teoria antecede a prática e essa seqüência marca fortemente todo o seu trabalho. Movido por uma peculiar inquietação, começa a fazer teatro por considerar que essa atividade artística pode propiciar-lhe uma atuação mais incisiva.

Eu era um homem de letras, saído de uma educação filosófica e estética muito rígida e que estava ingressando no teatro por uma misteriosa curiosidade, que me levava a ver de perto a encenação do espiritual na ação, do individual no coletivo, do imutável no infinitamente mutável[5].

Esse impulso permanece vivo dentro de Jacobbi por toda a vida, apesar de muitas vezes ser motivo de estranhamento para ele próprio.

E por muito tempo continuei pensando que eu era, no teatro, alguém de passagem, alguém provisório; que minha moradia certa era em outro lugar. Ora, o estranho, o intrometido que eu era, que diabo poderia pretender? Evidentemente devia ser eu, homem de

2. "Hermetismo e Historicismo", *O Estado de S. Paulo*, Suplemento Literário, 4 out. 1958.

3. "Mario Luzi", em Ruggero Jacobbi, *L'Avventura del Novecento*, *op. cit.*, p. 5.

4. "Viaggio alla Riscoperta dell'Ermetismo", recorte não identificado (Gabinetto Vieusseux).

5. "A Direção: Texto e Espetáculo", *Revista de Estudos Teatrais*, n. 1, art. cit., s/p.

mesa e de biblioteca, quem não tinha razão; devia ser eu quem não estava entendendo o negócio[6].

A opção pelo teatro não decorre, portanto, de uma confessada paixão, de algum surpreendente arrebatamento infantil ou juvenil, como acontece freqüentemente com as pessoas que elegem o teatro como profissão, mas é sinalizada pela razão. Ele próprio se indaga e busca responder o porquê de tal escolha:

Qual poderia ser o tipo de espetáculo que deixasse atuais e aproveitáveis as minhas premissas literárias? Naturalmente o teatro. E foi a hora do teatro. [...] Qual era a mais profunda razão do meu apego à idéia de espetáculo? Era a esperança de encontrar alguma esquecida comunhão entre um e muitos, entre estes e aqueles, entre todos os que estavam perdidos nas angustiadas solidões do homem moderno e da arte que esse produz[7].

Estão presentes nessa observação duas preocupações centrais de Jacobbi: o coletivo e, em contraposição, a solidão do homem.

Em 1967, Jacobbi reflete sobre o momento de sua história pessoal em que faz a opção pelo teatro:

[...] fui atraído, vivendo em meio a literatos que trabalhavam estritamente com literatura e não com teatro, a interessar-me pelo teatro, e a pegar uma estrada diferente daquela dos meus coetâneos e companheiros de então. Talvez tenha sentido precocemente uma certa insuficiência da literatura, pelo menos da literatura concebida em um modo típico: e acreditei que poderia supri-la (levando comigo toda a fidelidade à literatura) através de uma forma de literatura particularmente pública, de literatura em voz alta, capaz de colocar-se em contato com todos os homens e não apenas com os literatos, que era o teatro[8].

No decorrer de toda a sua vida dedica-se à poesia e à crítica literária. "Escrevi mais versos do que Gatto, Carducci ou D'Annunzio, escrevi, digamos, tanto quanto Neruda, Govoni ou Giovanni Pratti. Considere [...] o fato de que escrevi versos quase todos os dias pelo menos de 1936 a 1966, e ainda escrevi em três línguas"[9].

Jacobbi não vai à guerra. Vários documentos que atestam internamentos em hospitais e períodos de recuperação coincidentes com o princípio da guerra explicam tal isenção, mas não há confirmação de que tenha padecido efetivamente de doença naquele período. Embora, segundo sua última esposa, Mara Jacobbi, date dessa época sua meningite. Conforme atestam seus documentos pessoais que inte-

6. *Idem.*

7. *Idem.*

8. "Teatro Italiano 67", *Annuario dell'Istituto del Dramma Italiano*, Roma, Samietro Editore, 1968, p. 41.

9. Anna Dolfi (org.), *Ruggero Jacobbi-Oreste Macrí, Lettere 1941-1981*, Roma, Bulzoni, 1993, p. 65. As línguas são: italiano, português e francês.

gram o Arquivo do Gabinetto Vieusseux, de Florença, Jacobbi atua na Resistência contra os nazi-fascistas e como redator do jornal *Ricostruzione, Quotidiano del Partito Democratico del Lavoro*. É preso distribuindo um jornal de esquerda e permanece no presídio Regina Coeli, de Roma, durante grande parte do período de ocupação alemã.

Jacobbi inicia suas atividades profissionais sob o regime fascista que incentiva os jovens a produzirem arte subvencionando sua iniciativa e premiando os melhores resultados no âmbito de uma política cultural que abrange toda a Itália.

> Em Roma houve meu primeiro contato com o teatro italiano, primeiro dirigindo o Teatro Universitário, que tinha entre as atrizes, como curiosidade, a Anna Proclemer e a Giulietta Masina, daí passando a assistente de direção de um grande mestre que era Anton Giulio Bragaglia[10].

Tem apenas 21 anos quando é anunciado, em um jornal fascista, como um escritor e diretor de cinema romano especialmente convidado pelo GUF de Teramo para dirigir um espetáculo. São dois textos teatrais reunidos em uma só apresentação a ser realizada no Teatro Comunale: *Musica di Foglie Morte*, de Rosso di San Secondo, e *Giornata nel Tempo*, de Ernesto Trecani. A crítica da época observa que o diretor é totalmente fiel ao texto, revelando parco domínio da cena.

Em 1942, dirige, no Teatro dell'Università di Roma, *Minnie la Candida*, de Bontempelli, com a estreante Anna Proclemer. O trabalho de Jacobbi é analisado pela crítica da seguinte maneira:

> Mais do que um técnico da cena, ele pareceu um comentador inteligente, que apontou ao público o que teria querido exprimir; mas, em suma, aquele público foi, pela primeira vez, introduzido à compreensão do texto [...]. Aos espectadores foi revelada, finalmente, a verdadeira essência do drama[11].

Jacobbi trabalha, a seguir, como assistente de Anton Giulio Bragaglia, dirigindo, posteriormente, alguns espetáculos no Teatro delle Arti.

Depois da libertação pelas forças aliadas, o governo anti-fascista, Comitato di Liberazione Nazionale – (CLN), incumbe Ruggero Jacobbi, Luchino Visconti e Vito Pandolfi da organização da primeira companhia dramática oficial da Itália democrática. O primeiro espetáculo, que se apresenta no Teatro Quirino, de Roma, sob sua direção, é *La Guardia al Reno*, de Lilian Helmann, em 1944, com interpretação de Paola Borboni, Carlo Ninchi e Wanda Capodaglio.

10. *Aventura do Teatro Paulista,* série de televisão produzida por Júlio Lerner para a TV Cultura de São Paulo, em 1981.

11. "Minnie la Candida di Bontempelli al Teatroguf", *Il Giornale d'Italia,* 1° abr. 1942, p. 3 (assinado: s. d'a., Gabinetto Vieusseux).

Após a guerra, Ruggero Jacobbi transfere-se para Milão, onde conhece Alfonso Gatto, e se torna crítico dramático da revista *Film d'oggi*. Integra também o grupo Diogene – do qual participam Paolo Grassi e Giorgio Strehler – que estabelece o estatuto do primeiro teatro estável italiano, o Piccolo Teatro de Milão, criado na Itália em 1947. Com Grassi e Strehler, dirige a escola de arte dramática do Fondo Matteotti, ensinando Declamação e História do Teatro no ano letivo 1945-1946.

O cenógrafo e diretor Gianni Ratto, radicado no Brasil desde 1955, o conhece depois da guerra participando como conferencista de um evento organizado por Jacobbi no âmbito das atividades culturais do Grupo Diogene. A situação financeira de toda a Itália no pós-guerra é muito difícil. Jacobbi faz suas refeições em uma taberna escura com um braseiro no fundo. Suas donas, as irmãs Pirovini, alimentam por anos a fio artistas sem condições financeiras. A assiduidade de Jacobbi no local é comprovada pelo postal que Luigi Squarzina lhe envia em 1945, endereçado: Ruggero Jacobbi, Latteria Pirovini, Via Fiori Chiari, Milano.

As memórias dessa época são registradas por Jacobbi da seguinte maneira:

> Em 1945, eu viajava pela Itália para rever, depois da longa noite da opressão nazista, as cidades do norte, finalmente livres. Encontrava a cada passo os frangalhos, o sangue da nação ainda convulsa, fragmentada, ainda fumegante do desastre. Via gente ir e voltar pelas ruas cheias dos destroços das casas destruídas[12].

Em agosto de 1946, encena *La Voce nella Tempesta* (*A Voz na Tempestade*) uma adaptação de *O Morro dos Ventos Uivantes*, de Emily Brontë, com Diana Torrieri, no Castelo Sforzesco, em Milão, e, com produção da Iniziativa Socialista, dirige *Alle Stelle*, de Andreiev, considerado o primeiro experimento de teatro feito para os trabalhadores realizado no pós-guerra, em Milão. No período de 1940 a 1946, Jacobbi dirige quatorze peças na Itália.

12. *Revista de Estudos Teatrais,* n. 1, art. cit., s/p.

*La voce nella tempesta*, 1946. No centro: Diana Torrieri. Acervo: Ruggero Jacobbi.

# 4. Panorâmica 2 – Rio de Janeiro (1946-1949)

Ruggero Jacobbi chega ao Rio de Janeiro na véspera do Natal de 1946, como diretor da companhia de Diana Torrieri. É a primeira companhia a apresentar-se no Teatro Municipal do Rio de Janeiro e posteriormente no de São Paulo após a guerra. Do elenco da Companhia participam: Mario Pisu, Franco Scandurra, Dina Sassoli e Adolfo Ceri. O repertório da *tournée* inclui: *Vestir os Nus*, de Pirandello, e *Poil de carotte* (*Pega Fogo*), de Jules Renard, que seriam encenadas posteriormente pelo TBC: *Pega Fogo* em 1950, sob direção de Ziembinski e *Vestir os Nus*, em 1958, com tradução de Ruggero Jacobbi e direção de Alberto D'Aversa.

O crítico Décio de Almeida Prado comenta o motivo que origina aquelas *tournées:* "Eles vinham para o Brasil um pouco para se ver livres daquela pobreza que estava reinante na Itália. De maneira que os espetáculos eram feitos mesmo um pouco improvisadamente, isso um pouco de acordo com o temperamento do Ruggero que aceitava as condições de trabalho existentes"[1]. Jacobbi traz na bagagem películas italianas neo-realistas para serem aqui negociadas e tem a incumbência de escrever crônicas sobre o Brasil para o jornal *Il Tempo*, no qual atuara como redator-chefe em 1944-1945. Deve, portanto, permanecer no Brasil durante um tempo hábil para desincumbir-se dessas tarefas.

O convite para dirigir um espetáculo no Rio de Janeiro vem mesmo a calhar: é a possibilidade de realizar um trabalho no país durante

1. Entrevista à autora em 18 de setembro de 1998.

sua permanência. E a companhia Diana Torrieri segue *tournée* sem seu diretor. Seu assistente de direção, Alberto D'Aversa, segue com a companhia para Buenos Aires.

Vários motivos podem ter causado sua permanência de quatorze anos no Brasil. O primeiro a ser apontado é que a sensibilidade do diretor mais populista do pós-guerra italiano não se coaduna com o trabalho de edificação que se anuncia na Itália. Há também razões de ordem pessoal, relativas ao seu primeiro casamento, com Lilly Brocchi, uma professora de russo, apelidada de La Rossa (A Vermelha), pela cor de seus cabelos. Ele consegue a anulação desse casamento vários anos depois, quando já está no Brasil, por alegada doença mental da esposa. Outro motivo é a possibilidade de manter-se distanciado de sua mãe, com a qual tem dificuldades de relacionamento. Mas, sem dúvida, o amor pelo país determina sua estada.

Jacobbi situa da seguinte maneira o período histórico em que permanece em nosso país:

> Eu vim para o Brasil no período em que ele estava mal saindo das eleições que levaram o Marechal Dutra à presidência. Assisti, depois, à campanha triunfal do Getúlio, às conseqüências imediatas do suicídio do próprio Getúlio, ao longo período de presidência de Juscelino, mudança da capital para Brasília e fui-me embora um dia antes da posse de Jânio Quadros. É um período da história muito complexo.

E o compara com o importante momento de sua vida pessoal:

> Eu cheguei ao Brasil na véspera de Natal de 1946. Eu tinha 26 anos. Quando eu fui embora, tinha 40, quase. Posso dizer que a parte mais importante da vida de um homem eu transcorri no Brasil. E sendo então jovem, eu tinha alguma coisa a ensinar. Humanamente, porque vinha da experiência da guerra, da resistência contra o nazismo e, tecnicamente, porque eu tinha feito meu aprendizado teatral muito a sério. Mas tinha muitíssimo que aprender, que eu aprendi com o Brasil[2].

Viver na Europa, após a deflagração da segunda grande-guerra mundial é tão difícil que alguns artistas em início de carreira transferem-se para o continente americano. O primeiro a chegar ao Brasil, em 1941, é o polonês Zbigniev Ziembinski (1908-1978) que identifica o valor da dramaturgia rodrigueana e transforma, em 1943, *Vestido de Noiva* em espetáculo inaugural do teatro brasileiro moderno, marcando indiscutivelmente a importância do trabalho do diretor; preponderância inédita até então em nossos palcos. É, no entanto, uma experiência pontual uma vez que o teatro realizado naquela época no Brasil é o teatro que gira em volta do primeiro ator, como Procópio Ferreria, Jaime Costa e Dulcina de Morais.

Nossos palcos deixam de ser ocupados predominantemente por um teatro de *boulevard*, ou seja, um teatro de *distração*, e cedem espa-

2. Programa de televisão *Aventura do Teatro Paulista*.

ço para o teatro de *cultura*, segundo as expressões utilizadas pelo próprio Ruggero Jacobbi. Essa mudança é fortemente motivada pelo contato estabelecido com o teatro internacional por meio da vinda de importantes artistas nas famosas *tournées*. Dentre elas, a presença mais marcante, e mais longa também, é a de Louis Jouvet que, em 1941, fugindo da guerra na França, vem com sua companhia para o Brasil, onde permanece por um ano. Jouvet apresenta seu repertório à platéia brasileira que tem, assim, a oportunidade de apreciar uma das mais significativas experimentações de linguagem teatral desenvolvidas no mundo naquele momento.

Outras importantes companhias se revezam, na *praça* brasileira. Oswald de Andrade é testemunha:

> E São Paulo conhece grandes coisas. Viu *Édipo*, de Gustavo Salvini, como viu todo o modernismo de Bragaglia, viu Ibsen, as realizações telúricas do teatro popular de Giovanni Grasso e as experiências de Lugné Poe. Viu a Duse e viu Ema Grammatica. E chegou a levar nas mãos o carro vitorioso de Sarah Bernhardt. Em matéria de teatro nacional não viu muito. Apenas as tentativas de Alvaro Moreyra e de Joracy Camargo inquietaram um pouco a nossa platéia[3].

Fica também evidente nesse comentário o desnível entre o teatro mundial que vive intensamente sua revolução estética e o teatro nacional que, salvo raras exceções, como as citadas por Andrade, pauta-se por um modelo desgastado e já abandonado em outros países.

Procurando sintonizar-se com o que se faz de mais moderno em teatro, Sandro Polloni e Maria Della Costa, dois ex-integrantes do grupo dos Comediantes, fundam sua própria companhia, no Rio de Janeiro, o Teatro Popular de Arte, sob direção de Ziembinski. Esse, no entanto, transfere-se para o grupo de Henriette Morineau. Ruggero Jacobbi é indicado por Mário da Silva, teatrólogo e tradutor, que o conhecera na Europa, para dirigir a nova companhia. Essa oportunidade desperta de imediato em Jacobbi o interesse em contribuir com o seu trabalho para a evolução do teatro brasileiro. Sua primeira direção é *Estrada do Tabaco* (*Tobacco Road*), de Erskine Caldwell e Jack Kirkland, que estréia no Teatro Fênix, em 1947. O texto, transformado em filme por John Ford, fora pouco antes exibido no Brasil com o título de *Caminho Áspero*.

No elenco do espetáculo está Itália Fausta, tia de Sandro Polloni, uma das grandes atrizes do nosso teatro. De origem, evidentemente, italiana, a atriz participa, a princípio, de Companhias Filodramáticas que têm papel de destaque no início do século em São Paulo, depois funda com Gomes Cardim a Companhia Dramática de São Paulo. Para

3. Oswald de Andrade, *O Estado de S. Paulo*, 6 nov. 1943, *apud* Sábato Magaldi e Maria Thereza Vargas, *Cem Anos de Teatro em São Paulo*, São Paulo, Senac, 2000, pp. 177-178.

*Estrada do Tabaco*, 1947. Yára Isabel e Joseph Guerreiro.
Acervo: Ruggero Jacobbi.

*Estrada do Tabaco*, 1947. Italia Fausta, Maria Della Costa, Sadi Cabral; no chão: Sandro Polloni. Acervo: Ruggero Jacobbi.

aprofundar seus conhecimentos teórico-práticos vai para Roma, onde permanece por três anos, período em que se apresenta seguidas vezes em Portugal. Regressando ao Brasil, funda, com Alexandre de Azevedo e João Barbosa, o Teatro da Natureza, cujo objetivo é encenar peças gregas ao ar livre, no Campo de Santana. Cria, depois, a Companhia Brasileira de Declamação Itália Fausta, na qual encena Racine, Shakespeare, Sardou e o texto que se torna a sua *pièce de resistance*: *Ré Misteriosa*, de Bisson. Em 1939, dirige a primeira montagem do Teatro do Estudante, *Romeu e Julieta*.

O sucesso atingido por *Estrada do Tabaco* é estrondoso. A encenação é saudada como memorável. Sérgio Britto considera em sua crítica que

> [...] a direção de *Tobacco Road* revela em todos os instantes um ritmo absolutamente certo. Ritmo esse que é a própria vida da peça. Desde os mínimos detalhes de marcação, desde as mais simples ações cênicas até as mais complexas, desde as primeiras entradas de cada personagem em cena até seu completo desenvolvimento psicológico, sempre presente está a direção de Ruggero Jacobbi[4].

Apesar de uma atribulada temporada em que a companhia é ameaçada de despejo pelo proprietário do teatro, circunstância que força seus integrantes – Jacobbi inclusive – a ocuparem o teatro, o espetáculo permanece por nove semanas em cartaz. A segunda peça encenada com o Teatro Popular de Arte, *Tereza Raquin*, de Émile Zola, fora adaptada por Giorgio Strehler e Jacobbi, em 1946, para a montagem da Companhia Maltagliati, com direção de Strehler e cenografia de Gianni Ratto. *Tereza Raquin* é um exercício cênico pleno de comoção; uma prova de fogo para seus intérpretes. No Brasil, a peça havia sido apresentada pela Companhia Marie Bell. O texto original de Zola é adaptado por Itália Fausta e constitui um dos grandes sucessos de sua carreira. A interpretação da veterana atriz mesmo se convencional, é extremamente sincera e comunica ao público a profunda dramaticidade do texto não só por meio da voz e do gestual, mas, nas cenas em que sua personagem fica muda e paralítica, revela sua grande emoção pelo olhar. O trabalho de direção se traduz igualmente por meio da marcação eficiente. Merece destaque a cena em que Lourenço e Tereza vêem aterrorizados o retrato de Camilo, agarram-se e esgueiram-se para a esquerda do palco. A pesada atmosfera criada pela semi-obscuridade do ambiente, o casal assassino e o retrato de Camilo no centro do palco impressiona o público.

Jacobbi passa a dirigir espetáculos com as grandes estrelas (*mattatori*) que dominam nossos palcos, como Procópio Ferreira e Rodolfo Mayer. Em 1948, Jacobbi dirige Procópio Ferreira em três espetá-

4. Sérgio Britto, "Tobacco Road", recorte não identificado (arquivo particular Ruggero Jacobbi).

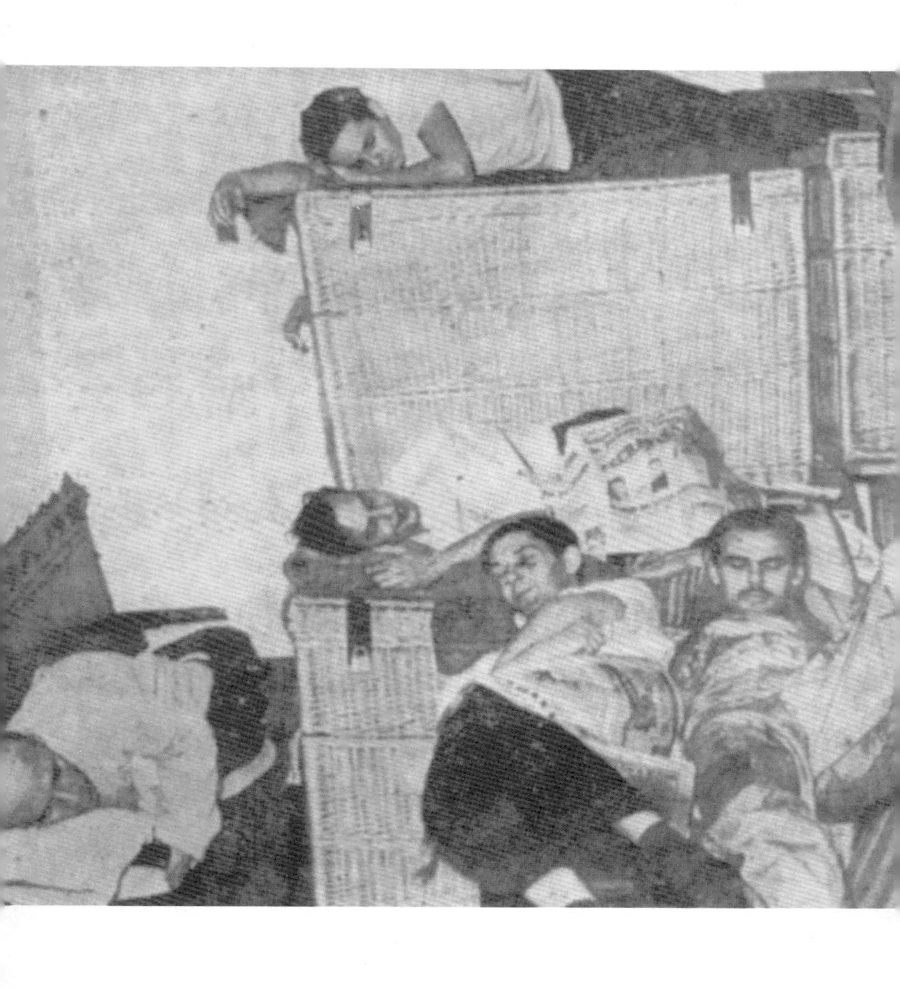

Ocupação do Teatro Fênix, Rio de Janeiro, 1947. Deitado à esquerda: Sadi Cabral; no centro: Ruggero Jacobbi e Sandro Polloni. Acervo: Ruggero Jacobbi.

*O Grande Fantasma*, 1948. Procópio Ferreira. Acervo: Ruggero Jacobbi.

No centro: Procópio Ferreira e Ruggero Jacobbi, 1948. Acervo: Ruggero Jacobbi

culos: *O Grande Fantasma* (*Questi Fantasmi*), de Eduardo de Filippo, *Lady Godiva*, de Guilherme Figueiredo, e *Lar, Doce Lar* (*Twin Beds*), de Margaret Mayo.

A peça de Eduardo de Filippo, *O Grande Fantasma*, considerada obra-prima do teatro italiano, atingira sucesso estrondoso na encenação e interpretação do autor. Segundo Vito Pandolfi, trata-se de um tipo de teatro no qual a consciência se torna liberdade e Eduardo efetiva uma rebelião "da própria natureza humana que o teatro extrai dos sofrimentos cotidianos"[5]. A sátira social se torna mais dolorosa enquanto constatação da miséria humana no plano dos sentimentos.

Embora Procópio assuma Ruggero Jacobbi como diretor do espetáculo, o que é algo excepcional dentro de sua maneira de fazer teatro, na prática sua personalidade forte o impele a preferir o improviso, sem se deixar amoldar pelo diretor. Mas os efeitos da direção são percebidos por Sérgio Britto:

> *O Grande Fantasma* foi um trabalho do Procópio muito bom. Muito bom. A gente sentia o Procópio mais controlado, mais domável, sem os efeitos especiais do Procópio, os truquezinhos que os comediantes de antigamente, os famosos comediantes de todos os tempos têm: uma caixinha guardada, de onde puxa o repertório. "Ah, para essa cena eu tenho aquele olhar, viro a cabeça assim, suspendo a cabeça assim". Pra tudo tem uma coleção de efeitos e o Procópio usava todos sempre[6].

Coerente com a perspectiva de que o teatro de uma nação se constrói por meio de sua dramaturgia, Jacobbi prestigia o autor nacional encenando *Lady Godiva*, primeira representação em nossos palcos de um texto de Guilherme Figueiredo, que até então se dedicara à literatura e à crítica literária e teatral. Escrita em 1942, a peça é uma sátira aos costumes que tem como tema a relação entre os sexos. Lady Godiva, nas palavras de seu autor, é um símbolo da virtude feminina. Quanto à montagem, Figueiredo comenta:

> Em *Lady Godiva* Procópio está esplêndido, a ponto de violentar a minha modéstia para me convencer que o meu original é bom. Alma Flora é uma deliciosa Lady Godiva, e Rodolfo Arena faz o papel de um marido com todas as virtudes que procurei dar à minha personagem. Se *Lady Godiva* conseguir êxito, isso o deverei a esses três artistas, e mais ao diretor Ruggero Jacobbi, um homem de teatro inteligente e cheio de sensibilidade[7].

Comparando-o com sua experiência anterior na Itália, Jacobbi considera o texto de Figueiredo um difícil exercício de direção:

5. "Questi Fantasmi", *Il Dramma*, 15 jun. 1946, ano 22, n. 15, p. 37.
6. Sérgio Britto em entrevista à autora em 31 de janeiro de 1998.
7. "*Lady Godiva*, Um Original Brasileiro Será Lançada por Procópio", recorte de jornal não identificado (arquivo Maria Thereza Vargas).

Já dirigi [...] um espetáculo ao ar livre, com vinte mil artistas e comparsas, cavalos, movimento de multidão, que se realizou em Milão, no páteo do Castelo Sforzesco. Pois lhe digo que aquilo não era difícil. Difícil é dirigir uma peça com um cenário único sintético, uma peça como *Lady Godiva*, que conta com o menor número possível de objetos e elementos realistas[8].

Raymundo Magalhães Júnior corrobora as opiniões relativas às qualidades do texto:

Guilherme Figueiredo fez obra do melhor quilate, dialogando com uma graça e uma finura a que não estamos habituados em nosso teatro. Seu triunfo tem uma grande significação. É uma prova de que o teatro brasileiro está em progresso, não só no que toca à *mise en scène* e à interpretação, mas igualmente no que toca à criação. A incorporação de Guilherme Figueiredo ao teatro é tão importante historicamente quanto a de uma atriz como Henriette Morineau ou como a de um diretor de cena como Ruggero Jacobbi[9].

Jacobbi refere-se a *Twin Beds*, de Margaret Mayo, peça que monta a seguir com aquela companhia, como uma "ingênua alegria", quando examina os diferentes aspectos do *humour* americano. A análise que faz do trabalho de Procópio revela mais uma vez a grande sensibilidade de sua percepção:

O mais curioso é que esta luta (o reflexo do conflito dialético de todo teatro, entre *texto* e *espetáculo*), às vezes, se desenrola dentro do próprio ator. A carreira de Procópio Ferreira, por exemplo, pode ser resumida numa oscilação permanente entre a *máscara* consagrada pelas platéias e a vontade (e capacidade) de interpretação pura, que permanece no íntimo do artista como uma solicitação indisfarçável, às vezes quase um remorso[10].

A platéia fica desapontada ao ver um espetáculo em que seu ídolo se apresenta de modo tão diferente do habitual: o histrionismo de dono absoluto da cena cedera lugar a um trabalho de ator elaborado dentro de parâmetros de valorização do texto e do espetáculo.

A lembrança de meu trabalho com Procópio é a melhor possível no que se refere a Procópio, e a pior, com relação ao público daquele grande ator brasileiro. Procópio realizou comigo um esforço inteligente, maravilhoso, para aprimorar as montagens de sua companhia. Observei que a platéia ficou um tanto quanto decepcionada com a diminuição de Procópio dentro do espetáculo. O público paga para ver Procópio atuando dentro de um velho sistema de representação. Convenci-me de que Procópio – um excelente artista – teria, como teve, possibilidades de adaptar-se às novas exigências, porém seu público não. Não se trata do problema *velho público*. Com a experiência, Procópio desanimou. O que não deixa de ser lastimável[11].

8. Depoimento de Ruggero Jacobbi em "Entrevista a Quatro Vozes", recorte de jornal não identificado (arquivo particular Ruggero Jacobbi).

9. "Saudação a um Novo Autor", recorte de jornal não identificado (arquivo particular Ruggero Jacobbi).

10. "A Atriz Alda Garrido", *Folha da Noite*, São Paulo, 29 out. 1952.

11. Depoimento de Ruggero Jacobbi a Edison Nequete na entrevista "Ruggero

Embora a experiência seja aquela almejada pelos jovens diretores italianos de poder compartilhar o palco com os *mattatori*, é interessante notar que mais difícil do que convencer o ator nacional a mudar alguns comportamentos estabelecidos durante anos de exercício da profissão é mudar o público em sua expectativa calçada em anos de admiração pela *sua* estrela. Realmente, tendo em vista os resultados financeiros, os atores-estrelas tornam-se presas de seu público. Itália Fausta é uma exceção nesse sentido, uma atriz sempre aberta ao risco de experimentações.

No âmbito do teatro comercial, Jacobbi conhece de dentro o funcionamento de uma das últimas companhias tradicionais brasileiras e faz o registro em seu livro *Teatro in Brasile*. Naquele tipo de companhia, uma peça é ensaiada pouquíssimas vezes, seu chefe se comporta geralmente como um tirano, nenhum ator se preocupa em decorar as falas uma vez que a existência do ponto garante a seqüência do texto, os cenários e os figurinos são reutilizados em montagens de peças nas quais os papéis são geralmente fixos, ou seja, os atores da companhia já têm suas personagens constantes: os *emplois*, como o do velho baboso, o da mocinha ou o do galã. Essas personagens estão, na maioria das vezes, contidas em uma sala de visitas pequeno-burguesa dentro da qual a galhofa serve de instrumento para a pintura de uma realidade rósea e pitoresca. Esse tipo de organização da companhia tradicional facilita bastante a execução do trabalho, na medida em que define *a priori* uma espécie de linha de montagem. E, se a grandeza de Procópio como artista lhe permite superar com inteligência e autoridade esse rígido esquema preestabelecido, principalmente pelo contato com Ruggero Jacobbi, o mesmo não sucede com o dono do teatro e o conjunto da companhia teatral estruturada no modelo econômico em que aquele tipo de empreendimento se baseia. A inovação artística implica mudanças organizacionais que desequilibram o plano financeiro da companhia tradicional no qual

> [...] as comédias eram representadas duas vezes por noite: às vinte e às vinte e duas horas, o que levava a cortes no texto e à redução dos intervalos ao mínimo; entre a primeira e a segunda sessão não existia nenhum intervalo; os atores tinham só o tempo de mudar de roupa para ficarem prontos para o primeiro ato, e o público da primeira sessão saía por uma porta enquanto o da segunda adentrava a platéia pela outra. Os atores representavam seis atos em quatro horas, com o olho atento ao horário do último trem ou ônibus para os espectadores. Às quintas, sábados e domingos, os espetáculos eram três, porque havia também as *matinées*, geralmente das quatro às seis. Esse regime, índice de uma indubitável (e feroz) organização industrial e, conseqüentemente, da presença de um mercado próprio e verdadeiro, permaneceu intacto nas velhas companhias até por volta de 1960 e coincidiu com um momento no qual o teatro podia, de fato,

Jacobbi e o Teatro Brasileiro", recorte de jornal não identificado (arquivo particular Ruggero Jacobbi).

fazer concorrência ao cinema junto ao público, adotando inclusive o uso do ingresso continuado. (No tempo de Cinira Polônio eram três as sessões noturnas!)[12]

E, se mudanças são necessárias, elas dificilmente são encampadas por um ator que, por décadas, faz rir seu público, ao qual ele atribui a sabedoria de um verdadeiro mestre. Para Procópio, inclusive, o teatro "não era de modo algum essa ciência abstrusa que alguns poucos despeitados queriam impingir sob o influxo de teorias estrangeiras"[13].

Embora se desfaça a parceria artística no palco, ela continua em programas de teatro na televisão. E a amizade entre Procópio e Jacobbi será duradoura, conforme depoimento de Margarita Schulman, sua mulher no início dos anos de 1950: "Houve uma época, por exemplo, em que toda a noite nós íamos ao Gigetto[14] onde Procópio Ferreira tinha uma mesa. Ficávamos lá, fim de noite, batendo papo. Eu fui, com ele, várias vezes à casa de Procópio no Rio de Janeiro"[15].

*De Braços Dados*, de Armando Moock, significa o desafio de encenar o drama vivido por um casal no intervalo de doze horas, sem golpes de cena extraordinários, centrado apenas no diálogo e na verdade das personagens. O texto é interpretado por Rodolfo Mayer e Zezé Fonseca, "dois artistas excelentes que Ruggero Jacobbi plasmou – matéria dútil em mãos de mestre – realizando os três uma obra de valor considerável"[16]. O diretor consegue uma façanha importante, ou seja, atingir a verdade cênica a tal ponto que o mesmo Mário Nunes afirma: "não há um só momento falso na representação de ambos" e considera que Jacobbi "magistralmente movimenta as duas figuras, fugindo ao perigo expectante da monotonia – com o concurso ainda da luz, que faz incidir, viva, sobre cada um deles nos momentos altos ou a suprime nos instantes de emoção interior, ensinamento do cinema"[17]. Nessa crítica, podemos inferir certos aspectos do seu estilo de encenação. Jacobbi detém-se no trabalho de direção de ator, apoiando-o na movimentação e na luz que é ativada como reveladora de estados de espírito. Esse recurso expressionista é acentuado pela cenografia, também de sua autoria, em que a cama, símbolo por excelência do casamento, é colocada ao fundo da cena, em plano elevado.

Depois dessas experiências, Jacobbi passa a trabalhar com grupos de teatro mais afinados com suas propostas artísticas baseadas no cha-

12. Ruggero Jacobbi, *Teatro in Brasile*, Bologna, Cappelli, 1961, p. 45.

13. Décio de Almeida Prado, *Peças, Pessoas, Personagens – O Teatro Brasileiro de Procópio Ferreira a Cacilda Becker*, São Paulo, Companhia das Letras, 1993, p. 44.

14. Restaurante do centro de São Paulo, tradicionalmente freqüentado pela classe teatral.

15. Margarita Schulmann em entrevista à autora em 22 de janeiro de 1998.

16. Mário Nunes, "Fênix", recorte de jornal sem identificação e sem data (arquivo particular Ruggero Jacobbi).

17. *Idem*.

mado teatro de exceção ou no experimentalismo teatral, em vigor na Itália já nos anos de 1930. Ainda no Rio de Janeiro, dirige artistas emergentes provenientes do Teatro do Estudante, de Paschoal Carlos Magno, que fundam o Teatro dos Doze. Nesse caso, no entanto, a criação ressente-se da limitação imposta pela escassez de recursos econômicos. O primeiro espetáculo que dirige no grupo criado por Sérgio Cardoso, Sérgio Britto e Ary Palmeira é *Arlequim, Servidor de Dois Amos*, de Carlo Goldoni, no qual acumula ainda as funções de cenógrafo e figurinista. A estréia é no Teatro Ginástico, no Rio de Janeiro, em 1949[18]. Ainda em 1949, no Rio, dirige *Tragédia em New York* (*Winterset*), de Maxwell Anderson, e *Simbita e o Dragão*, peça infantil escrita por Lúcia Benedetti especialmente para Sérgio Cardoso: Simbita é o apelido do ator, quando menino. Sérgio Britto esclarece que "o Teatro dos Doze durou só um ano, o ano de 49. O Ruggero escolheu *Arlequim* e *Winterset* – eram duas peças que eles sabiam. *Arlequim* tinha sido a grande novidade da Itália no Piccolo Teatro de Milão"[19]. De fato, o repertório encenado por Jacobbi no Brasil coincide freqüentemente com as escolhas da companhia milanesa.

Os integrantes do Teatro dos Doze haviam pertencido, em sua maioria, ao Teatro do Estudante de Paschoal Carlos Magno; seu ingresso no profissionalismo se dá por meio da criação do Teatro dos Doze. A peça de estréia desse grupo é a remontagem de *Hamlet*, de Shakespeare, sob direção de um outro estrangeiro, Hoffmann Harnish, espetáculo de grande sucesso. Na opinião de um crítico da época, Augusto de Almeida Filho, o Teatro dos Doze é "o mais harmonioso dos conjuntos profissionais que se apresentam atualmente nos teatros cariocas"[20].

*Arlequim, Servidor de Dois Amos*, escrita em 1745, é a segunda montagem do grupo. É interessante notar que a escolha dos textos a serem montados é fortemente influenciada pelo tipo de repertório levado à cena pelos *piccoli teatri* que se multiplicam na Europa naquele momento. Em 1947, por exemplo, o Piccolo Teatro de Milão realizara a primeira montagem de *Arlequim, Servidor de Dois Amos*, sob a direção de Giorgio Strehler. Não é de se estranhar, portanto, que Jacobbi, que participa da criação daquela companhia de teatro italiana, mantenha aceso seu vínculo por meio de um repertório comum. Não procede, no entanto, a observação de Sérgio Britto de que a "idéia de Ruggero era bastante baseada na famosa realização de Strehler para o

18. São feitas também apresentações em São Paulo, como a primeira montagem da Sociedade Paulista de Teatro, subvencionada pela Prefeitura da Cidade de São Paulo, no Teatro Municipal, Teatro São Paulo e Teatro Brás Politeama, em 1951.

19. Sérgio Britto em entrevista à autora em 31 de janeiro de 1998.

20. "Teatro dos Doze", artigo publicado no programa de *Nick Bar*, de William Saroyan, TBC, 1949.

*Arlequim Servidor de Dois Amos*, 1949. Tarciso Zanotta, Beyla Genauer, Rejane Ribeiro, Elísio de Albuquerque, Luiz Linhares, Sérgio Britto, Sérgio Cardoso, Wilson Grey, Zilah Maria e Jaime Barcelos.
Acervo: Ruggero Jacobbi.

Piccolo Teatro de Milão (versão que acabamos vendo no Brasil em 1954)"[21], pois Jacobbi transfere-se para o Brasil em 1946, não tendo tido, portanto, oportunidade de assistir ao espetáculo de Strehler na Itália. O equívoco da observação é desfeito posteriormente pelo próprio Sérgio Britto: "Eu vi o *Arlequim* do Strehler. Não havia uma semelhança a ponto de haver nenhuma cópia. Eu achava que era bastante diferente do nosso"[22].

As condições de trabalho são igualmente bastante diferentes: na montagem brasileira, por exemplo, Ruggero Jacobbi é obrigado a acumular as funções de diretor, cenógrafo e figurinista, em virtude da precária situação econômica do Teatro dos Doze.

Com relação ao processo de montagem, o desafio com o qual Jacobbi se depara é solucionar o paradoxo por ele apontado: "respeitar o texto escrito de uma peça que não foi escrita e sim improvisada" ou "obter com um texto inteiramente decorado e marcado um espetáculo com a mesma riqueza, brilho e animação dos espetáculos improvisados"[23].

Imprimir no espetáculo as marcas do policulturalismo, trazendo à tona aspectos da brasilidade não é um trabalho fácil para o encenador: ele encontra a resistência de atores que sonham em tornar-se estrelas equiparáveis às do cenário internacional para os quais a ingenuidade e o prosaísmo do povo brasileiro exibidos no palco podem comprometer a apreciação de suas *performances*. Jacobbi esclarece primorosamente essa questão:

> No meu *Arlequim* de' 48, a maior dificuldade foi a de convencer o esplêndido Sérgio Cardoso a deixar um pouco de lado as suas preocupações de elegância e a não fechar a porta aos espiritozinhos nacionais do moleque negro, do saci-pererê, do dançarino grotesco índio, do carioca carnavalesco. O resultado foi também estupor[24].

Evidentemente, a chancela do diretor estrangeiro autoriza tais *excentricidades* em cena e confere-lhes valor.

Mas o diretor não descuida da plasticidade própria da *commedia dell'arte*, mesmo contando com atores iniciantes, como informa Sérgio Britto:

> Nós éramos um grupo de atores muito inexperientes; nós tínhamos saído de um espetáculo ou dois e estávamos fazendo Goldoni, que exigia uma elegância de gesto. Ele embutia isso na gente com muito sacrifício, lógico. Então, nós não sabíamos muito ainda, mas havia, não há dúvida de que havia, uma elegância de gestos, de atitudes, que

21. *Fábrica de Ilusão*, Rio de Janeiro, Funarte/Salamandra, 1996, p. 33.
22. Sérgio Britto em entrevista à autora em 31 de janeiro de 1998.
23. Ruggero Jacobbi, em resposta a Carlos Magno, *Correio da Manhã*, Rio de Janeiro, 9 mar. 1949, p. 13.
24. *Le Rondini di Spoleto*, Samedan (Svizzera), Munt Press, 1977, p. 63.

foi ele que colocou na gente. Quando eu digo que ele era um literato e tudo, não quer dizer que ele não fazia nada de teatro; não vamos chegar a esse extremo, o que eu digo é que ele era antes de tudo aquele que explicava, dizia: "Esse gesto é assim". Eu me lembro até do Ruggero fazendo certos gestos, mas quem captou todos foi o Sérgio Cardoso, que era um Arlequim extraordinário[25].

Uma das qualidades mais ressaltadas pela crítica com relação ao espetáculo dirigido por Jacobbi refere-se exatamente à excelência do trabalho de Sérgio Cardoso. Em meio a elogios rasgados quanto à qualidade da atuação e à habilidade do ator Sérgio Cardoso em interpretar igualmente bem personagens dramáticos e cômicos, existe uma observação que parece relacionar-se diretamente com a estética de Taírov – diretor que marca a formação de Jacobbi – que confere à coreografia uma importância primordial no trabalho do ator: "Talvez Lelio[26] não dê ao ator Sérgio Cardoso as oportunidades de criar [...] aquele encantamento produzido pelo luxo de gesto que era o seu Arlequim, onde o público admirava-o não se sabia mais se como ator ou como bailarino"[27]. Segundo Sérgio Britto, seu xará é dez vezes melhor fazendo o papel de Arlequim do que fazendo Hamlet.

Se Adolfo Celi, Luciano Salce e Flaminio Bollini Cerri têm maior familiaridade com o palco, Jacobbi destaca-se como intelectual: o que se depreende dos depoimentos de atores que trabalham com ele e de diretores que foram seus assistentes é que, mesmo ao dirigir um espetáculo, sua tônica continua sendo a abordagem histórica e estética do fenômeno teatral, ou seja, ele não ensina atuação; ele ensina teatro. A preparação específica do ator enquanto *performer* não merece por parte do intelectual veneziano um cuidado maior. Seus ensaios são comparados a aulas nas quais exercita a sua mais verdadeira vocação, a de professor. No entanto, em *Arlequim, Servidor de Dois Amos*, ele consegue resultados surpreendentes com três atores em particular: Jaime Barcelos, Sérgio Cardoso e Elísio de Albuquerque que, por meio da graça da movimentação física própria da *commedia dell'arte*, compõem personagens hilariantes, segundo os depoimentos da época.

Morador de São Paulo, o crítico Décio de Almeida Prado não assiste à peça, mas comenta o trabalho como *a prova de fogo* de Ruggero Jacobbi que, até então, encenara espetáculos com "artistas já formados e experimentados, nem sempre dóceis às sugestões alheias" e, na coluna Artes e Artistas, faz um apanhado das críticas publicadas no Rio de Janeiro sobre o espetáculo que retomo a seguir. No jornal *A Noite*, o crítico que utiliza as iniciais R.M.J. para se identificar considera que o espetáculo "contribuiu para firmar em definitivo o conceito

25. Entrevista à autora em 31 de janeiro de 1998.

26. Personagem de *O Mentiroso*.

27. Sérgio Britto, *Correio da Manhã*, Rio de Janeiro, 2 dez. 1949 (arquivo Maria Thereza Vargas).

de Ruggero Jacobbi como diretor de espetáculos, pois quem realiza uma façanha como a sua, dando o colorido, o movimento, a unidade, a intensidade que teve *Arlequim, Servidor de Dois Amos*, é na verdade um mestre". Paschoal Carlos Magno, por sua vez, no jornal *Correio da Manhã*, considera que Ruggero Jacobbi "devolve, por obra de sua direção, a poesia das coisas improvisadas que Goldoni memorizou, reuniu, unificou para criar a comédia italiana". A infelicidade de Jacobbi em assumir a visualidade do espetáculo é assinalada por Gustavo Doria:

> [...] a prova de que Jacobbi não é cenógrafo, nem talvez um desenhista, temo-la no desequilíbrio que os três cenários apresentam, cada qual executado de uma maneira e feito dentro de um espírito, concorrendo para a falta de unidade, falta essa que se observa ainda nos vestuários que, embora sob a alegação de terem sido inspirados em figurinos autênticos, poderá dizer-se que foram mal interpretados pelos seus executantes que chegaram a ponto de vestirem Briguela de pijama russo[28].

Maria Jacintha, que pressentira em Hamlet o advento de um grande ator, vibra com a performance de Sérgio Cardoso:

> Veio agora *Arlequim, Servidor de Dois Amos* – numa confirmação. O artista libertou-se. Deixou o casulo, voou, leve, para planos mais altos e mais transparentes. Passou as fronteiras das limitações de uma maneira de representar dosada, tolhida, por demais marcada e convencional. Sua profunda intuição de ator e a direção de Ruggero Jacobbi o emanciparam.

Mas não é apenas em Sérgio Cardoso que Maria Jacintha detecta uma evolução do trabalho de interpretação, mas também em Zilah Maria cujos exageros de sua peça de estréia são lapidados por Jacobbi: "tão enfática em *Hamlet*, [...] desamarrada e posta em temperatura normal, desfez, totalmente a impressão de sua estréia, transformando-se numa boa promessa do Teatro dos Doze" e em Jaime Barcelos, cujo talento prenunciado no amadorismo, "se impõe em definitivo". Sob sua direção, "os atores se movem naturais – espontâneos, em sua disciplina", pois Jacobbi "sabe aproveitá-los sem despersonalizá-los". Maria Jacintha pressente, então, as importantes contribuições que ele pode oferecer ao país:

> Nessa hora em que estamos, tão generosamente, restituindo coisas à Itália – dinheiro, navios, propriedades, que sei eu? – seria aconselhável que nos compensássemos, fixando Ruggero Jacobbi como um bem da Itália que o Brasil deve confiscar. Não devemos perdê-lo como um colaborador. De sua inteligência, de seu bom gosto e de sua cultura, muita contribuição boa esperamos. Elementos assim nos convêm. Não se apre-

28. Décio de Almeida Prado, "Conversas sobre o Teatro Carioca, *O Estado de S. Paulo*, 3 abr. 1949 (Arquivo IDART).

sentou como gênio. Não andou a anunciar-se como criador ou salvador do teatro brasileiro. Veio com simplicidade e com simplicidade ajudou[29].

Respondendo à indagação de Renato Vianna se o Teatro dos Doze pretende criar ou imitar, Jacobbi esclarece as opções estéticas assumidas em relação ao espetáculo e que devem ser as diretrizes da seqüência do trabalho do grupo:

O Teatro dos Doze não pode criar porque o teatro, por definição, não é criação e sim interpretação: interpretação religiosa dos textos; coisa que não sabiam os *criadores* da espécie de Max Reinhardt, empolgados pela sua própria indubitável genialidade. Por isso mesmo não temos nada a imitar, pois hoje não existem escolas ou exemplos, em nenhuma parte do mundo, a guerra tendo acabado com todos os expressionismos, surrealismos etc., que se tornaram pré-históricos; e não tendo modelos a imitar, não há senão retomar o caminho central do teatro: partir humildemente do texto, do autor, do poeta: transmitir ao povo a mensagem da palavra poética, de onde seja que ela nos venha; se o texto for estrangeiro levá-lo mais ao alcance da alma brasileira; se for brasileiro, o levaremos ao alcance dos valores universais[30].

Citando uma observação de Renato Viana, que naquele momento é diretor da Escola de Teatro da Prefeitura do Rio de Janeiro, afirma: "Isso não é 'começar pela decadência'. Decadência hoje em dia só seria recomeçar a imitar Taírov, Meierhold e Reinhardt, ou outras velharias insuportáveis, ou correr atrás de modas cretinas como a do existencialismo"[31]. Jacobbi fabula essa espécie de credo mesclando sua experiência anterior com a observação do estágio em que se encontra o teatro brasileiro e confere-o aos Doze na condição de seu diretor. Suas opções estéticas encontram ressonância naqueles jovens entusiastas que anseiam em promover a evolução em nosso teatro. Em entrevista publicada, Jacobbi esclarece que

[...] o teatro é equilíbrio entre texto e espetáculo. A ausência de um desses dois valores rebaixa automaticamente o próprio valor estético. Com essa diferença, porém: a peça que só existe no livro é algo morto, ao passo que o espetáculo que só vale por si mesmo contribui, ao menos, para o progresso da arte de representar[32].

Accioly Netto ressalta as grandes qualidades do espetáculo e reitera o mérito da iniciativa, sugerindo que "o público lhe dê o apoio que merece, premiando um grande esforço, dos maiores que se tem feito

29. Maria Jacintha, "*Arlequim, Servidor de Dois Amos*", recorte não identificado (arquivo particular Ruggero Jacobbi).

30. "Ruggero Jacobbi Define a Posição do Teatro dos Doze", recorte sem identificação (arquivo particular Ruggero Jacobbi). A reportagem transcreve a participação de Jacobbi em um programa radiofônico de Olavo de Barros.

31. *Idem*.

32. "Estréia Hoje, no Ginástico, *Arlequim, Servidor de Dois Amos*, de Goldoni, pelo Teatro dos Doze", recorte sem identificação (Arquivo particular Ruggero Jacobbi).

em prol do levantamento definitivo do teatro no Brasil. A noite de estréia do *Arlequim, Servidor de Dois Amos* teve a grandeza de um acontecimento capaz de fazer história"[33]. E realmente a montagem inaugura o contato do espectador brasileiro com a *commedia dell'arte*. Uma seqüência muito expressiva dessa iniciativa será *O Mentiroso*, o mais bem-sucedido empreendimento de Jacobbi dentro daquele estilo de representação realizado no Brasil, objeto de estudo mais detalhado em capítulo do presente trabalho, que retoma aspectos da montagem de *Arlequim, Servidor de Dois Amos*.

A peça seguinte a ser montada pelo Teatro dos Doze, com direção de Jacobbi, é *Tragédia em New York*. O texto fora dirigido por Strehler em maio de 1946, para a Companhia Maltagliati, com cenários de Gianni Ratto e, anteriormente, por Bragaglia, no seu Teatro delle Arti. Maxwell Anderson inspira-se em Sacco e Vanzetti, em *Hamlet*, em *Romeu e Julieta*, e até mesmo em *Rei Lear*, para compor a história de Mio Romagna, jovem que luta para que a verdade do mundo prevaleça, em detrimento daqueles que aceitam a hipocrisia vigente. É a primeira peça contemporânea montada pelo Teatro dos Doze. Jacobbi considera que

> *Winterset* foi a primeira tentativa, feita por um autor americano, de transferir e transfigurar a realidade diária da vida nos Estados Unidos em poesia dramática de ambições universais. Embora escrita em 1935, *Tragédia em New York* tem para os americanos o valor de uma obra clássica, aquele mesmo valor que nas literaturas européias só cabe a tragédias e poemas do século XVII ou XVIII. A palavra poema tem nesse caso um sentido não apenas simbólico, e sim técnico, pois o drama de Maxwell Anderson foi escrito alternando breves cenas em prosa com grandes trechos em versos [...]. Também na construção do drama, Maxwell Anderson procurou imitar, e ao mesmo tempo modernizar, a estrutura da tragédia clássica, com um esqueleto simples que pode lembrar os gregos e Racine (unidade de tempo e de ação, criação da catástrofe final, conflito entre amor e dever moral) e com uma riqueza de personagens e tipos secundários que, sem dúvida, faz pensar em Shakespeare[34].

Mas as grandes semelhanças com *Hamlet*, de Shakespeare, montagem inaugural do Teatro dos Doze, sob direção de Harnish, que fora, por sua vez, aluno de Max Reinhardt, motivam as ressalvas feitas à opção de Jacobbi. Particularmente pelo fato de Sérgio Cardoso, ator de talento inegável, mas em início de carreira, estar ainda muito impregnado da personagem clássica para fazê-lo viajar de Elsinore para o Brooklin em tão breve espaço de tempo. E Paschoal Carlos Magno é incisivo: "O Sr. Sérgio Cardoso tem a substância

33. A. Accioly Netto, "Goldoni e *Arlequim, Servidor de Dois Amos*", recorte não identificado (Coluna Spot Light, arquivo particular Ruggero Jacobbi).

34. Depoimento de Ruggero Jacobbi na reportagem: "A *Primeira* de Hoje no Ginástico. *Tragédia em New York*, pelo Teatro do Doze", *Correio da Manhã*, Rio de Janeiro, 13 maio 1949 (arquivo Maria Thereza Vargas).

para nos dar com grandeza toda uma galeria de tipos. Por que amarrá-lo, prendê-lo a um só?"[35]. No entanto, o mesmo Magno ressalta a qualidade de interpretação dos atores, atribuindo-a principalmente ao trabalho de direção:

> O sr. Ruggero Jacobbi que já nos dera com os Doze o admirável espetáculo que foi *Arlequim, Servidor de Dois Amos*, mais louvores merece agora. Conseguiu tão bem orientar seus comandados, de ser-lhe possível obter de cada um deles rendimento interpretativo que se poderá aplaudir em *Tragédia em New York*. Já não são mais bonecos movidos por fios de palavras ou cordas de marcações: mas atores de carne e osso inteligentemente vivendo seus heróis, sem exageros, harmoniosamente[36].

Em sua observação depreende-se o tipo de interpretação em vigor no momento precedente. Barbara Heliodora destaca igualmente a importância da direção no trabalho dos atores: "Ruggero Jacobbi, cuja brilhante direção denotou uma profunda compreensão do texto, é o responsável direto pelo equilíbrio e sensibilidade das interpretações"[37].

Em 1949, dentro do Festival Shakespeare, promovido pelo Teatro do Estudante do Brasil (TEB), Jacobbi encena, com alunos participantes do Seminário de Arte Dramática, *Sonho de uma Noite de Verão*. Seus objetivos são claros:

> Apenas sei que procurei agradar menos aos muitos *donos de Shakespeare*, do que ao público. O *Sonho* será um espetáculo simplificado e popular. Não uma exibição acadêmica de alunos, nem um estudo crítico sobre Shakespeare: teatro apenas. Teatro divertido e interessante. Bom ou mau, mas teatro[38].

Os imprevistos nos ensaios foram muitos, tantos que dois dias antes da estréia, afastados os atores que deveriam interpretar dois dos papéis principais, Jaime Barcelos e Carlos Augusto assumem as personagens. Mas Ruggero tem a possibilidade, por exemplo, de lançar no teatro brasileiro três elementos do Patronato Operário da Gávea, além de dar oportunidade de subir ao palco a alunos do seminário patrocinado pelo TEB, que não participam de outras montagens daquele grupo. A precariedade do inexperirente elenco é apontada pela crítica, principalmente em função de colocar em relevo o trabalho de

35. "*Tragédia em New York*, no Ginástico", *Correio da Manhã*, Rio de Janeiro, 17 maio 1949 (arquivo Maria Thereza Vargas).

36. "*Tragédia em New York* no Ginástico", *Correio de Manhã*, Rio de Janeiro, 18 maio 1949 (arquivo Maria Thereza Vargas).

37. Barbara Heliodora, "*Tragédia em Nova York*, recorte não identificado (arquivo particular Ruggero Jacobbi).

38. Depoimento de Jacobbi sobre o espetáculo *Sonho de uma Noite de Verão*, *Dionysos*, Rio de Janeiro, MEC/ DAC-Funarte/ SNT, set 1978, (n. 23, dedicado ao Teatro do Estudante do Brasil / Teatro Universitário / Teatro Duse), p. 170.

direção. Para Gustavo Dória, Ruggero Jacobbi afigura-se "mais um ensaiador para atores já feitos, mais preocupado com o conjunto do que propriamente com o detalhe"[39].

Jacobbi trabalha como contratado no Teatro dos Doze. Segundo Sérgio Britto, "recebia um salário, mas uma coisa muito mínima. Nós trabalhávamos num regime de muito sacrifício. O dinheiro era pouco. O Ruggero sempre foi um grande idealista"[40].

Quando o Teatro Ginástico deixa de abrigar seus espetáculos, o grupo não tem mais condições de continuar suas atividades. Ruggero Jacobbi é então convidado a dirigir espetáculos no Teatro Brasileiro de Comédia.

39. "*Sonho de uma Noite de Verão*, no Fênix", *O Globo,* Rio de Janeiro, recorte sem indicação de data (arquivo particular Ruggero Jacobbi).

40. Sérgio Britto em entrevista à autora em 31 de janeiro de 1998.

# 5. Panorâmica 3 – São Paulo (1949)

O convite parte de Adolfo Celi que, em 1945, se formara na Accademia d'Arte Drammatica de Silvio d'Amico, em 1948 se transferira para Buenos Aires, para trabalhar com Aldo Fabrizi, e, em janeiro de 1949, é contratado pelo TBC, como diretor artístico da companhia. O convite é transmitido a Jacobbi pelo cenógrafo Aldo Calvo, que fizera os cenários de *Tragédia em New York* para o Teatro dos Doze e tem conhecimento de que aquele grupo está prestes a desaparecer.

Entrevistado em 1981, Adolfo Celi refere-se ao tipo de dramaturgia realizado naquele momento no Brasil da seguinte maneira:

> Em 1949, 50, não havia a consciência do teatro brasileiro que conta a história da nação, que conta os problemas não do teatro, mas do Brasil. Como aconteceu também com o cinema. Não havia nada disso. Havia peças brasileiras que eram sempre um pouquinho apoiadas sobre um certo gosto literário, às vezes, algumas um pouco demais literárias, *à la* Guilherme de Almeida, e outras um pouquinho mais contos do que propriamente teatro verdadeiro. E para nós, que às vezes tivemos que fazer isso, era mais difícil de encenar essas peças. Foi um trabalho muito sério, muito duro, muito difícil[1].

Celi salienta, nesse mesmo depoimento, aspectos da interpretação de nossos atores, que poderia ser considerada uma interpretação *over*, exagerada em relação ao realismo que se busca na Europa:

1. Programa de televisão *Aventura do Teatro Paulista*.

Os atores brasileiros – profissionais e alguns amadores – tinham uma certa tendência a serem mais, digamos, expressivos do que o necessário. E o que eu procurei era aquilo de procurar motivações mais interiores no meu trabalho com o ator, procurar motivações mais íntimas, muito mais intensas e menos expressas fora. Naquele tempo, os atores se maquiavam demais e colocavam sombras nos olhos, como hoje fazem com um certo *kitsh*. Mas é um gosto da época. Naquele tempo faziam seriamente. Então precisava tirar tudo isso e encontrar uma certa verdade jogando fora. Mais do que acrescentar, eu tive que mostrar a simplicidade[2].

A simplicidade e o realismo exigem um preparo que o ator brasileiro vem a adquirir por meio da técnica, dos ensinamentos dos italianos.

O surgimento do TBC é um novo alento para o teatro. O pequeno edifício teatral onde se localiza a companhia, a exemplo dos *piccoli* italianos, determina um tipo de encenação e de impostação do ator totalmente diferentes das exercitadas no chamado teatrão. O termo teatrão, que se refere inicialmente às grandes dimensões do edifício teatral, entra para o jargão teatral brasileiro como sinônimo de teatro convencional, antigo. Mas o processo de criação é totalmente alterado. A eliminação do ponto é somente um sinal da mudança que prevê um período mais longo de ensaios – prerrogativa exclusiva dos amadores até então – tempo que permite que o ator não apenas decore o seu papel como também se informe a respeito do texto em questão, do autor, do período em que foi escrito, das personagens etc. São basicamente as premissas formuladas por Jacques Copeau e difundidas por todo o mundo nessa época.

O Brasil, apartado da Europa durante a guerra, quando ela acaba, busca colocar-se em sintonia com a cultura européia em geral, tanto que vários professores estrangeiros vêm ensinar na recém-criada Universidade de São Paulo. Ou seja, o brasileiro tem grande interesse em familiarizar-se com as novas tendências que dominam o pensamento e a arte da Europa. Ao descrever seu contato com Jacobbi, Sérgio Britto ilustra exemplarmente o proveitoso legado de um expoente daquela vanguarda cultural:

A conversa com o Ruggero foi uma provocação intelectual num nível fantástico. Quer dizer, a gente fazia teatro, mas como todo brasileiro que faz teatro, eu não lia teatro. E aquele homem começou a falar de tanta coisa que eu comecei a ficar interessado imediatamente. Em um ano eu já tinha lido mais peças de teatro do que eu tinha lido na minha vida inteira, por causa dele. A discussão que ele propunha foi uma movimentação fantástica na minha cabeça. E ele sabia das pessoas, dos movimentos europeus, e falava de tudo. Quando chegou ao Brasil, rapidamente percebeu Nelson Rodrigues, percebeu a poesia brasileira. Era realmente uma cabeça fantástica[3].

2. *Idem.*
3. Entrevista à autora em 31 de janeiro de 1998.

Quando Jacobbi chega ao TBC, ainda em 1949, encontra o seguinte quadro:

> Tem o Adolfo Celi, recém chegado à casa que havia dado uma sacudida sensacional com a montagem do *Nick Bar*, de Saroyan. Pois eles faziam antes um teatro muito refinado, muito bem-feito, mas limitado às possibilidades e aos interesses de uma certa camada social paulista. O espetáculo do Celi alastrou os limites das ambições do TBC para um campo universal. Então cheguei [...] e encontrei imediatamente alguns atores importantes e um autor que era o Abílio Pereira de Almeida, que em todos os gêneros que ele cultivou, desde a sátira mais simples, mais inconseqüente, até o grande drama [...], mostrou sempre o grande sentido clássico de teatralidade[4].

É importante frisar que Ruggero procura sempre identificar e apontar qualidades positivas no que encontra no Brasil e sua opinião sobre nossa dramaturgia fundamenta-se em longas pesquisas e posteriores análises que realiza. Enquanto desenvolve o trabalho de diretor, Jacobbi freqüenta a Biblioteca Nacional do Rio de Janeiro, onde lê muito da produção dramatúrgica nacional, distinguindo, por exemplo, *Leonor de Mendonça*, de Gonçalves Dias, peça que por sua indicação é encenada por Adolfo Celi no TBC, em 1954. A dramaturgia de Gonçalves Dias é igualmente tema de diversos de seus ensaios críticos que constituem, segundo Sábato Magaldi, a melhor análise do teatro de Gonçalves Dias. Com relação à atuação, sua opinião não coincide com a de Celi pois, a exemplo da dramaturgia, Jacobbi valoriza os atores brasileiros e mantém com alguns deles uma identificação e um afeto que permanecem no decorrer de toda a sua vida, como declara em depoimento de 1981:

> Entre os atores, [...] Cacilda Becker, que não havia nascido no movimento de amadores de São Paulo, como os outros, e sim tinha experiências profissionais no Rio e alhures, com o [Raul] Roulien, por exemplo. Cacilda era uma personalidade excepcional, como o Sérgio [Cardoso], e continuam sendo, os dois, os personagens principais da minha memória, da minha memória afetiva e artística[5].

O espírito de liberdade de Jacobbi abre sempre caminho para novas experiências: suas e de quem assimila o seu ensinamento. Celi, por sua vez, domina uma ténica da cena adquirida no aprendizado junto à academia de Silvio d'Amico e tem por principal objetivo fazer com que os brasileiros atinjam um nível profissional com o qual se familiarizara na Itália. Esse, parece-me, o ponto fulcral que diferencia a proposta daqueles dois diretores.

A boa acolhida brasileira a Celi se dá de maneira imediata pois ele oferece o que a platéia brasileira almeja: o espetáculo *bem-feito*, à semelhança do que é realizado de atual no mundo. Na verdade, o pú-

4. Programa de televisão *Aventura do Teatro Paulista*.
5. *Idem*.

blico não deseja correr o risco de ver-se em cena: as *coisas* brasileiras são sinônimo do atraso de um povo que não acompanhou a evolução do teatro, das artes, da cultura em geral, e ver tais *coisas* em cena, naquele momento, significa lembrar-se disso. O colonizado manifesta-se valorizando o que não é seu, identificando no estrangeiro, portanto fora de si, o produto de qualidade e, como sua única possibilidade de inserção no mundo, chegar ao ponto em que outros chegaram antes. Dentro dessa mentalidade, é evidente que o passado, ou mesmo o presente, de uma nação como o Brasil não se coloca como uma vantagem e deve portanto ser cancelado. Não existe a consciência entre os espectadores de que isso é impossível. Ruggero Jacobbi age em sentido inverso do que sua condição de *sumidade* poderia pressupor e surpreende os que se detêm a ouvi-lo com atenção quando aponta a busca do nacional e do popular como o caminho mais adequado para a construção de uma identidade e, conseqüentemente, da evolução de um povo.

Sem dúvida alguma, a situação econômica em que se encontra o Brasil naquele momento é propícia para que Franco Zampari crie uma companhia estável como o TBC. Segundo Jacobbi,

> Franco Zampari era um daqueles homens de quem se diz: *antes de* e *depois de*. Os defeitos humanos e os defeitos sociais típicos da camada social a que ele pertencia não são nada diante do espírito de revelação que ele teve. Era um homem que sabia ficar de pé em situações impossíveis, porque tinha uma força moral, tinha uma autoridade, tinha uma visão de futuro, tinha uma capacidade de sacrifício, e tudo isso vale mais do que qualquer defeito[6].

Mas o empresário Franco Zampari deve estar atento aos resultados da bilheteria. Nesse sentido, estabelece um acordo com os diretores contratados que Jacobbi faz questão de registrar em sua entrevista de 1981:

> Eu tinha uma espécie de combinação que eu faria um espetáculo à moda da casa, ao gosto da casa, como homem do *métier*, e outro da minha cabeça, ao meu gosto. [...] O primeiro espetáculo que eu fiz por dever profissional foi justamente *Ele*. O segundo foi inteiramente à minha moda e foi *O Mentiroso*. O terceiro foi *Os Filhos de Eduardo*, que assinei junto com Cacilda porque não foi propriamente uma direção minha, ou inteiramente minha, o quarto foi *A Ronda dos Malandros*, todo meu, desde a concepção literária até a realização, e que foi a causa de meu afastamento do TBC. A primeira fase se resume em quatro espetáculos[7].

*Ele* (*Lui*), de Alfred Savoir, estréia em 10 de outubro de 1949. Segundo seu diretor, "o jogo teatral é dos mais expertos. Matemático e limpo. Por mim ficaria pago se o espetáculo transmitisse a impres-

6. *Idem*.
7. *Idem*.

são que eu mesmo tive à leitura: uma pomba branca numa gaiola de macacos. E lá perdida no meio, a louca borboleta: a mulher"[8]. No entanto, Alfredo Mesquita considera o espetáculo "bastante fracote"[9].

Pelo comentário sobre a montagem publicado em jornal da época, podemos depreender que os ensinamentos de Jacobbi sobre direção são assimilados por seu discípulo Sérgio Britto:

> Possuindo apurado conhecimento do texto, e reconhecendo sabiamente que ao diretor cabe sempre ser o intérprete maior de cada original e nunca um criador (dentro da criação alheia, que é o texto) no sentido mais puro e mais completo da palavra, Jacobbi deixa ver no seu trabalho lógico e coerente dos quatro atos o desejo de acentuar ao máximo o sentido intelectual e superficial a um só tempo do original de Savoir. Nesta época em que os diretores surgem muito inteligentes, às vezes, preocupados em encontrar em cada nova peça a dirigir apenas o ângulo não explorado, o sentido não percebido antes por ninguém e por vezes nem mesmo pretendido pelo autor, a maneira de Jacobbi trabalhar a comédia de Savoir cheira a raridade[10].

Décio de Almeida Prado, apesar de considerar o todo harmonioso e a ida do diretor para São Paulo uma grande aquisição para o teatro paulista, aponta no encaminhamento dado pelo diretor à personagem central, Ele, que se pretende Deus, a maior falha da montagem, por lhe faltar o principal, isto é, o humor:

> O encenador, sr. Ruggero Jacobbi, acertou indubitavelmente ao evitar os efeitos vulgares e fáceis que o papel comportaria. Mas no afã de evitar um erro, caiu no erro oposto. Ele foi interpretado tão a sério, tão sem ironia dramática – essa ironia que caracteriza um Charles Chaplin, por exemplo – que quase fez perder de vista o fato de tratar-se, afinal de contas, de uma peça cômica[11].

No programa da peça estão claras as premissas de Jacobbi para escolher tal enfoque para a personagem. Nas *Trois comédies d'avant-garde*, Savoir traça o caminho de um visionário que se torna figurante de teatro, transforma-se num lorde inglês, para finalmente, em *Ele*, aspirar ao maior das personagens: Deus. Portanto, Jacobbi revela:

> Não podemos interpretá-lo como mais uma falta de respeito – e seria a maior – de Savoir: e sim como o vôo mais ousado, e por isso mais sério, da sua fria e brilhante inteligência. Escolhendo entre os nomes que os homens têm dado às suas aspirações metafísicas o mais alto e completo, o de Deus, Savoir quis oferecer-nos a *situação-limite* do seu mundo poético. Sem soluções, sem nenhuma resposta.

8. Ruggero Jacobbi, no programa de *Ele*.
9. Alfredo Mesquita, "Os Diretores Italianos no TBC – II: Ruggero Jacobbi", *A Gazeta*, São Paulo, 10 set. 1968, p. 15 (arquivo Maria Thereza Vargas).
10. Sérgio Britto, *Correio da Manhã*, Rio de Janeiro, 2 dez. 1949 (arquivo Maria Thereza Vargas).
11. "Ele", *O Estado de S. Paulo*, 25 out. 1949 (Coluna Palcos e Circos).

Talvez o conhecimento intelectual do diretor tenha, de fato, prejudicado o riso do espectador.

*O Mentiroso*, de Carlo Goldoni, espetáculo seguinte encenado por iniciativa de Jacobbi é unanimemente considerado o melhor espetáculo encenado por Jacobbi no Brasil.

# 6. Zoom n. 1 – Commedia dell'arte: O Mentiroso

*Eu, veneziano, sei de que cores, de que horas, de que águas é feita esta luz; mas todo o mundo sabe melhor do que eu – porque há dois séculos que, graças a Goldoni, nas noites mais serenas e sinceras oferecidas aos povos pelo teatro, o mundo é veneziano.*

RUGGERO JACOBBI, *O Espectador Apaixonado.*

Durante o período em que permanece no Brasil, Ruggero Jacobbi realiza diversas encenações de textos inspirados na *commedia dell'arte* com grupos e companhias brasileiras que se formam naquele período. Seu autor preferido é Carlo Goldoni. Dele monta as peças *Arlequim, Servidor de Dois Amos*, com o Teatro dos Doze, do Rio de Janeiro, *O Mentiroso*, com o Teatro Brasileiro de Comédia, e *Mirandolina*, com o Teatro Popular de Arte, ambos de São Paulo. Ruggero Jacobbi também faz a adaptação do texto *O Corvo*, de Carlo Gozzi, que dirige em Porto Alegre, em 1959, com um elenco constituído por alunos do Curso de Arte Dramática da Faculdade de Filosofia do Rio Grande do Sul, por ele fundada em 1958.

A decisão de encenar Carlo Goldoni no Brasil é motivada por razões pertinentes que se articulam plenamente. A primeira delas diz respeito à sua própria origem. Natural de Veneza, local identificado com a tradição dos *commici dell'arte* e cidade natal de Pantaleão, uma das máscaras mais famosas daquela comédia, praticamente ao nascer Ruggero começa a ter um contato estreito – e, conseqüentemente, uma grande familiaridade – com aquele gênero de teatro. Acresce-se a isso o fato de ele ter trabalhado na Itália com o diretor Anton Giulio Bragaglia, famoso estudioso da *commedia dell'arte*.

No Brasil, introduzir a comédia no chamado teatro culto é a possibilidade de promover um tipo de aproximação mais direta com o público. Por meio de tal iniciativa é possível satisfazer a expectativa que desperta essa nova maneira de fazer teatro e, ao mesmo tempo, favorecer o intercâmbio cultural que caracteriza toda a atividade de Jacobbi em nosso país. Dentro da proposta de montar clássicos da literatura dramática, Jacobbi já encenara, no Rio de Janeiro, *Sonho de uma Noite de Verão*, de Shakespeare, com o Teatro dos Doze.

Num período em que nossa desinformação cultural, de modo geral, e teatral, no caso específico, são gigantescas, a dificuldade de aceitação da montagem de um clássico da literatura dramática poderia ser atenuada pelo riso, pela identificação com as mazelas humanas e com os anseios mais primitivos do indivíduo, comuns a qualquer nacionalidade. Portanto, estariam confortavelmente envolvidos na proposta, realizadores e espectadores.

Ruggero Jacobbi já está radicado há aproximadamente dois anos no Brasil quando aqui realiza seu primeiro espetáculo de *commedia dell'arte*. No contato inicial que mantém com o teatro brasileiro, dirigindo atores como Procópio Ferreira, ele pode perceber a grande afinidade do público com artistas que desenvolvem seu trabalho em consonância com o apelo popular. Poderíamos considerar que as matrizes daquele tipo de desempenho estariam localizadas no espetáculo circense e que a improvisação é um recurso assimilado a tal ponto que se torna quesito imprescindível na avaliação do trabalho interpretativo. Esses atores, estrelas de suas próprias companhias, preservam um estilo de representação que poderíamos comparar com o do *acteur* que, segundo Louis Jouvet, é o intérprete cuja personalidade aflora ao representar uma personagem, em oposição ao *comédien*, que seria o ator camaleônico que se traveste de tal modo que a platéia chega a esquecer quem é o intérprete, para se reportar basicamente à personagem. Décio de Almeida Prado confirma a observação ao analisar o desempenho de Alda Garrido:

> Atriz é alguém que se especializa em não ser nunca duas vezes a mesma pessoa. Alda Garrido não tem nada disso: os seus recursos de técnica teatral, de caracterização psicológica são dos mais precários. Em compensação possui qualquer coisa de muito mais raro: uma personalidade genuinamente cômica. Quando representa a graça não está nunca na personagem: está na intérprete, no que esta possui de inconfundível, de inimitável. O que admiramos não é a peça mas a própria Alda Garrido, com o seu grão de irreverência e de loucura, que lhe permite comportar-se sempre da maneira menos convencional possível e também com o seu grão de inesperado bom senso, que a faz achar sempre a resposta mais desconcertantemente terra a terra, mais prosaicamente adeqüada[1].

Raramente nossos críticos descrevem com tal acuidade o desempenho de um ator ou atriz daquele período. Sem dúvida, o exercício da improvisação, prática constante em nossos palcos, enriquece as montagens realizadas a partir da *commedia dell'arte*, embora funcione ape-

1. Décio de Almeida Prado, *Apresentação do Teatro Brasileiro Moderno – Crítica Teatral – 1947-1955*, São Paulo, Livraria Martins, 1956, p. 465. 2ª edição, São Paulo, Perspectiva, 2001.

nas como referência, uma vez que as montagens são centradas no texto teatral.

As montagens de Goldoni no Brasil são um importante impulso para o desenvolvimento do teatro nacional. A escolha de Jacobbi pauta-se, inclusive, pela constatação da capacidade de Sérgio Cardoso em interpretar um texto clássico, o que é raro em atores brasileiros daquele período. O trabalho de Ruggero Jacobbi reúne, portanto, a qualidade performática de um ator, o gosto brasileiro pela comédia e a formatização em texto de uma prática improvisacional forjada em décadas de tradição na Itália. Sem dúvida, podemos inferir dessa iniciativa a importância de Jacobbi na formação inicial de um teatro brasileiro moderno que, mesmo não atingindo resultados artísticos bem-sucedidos na sua totalidade, contribui, de modo basilar, para a nossa formação artístico-cultural.

A proposição de trabalho de Ruggero Jacobbi no Brasil segue um planejamento prévio que visa à constituição de um teatro brasileiro, segundo relato seu em artigo publicado na época:

> Acabamos tendo a certeza de que a nossa intuição não tinha falhado, na construção de um plano gradual, em que a peça goldoniana era um primeiro passo. Conquista do público; conquista de uma situação nitidamente profissional; conquista da independência econômica; passagem de um gênero para outro; descoberta dos originais capazes de reunir qualidades literárias e populares; transição do repertório clássico para o moderno; do clássico mais acessível ao mais requintado; do moderno mais fácil ao mais intelectual e difícil; do moderno estrangeiro ao moderno nacional; disso, ao clássico modernizado; do declamado, estilizado e poético ao realístico e simples – todo esse programa de *nuances*, para a progressiva vitória sobre os diversos obstáculos que decidimos criar a nós mesmos[2].

Para que o entendimento ocorra da maneira mais ampla possível, Jacobbi informa a platéia sobre aquele tipo de teatro; ou seja, por vezes, antes do início do espetáculo, dá uma verdadeira aula sobre Goldoni e a *commedia dell'arte*, como acontece antes da estréia de *O Mentiroso*, no TBC, em São Paulo. Sua preocupação em difundir aquele estilo de teatro no Brasil origina a inclusão de seus artigos em diferentes tipos de publicações. O programa da peça *O Mentiroso* inclui uma breve descrição das principais máscaras da *commedia dell'arte*, que Jacobbi transmite aos atores durante os ensaios. "Goldoni e as Máscaras da *commedia dell'arte*" é o primeiro artigo do primeiro número da revista *Dionysos*, uma das principais publicações brasileiras sobre teatro. Posteriomente, esse artigo iria integrar o livro de sua autoria *A Expressão Dramática*. Em *O Espectador Apaixonado*, publica

2. "*Hamlet* de Shakespeare e *Arlequim, Servidor de Dois Amos* no Ginástico. A Companhia dos Doze e o Teatro", *Comœdia*, Revista Mensal de Teatro, Música, Cinema e Rádio, Rio de Janeiro, n. 8, maio 1949, p. 28.

o artigo "Realismo de Goldoni", datado já de 1957. Isso para citar apenas as principais publicações. Jacobbi faz também intervenções radiofônicas e, em uma série intitulada "Introdução aos Milagres do Povo", ele pretende transmitir ao ouvinte informações sobre o assunto. No entanto, a aproximação da data de uma festa de popularidade imbatível no Brasil, o carnaval, força a suspensão da série, impedindo que as máscaras italianas sejam historiadas daquela maneira.

Essas iniciativas integram seu plano de difusão cultural que tem como ponto de partida a *commedia dell'arte*, um dos temas que lhe é mais caro na história do teatro. Jacobbi sugere aos atores brasileiros que, ao representarem determinados tipos populares, recorram a referenciais nacionais: assim, a matreirice do *neguinho* brasileiro pode ser a fonte de inspiração para a composição de um dos *zanni*. Jacobbi oferece dessa maneira sua experiência e seu saber de europeu sem abandonar o diálogo com a realidade nacional, em um claro exemplo de intercâmbio cultural.

As peças escritas por Goldoni são habitualmente classificadas como clássicas, e tal condição é muito ressaltada por ocasião de suas encenações no Brasil. A chancela de *clássico* autoriza a inclusão dos textos goldonianos em um repertório apto a configurar um teatro *sério* ou *cultural*, como é nomeado naquele momento, em oposição a uma certa leviandade que marca as montagens realizadas a partir de textos que não se orientam por quaisquer critérios de qualidade. Esse é também o procedimento que se espera dos diretores estrangeiros.

Com relação à gênese da escritura goldoniana podemos destacar três fases bem definidas de seu processo criativo, todas tendo como inspiração a *commedia dell'arte*. Na primeira fase, Goldoni esboça algumas cenas que são submetidas ao processo improvisacional, base de sustentação do espetáculo. Só após várias apresentações realizadas e testadas com público dessa maneira é que Goldoni registra o texto cujas partes improvisadas pelo ator adquirem *status* de falas e seu *gestus* é transformado em didascália. Esse processo de escritura dramatúrgica é utilizado na peça *Arlequim, Servidor de Dois Amos*, que pode ser considerada a de maior simplicidade dentro da obra do dramaturgo italiano do século XVIII.

*O Mentiroso* corresponde a uma fase intermediária na qual as peças, embora concluídas antes da *mise en scène*, ainda mantêm vínculos estreitos com as origens da *commedia dell'arte* pela manutenção de suas máscaras/personagens.

Na terceira fase, as máscaras são eliminadas, os tipos fixos e imutáveis são transformados em *gente viva*, com problemas mais humanizados. A grande representante dessa última fase é *Mirandolina*: a obra de mais alto grau de complexidade de toda a dramaturgia goldoniana. Jacobbi segue a cronologia da obra de Goldoni em suas encenações no Brasil.

Jacobbi enaltece em Goldoni a característica marcante de homem de teatro que não ancora sua dramaturgia na divulgação de princípios ideológicos ou na conscientização cultural ou histórica. Goldoni não faz política partidária nem discute filosofia, mas, nas palavras de Jacobbi, "faz, apenas, teatro; não conhece senão o teatro, que é a sua vida e a sua razão de ser"[3]. No entanto, não trata o teatro como mero *divertissement*, visto que

> [...] do teatro tem uma idéia tão instintivamente limpa e alta – uma idéia essencialmente moral – que o projeta de uma vez no mundo implacável da verdade e da responsabilidade. Não pode mentir, não pode inventar diversões; e sabe que tem de prestar contas, daquilo que o teatro põe em circulação, à própria consciência, e ao Deus em que calmamente acredita, um Deus bonachão como ele mesmo[4].

O segundo texto de Goldoni encenado por Jacobbi no Brasil – o primeiro fora *Arlequim, Servidor de Dois Amos* – e que o inscreve entre os diretores de prestígio é *O Mentiroso* (*Il Bugiardo*). Escrita em 1750-1751, a peça estréia em São Paulo, no dia 23 de novembro de 1949, no Teatro Brasileiro de Comédia[5].

Se em *Arlequim, Servidor de Dois Amos* Carla Civelli atém-se a realizar uma tradução quase literal da peça, com a colaboração de Raymundo Magalhães Jr., em *O Mentiroso*, Jacobbi encarrega-se da tradução e efetua algumas alterações de grande porte no texto. Adapta piadas regionais para um registro popular mais moderno, faz cortes, alguns deles violentos, acrescenta algumas frases e piadas de uma outra tradução que Procópio Ferreira lhe apresenta e inclui uma cena do roteiro de *commedia dell'arte*, *Os Três Malandros*, da coleção francesa de Gherardi. Em termos de personagens, retoma a figura do Doutor, com suas frases em latim, e transforma Briguela em Polichinelo, por ser essa denominação mais conhecida dos brasileiros, evitando, portanto, a confusão que poderia existir entre Arlequim e Briguela. Por sugestão de Adolfo Celi, Jacobbi termina o espetáculo com um *lazzo* – a exemplo do que alguns intérpretes italianos já haviam feito anteriormente – no qual a personagem Lelio, o mentiroso do título, fala sua última mentira diante do pai.

A veia poética de Ruggero Jacobbi orienta seu modo de conceber espetáculo: "Bom, naturalmente há o aspecto individual, ousaria dizer lírico, de lirismo pessoal. Eu queria reconstituir um certo clima de Veneza, e um certo clima do teatro ligado a Veneza"[6]. A distinção

3. *O Espectador Apaixonado*, Porto Alegre, publicações do curso de Arte Dramática, Faculdade de Filosofia do Rio Grande do Sul, 1962, p. 43.

4. *Idem, ibidem.*

5. É realizada uma remontagem do espetáculo, cuja estréia se dá em 30 de abril de 1952, também no TBC.

6. Programa de televisão *Aventura do Teatro Paulista.*

entre os vários períodos da *commedia dell'arte*, apresentados por meio das montagens exemplares realizadas por Jacobbi, é analisada por ele da seguinte maneira:

> A minha preocupação era a de mostrar o outro lado da *commedia dell'arte*. Há uma *commedia dell'arte* muito popular porque ousada nos termos, no calão que as personagens falam, baseada em sátiras violentas, em atitudes grosseiras e que é, sem dúvida, a parte mais importante da *commedia dell'arte* e que me parecia de todo inaplicável aos atores que eu tinha. Há um outro aspecto da *commedia dell'arte* sobre o qual Goldoni trabalhou para eliminar com o tempo a *commedia dell'arte* e substituí-la pela comédia moderna, realista, e que é uma *commedia dell'arte* refinada, com intenções psicológicas, com jogos teatrais muito bem engenhados, mecanismos teatrais muito bem estudados e foi por esse caminho que eu conduzi *O Mentiroso*, de maneira que, mesmo a parte das máscaras não foi propriamente uma amostra de teatro popular; foi uma espécie de *ballet* algo aristocrático, o que justificaria perfeitamente as críticas dos que vieram depois de mim e que acusaram o TBC de fazer um teatro de elite e isso, em grande parte, era verdade e nos contagiava. Mas, por outro lado, quem ensinou a eles que o teatro mais importante é o teatro de expressão popular fui eu mesmo[7].

Transparece nesse depoimento sua vontade permanente de informar as pessoas. Sua rápida e objetiva reflexão sobre a evolução da *commedia dell'arte* denota o grau de intimidade com aquele universo: nos espetáculos dirigidos no Brasil, ele transpõe propositada e livremente características das diversas fases goldonianas relativas à *commedia dell'arte* em função dos atores com que conta e do público a que se destina. Ou seja, no caso de *O Mentiroso*, Jacobbi lança mão de mecanismos teatrais mais elaborados e de um psicologismo que caracterizam a terceira fase da obra de Goldoni. Ele faz essa antecipação também em função de um gosto que se instaura naquele momento no qual a investigação psicológica e o requinte de produção se firmam como critérios de valor. O bom gosto – ou o gosto refinado – está igualmente presente na elaboração coreográfica do espetáculo. E, por fim, sente-se um certo tom de desabafo em sua fala: apesar da sofisticação presente em seu espetáculo, ele permanece totalmente vinculado às raízes populares, o que é, pelo menos, incomum no teatro produzido pelo TBC.

A participação de Aldo Calvo concorre também para que o espetáculo atinja alta qualidade, o que Jacobbi reconhece: "tive um colaborador excepcional em Aldo Calvo. Aldo Calvo fez figurinos, para a época, fora do comum"[8]. São figurinos que, segundo consta, evocam com maestria o *Settecento* italiano.

A famosa precariedade do palco do TBC não chega a interferir na qualidade da cenografia de Aldo Calvo. "O palco não tem altura, como não tem espaço lateral para guardar os cenários. É um palco sem caixa,

7. *Idem*.
8. *Idem*.

se é possível conceber tal coisa. Pois nas mãos de Aldo Calvo, transforma-se: duas plataformas giram, uma terceira avança inesperadamente do fundo e eis o público aplaudindo freneticamente o milagre"[9]. A idéia de surpresa presente no termo milagre é corroborada por Sérgio Britto, que se refere a essa mesma surpresa como golpes de mágica. A excelência do cenógrafo é, ao que parece, indubitável. "Calvo soube captar na arquitetura e numa certa cor local imponderável, que só aos artistas cabe a compreensão, toda a Veneza romântica em que Lelio dos Bisonhos viveu mentindo. Tanto o cenário da rua com a gôndola que passa ao fundo, como a casa do Doutor ou a casa de Pantaleão, as duas surgindo em golpes de mágica, são de rara beleza"[10]. Osmar Rodrigues Cruz vê semelhanças entre o palco giratório, os cenários sobre rodas e os "maravilhosos espetáculos dados por Bragaglia"[11]. Trata-se da única referência encontrada no material documental dessa pesquisa que aproxima, mesmo que *en passant*, o trabalho dos dois diretores.

O espetáculo irá determinar, por sua encenação requintada, a linha de produção subseqüente da companhia. "Jacobbi dirigira o espetáculo mais fino, mais delicioso talvez jamais montado em São Paulo: *O Mentiroso*, de Goldoni"[12]. Curiosamente, mesmo reivindicando para si o mérito de ter ensinado o sentido do teatro popular com essa montagem, ficou famoso o nível de sofistificação atingido pelo TBC na produção do espetáculo. Não encontrando à venda no mercado brasileiro tecido com determinadas características para a confecção de um figurino, a produção não teve dúvidas em encomendar a sua fabricação especial. Nydia Lícia relata:

> Foi a época de ouro do TBC. As montagens eram astronômicas. O guarda-roupa, caríssimo. Seda pura, veludo francês, renda guepir. Numa ocasião, por não se encontrar a fazenda certa para o colete que Ruy Affonso iria usar em *O Mentiroso*, Aldo Calvo escolheu a cor e o tecido e este foi especialmente fabricado pelas Indústrias Matarazzo. O TBC era a coqueluche de São Paulo. As estréias eram o acontecimento social do mês[13].

A preocupação de Jacobbi em trazer o espírito veneziano para *O Mentiroso* determina a trilha sonora elaborada a partir de óperas de

9. Décio de Almeida Prado, *Apresentação do Teatro Brasileiro Moderno*, *op. cit.*, p. 342.

10. Sérgio Britto, *Correio da Manhã*, Rio de Janeiro, 2 dez. 1949 (arquivo Maria Thereza Vargas).

11. "'*O Mentiroso*' de Carlo Goldoni", recorte não identificado (arquivo particular Ruggero Jacobbi).

12. Alfredo Mesquita, "Os Diretores Italianos no TBC – II: Ruggero Jacobbi", *A Gazeta*, São Paulo, 10 set. 1968, p. 15 (arquivo Maria Thereza Vargas).

13. *Dionysos*, Rio de Janeiro, MEC/ Seac-Funarte/ SNT, n. 25, dedicado ao Teatro Brasileiro de Comédia, p. 169, set. 1980.

*O Mentiroso*, 1952 (remontagem). Carlos Vergueiro, Sérgio Cardoso, Célia Biar, Cleyde Yáconis. Fotógrafo: Fredi Kleemann. Arquivo Multimeios - Divisão de Pesquisas/CCSP.

*O Mentiroso*, 1952 (remontagem). Waldemar Wey e Sérgio Cardoso.
Fotógrafo: Fredi Kleemann. Arquivo Multimeios - Divisão de Pesquisas/CCSP.

*O Mentiroso*, 1952 (remontagem). Cleyde Yáconis, Elizabeth Henreid e Sérgio Cardoso. Foto: Fredi Kleemann. Arquivo Multimeios - Divisão de Pesquisas/CCSP.

*O Mentiroso*, 1952 (remontagem). Luís Calderaro e Sérgio Cardoso. Fotógrafo: Fredi Kleemann. Arquivo Multimeios - Divisão de Pesquisas/CCSP.

*O Mentiroso*, 1952. Renato Consorte e Zilda Hamburger. Acervo: Ruggero Jacobbi.

dois compositores contemporâneos italianos. Para os prelúdios e intermezzos são selecionados trechos da ópera *Guglielmo Ratclieff* e para as cenas dançadas são escolhidos trechos da ópera que tem o sugestivo título de *As Máscaras*, ambas de Pietro Mascagni, autor também da *Cavalaria Rusticana*. As músicas de Ermano Wolf-Ferrari são incluídas com ainda maior propriedade: das onze óperas de sua autoria, nove são compostas a partir das comédias de Goldoni. No início do espetáculo, Zilda Hamburger, que é considerada um dos mais altos valores da nova geração, canta a romança El Specio Me Gá Dito Que Son Bela, que integra a ópera *I Quattro Ruseghi*. Ela aparece cantando na gôndola, ao fundo, e, segundo Sérgio Britto, "com sua voz expressiva, a Srta. Zilda Hamburger acrescenta um pouco mais de verdade ao ambiente romântico, de que o espetáculo precisava"[14]. No final do terceiro ato, ouve-se um trecho da ópera *Il Campiello*. O tema de Florindo é uma música popular de autor veneziano anônimo cuja letra é composta pelo próprio Ruggero Jacobbi.

O espetáculo marca a estréia de Sérgio Cardoso no TBC:

> Não obstante as grandes qualidades da direção de Ruggero Jacobbi e da cenografia de Aldo Calvo, o maior acontecimento do novo espetáculo do Teatro Brasileiro de Comédia é o desempenho de Sérgio Cardoso como protagonista. [...] A sua graça é essa graça aérea, levíssima, de certas músicas de Mozart, que parecem dirigir-se, principalmente, à inteligência[15].

E Sérgio Britto, rememorando a crítica de Décio, como observador interno do processo, complementa: "Décio de Almeida Prado escreveu que o Sérgio parecia que estava tocando Mozart, que ele era Mozart fazendo o papel, mas quem deu esse Mozart, quem regeu esse Mozart foi Ruggero Jacobbi"[16].

É enaltecido o trabalho do ator que, ao fazer uma comédia, não lança mão de efeitos fáceis, mas tira risos por meio de sutilezas. Às vezes, apenas um gesto, ou uma movimentação do corpo instigam a percepção de uma platéia acostumada a assistir a peças em que as personagens cômicas são delineadas com traços grossos.

A crítica aponta novamente a alta qualidade do trabalho dos atores, afinada perfeitamente com a direção de Jacobbi.

> *O Mentiroso*, de Goldoni, com Sérgio Cardoso no protagonista – bela interpretação – Waldemar Wey estupendo no Doutor Balanção, sem falar no espantoso Arlequim de Carlos Vergueiro, que embasbacou os próprios diretores italianos tal sua leveza e

14. Sérgio Britto, *Correio da Manhã*, Rio de Janeiro, 2 dez. 1949 (arquivo Maria Thereza Vargas).

15. Décio de Almeida Prado, *Apresentação do Teatro Brasileiro Moderno*, *op. cit.*, p. 343.

16. Sérgio Britto em entrevista à autora em 31 de janeiro de 1998.

prodigiosa agilidade. Num mês, Carlinhos conseguira uma realização do personagem da *commedia dell'arte* que atores italianos levavam anos de escola e tarimba para aprender. Ah! a facilidade dos brasileiros! Comentavam os diretores assistindo aos ensaios[17].

É interessante notar que Alfredo Mesquita sequer adjetiva os diretores como estrangeiros, talvez por considerar que os diretores brasileiros ainda não se haviam afirmado.

A origem napolitana da personagem Polichinelo favorece a identificação da personagem por parte do público, principalmente porque Renato Consorte, de origem italiana, carrega no sotaque. Tal fato é objeto de críticas negativas, uma vez que o italiano seria, tacitamente, a língua falada por todas as personagens, o que o sotaque de Polichinelo desmente. Mas, afinal, trata-se de uma licença poética do diretor para, mais uma vez, utilizar em cena a habilidade de um ator, dessa vez a capacidade de Renato Consorte de imitar com graça o sotaque napolitano.

A arguta percepção de Décio de Almeida Prado identifica um importante fator de integração entre a performance do ator e a crítica:

> É que Sérgio Cardoso possui, em elevadíssimo grau, o poder específico do ator, que é o de sentir e o de comunicar a peça não apenas por meios racionais mas por meios intuitivos profundos, que dizem mais do que qualquer frase, penetrando muito além da inteligência crítica (não é por outro motivo que são os atores, habitualmente, que iluminam as peças para os críticos e não vice-versa)[18].

Nessa crítica percebe-se a presença definitiva do diretor enquanto transmissor de informações que são depois elaboradas pela intuição do ator. Realmente, compreende-se porque Ruggero Jacobbi, até o fim de sua vida, depois de realizar tantas encenações, incluídas as italianas, continua a considerar Sérgio Cardoso como a sua melhor parceria artística:

> Sérgio Cardoso é um dos atores excepcionais que eu conheci, especialmente eu penso a primeira fase do Sérgio Cardoso, o Sérgio Cardoso jovem que conseguia fazer papéis de toda espécie com uma inteligência e uma dramaticidade instintiva e um cálculo de efeitos e tempos absolutamente genial. [...] Ele fica sendo a melhor experiência de colaboração que eu tenho tido em toda a minha vida de homem de teatro[19].

*O Mentiroso* é considerado pela maior parte da crítica como um dos melhores, se não o melhor, dos espetáculos produzidos pelo TBC. Após pequenas restrições à encenação, Décio de Almeida Prado afirma

17. Alfredo Mesquita, "Os Diretores Italianos no TBC – II: Ruggero Jacobbi", *A Gazeta*, São Paulo, 10 set. 1968, p. 15.
18. Décio de Almeida Prado, *Apresentação do Teatro Brasileiro Moderno*, *op. cit.*, pp. 344 e 345.
19. Programa de televisão *Aventura do Teatro Paulista*.

em sua crítica: "como texto, como representação, como realização, é, não há dúvida, a obra mais considerável que o Teatro Brasileiro de Comédia já realizou". E, logo a seguir, vem o reconhecimento de que aquele espetáculo, sem dúvida, oxigena o teatro brasileiro: "como críticos demo-nos por amplamente pagos de tantas e tantas horas gastas com espetáculos não tocados, como este, pela alta graça da poesia e da arte"[20].

Até mesmo Alfredo Mesquita, crítico ferino das direções de Jacobbi, rende-se a *O Mentiroso*: "Espetáculo inesquecível aquele. É que, como veneziano, Jacobbi conhece como ninguém o estilo goldoniano, cristalização da própria *commedia dell'arte*, sua especialidade, como a de Ziembinski é o expressionismo centro-europeu"[21].

Em 1998, as impressões que o espetáculo causa no crítico permanecem nítidas:

> *O Mentiroso* foi um espetáculo que fez um sucesso imenso porque era a primeira vez que a gente via assim uma coisa feita de acordo com os tipos. Ruggero sabia não só a parte de vestuário, mas sabia os gestos característicos de cada um desses personagens. Quer dizer, uma coisa que atores brasileiros não podiam fazer nada sem a intervenção de um italiano bem a par do assunto. E então realmente o espetáculo causou assim uma grande impressão, foi um sucesso enorme. O Sérgio Cardoso estava brilhante no papel. Ele fez um mentiroso que não era simplesmente mentiroso, era quase que um personagem assim do imaginário, uma pessoa que lida com a imaginação a todo o momento, então não era um simples mentiroso, era bonito o personagem; era um personagem muito simpático e o Sérgio Cardoso era muito elegante na gesticulação. [...] Então ele fez um espetáculo muito refinado. Porque a *commedia dell'arte* pode ser feita de maneira da graça mais comum, que funciona também muito bem também e pode fazer dessa forma como o Ruggero fez aqui; foi um grande sucesso[22].

O espetáculo determina opções profissionais de figuras de destaque do nosso teatro. Assistindo a *O Mentiroso*, Antunes Filho decide-se pela carreira teatral, como ele próprio relata:

> Quando criança, minha mãe me levava de vez em quando ao teatro e eu vi um espetáculo muito importante, na época, da velha escola brasileira de teatro, em que se improvisava muito, havia muitos cacos. Fiquei horrorizado com isso e jurei nunca mais ir a teatro. Eu era moleque, não entendia teatro e ia muito pouco. Mas um dia eu fui assistir *O Mentiroso*, no TBC. Foi um sonho, sabe? Foi um sonho porque eu vi aquele espetáculo e fiquei encantado com teatro. Acho que foi esse espetáculo que depois me encaminhou, porque, depois de algumas peças que eu tinha assistido, eu não queria mais ver teatro. Porque o ator brasileiro tem essa coisa que a gente chama de maravilhosa, que é improvisação, que é um pouco de *commedia dell'arte*, e que é um pouco de concessão que eles fazem no trabalho, mas que me aborrece profundamente esse tipo de coisa porque acho que ele tem que aproveitar isso e sistematizar isso. Tem

20. Décio de Almeida Prado, *Apresentação do Teatro Brasileiro Moderno*, *op. cit.*, p. 343.

21. Alfredo Mesquita, "Os Diretores Italianos no TBC – II: Ruggero Jacobbi", art. cit., p. 15 (arquivo Maria Thereza Vargas).

22. Décio de Almeida Prado em entrevista à autora em 18 de setembro de 1998.

muitos atores que eu acho maravilhosos, que são bons para aquele momento, mas que eu não quero ver teatro com eles, não me satisfaz. Eu acho que teatro é uma outra coisa além de teatro de costumes[23].

Essa revelação, ocorrida no início dos anos de 1950, iria não apenas determinar o destino profissional de um jovem, mas alteraria profundamente os próprios rumos do nosso teatro, que passaria a contar com a atuação decisiva de Antunes Filho. Ainda uma vez a influência direta de Ruggero Jacobbi far-se-ia presente na formação de um dos primeiros diretores brasileiros: em 1953, Antunes foi seu assistente de direção em *Treze à Mesa*, de Marc-Gilbert Sauvajon, peça também produzida pelo TBC.

Podemos perceber, através dos relatos e das críticas da época, que o teatro nacional dá seus primeiros e decididos passos no sentido do teatro de cultura conduzido, nesse caso, pelo italiano Ruggero Jacobbi que, fiel ao gosto cultivado em solo europeu, oferece aos brasileiros um exemplo do tipo de teatro que aprecia e com o qual tem afinidade: a *commedia dell'arte*.

Enquanto diretor de espetáculos cômicos, Jacobbi afina-se mais com o tipo de teatralidade existente na *commedia dell'arte* do que com a interpretação realista com fundo psicológico. Tem uma visão singular do tipo ideal de comédia, na qual podemos notar um forte componente anarquizante:

> Acho que todas a comédias deveriam ser *comédies-ballets*. A uma certa altura, desencadeado o riso, criados os personagens, armada a teia de aranha do enredo, não resta ao comediógrafo senão uma saída: convidar os atores e o público a rirem também de sua pretensão de fazer rir, de criar personagens e armar enredos. Depois de ter ridicularizado a vida dos homens, transformar numa enorme gargalhada, numa festa geral, num carnaval coletivo, também o próprio teatro, que daquela vida quis ser o espelho fiel ou deformador, o retrato ou a estilização. Para que finalizar um enredo? Para que determinar um destino, um fim lógico para as personagens? Para que, além do riso sobre a vida, não suscitar também o riso sobre o riso, o riso puro, a bagunça, o inferno? A farsa existe para mostrar o esqueleto do homem, sua vaidade, seu nada. Vamos, então, ao esqueleto puro. Morramos todos juntos, cancelemo-nos em ritmo de baile. Adeus aos valores e às pretensões. Façamos uma bela fogueira de gargalhadas e atiremos nela os deuses, os ancestrais, os sistemas e os poemas. Neste adeus, pelo simples gesto, readquire-se a liberdade substancial do homem. Estamos agora prontos para novos valores, surgidos de nós mesmos, da nossa sinceridade. O mundo está aberto. As florestas vão brotar amanhã e os animais começarão a rugir pela primeira vez. Os olhos são virgens. Todo gesto será fertilidade, criação, história. E um belo dia, bem cedo, recomeçaremos a rir. O mundo renascerá, sempre[24].

Por essas reflexões percebe-se o grau de fascínio pelo universo cênico que Jacobbi era capaz de despertar tanto em atores de suas montagens quanto em freqüentadores de suas conferências.

23. Antunes Filho, *Dionysos* / TBC, pp. 136-137.
24. Ruggero Jacobbi, *A Expressão Dramática*, p. 144.

O ator brasileiro que inicia sua formação naquele momento tem a oportunidade de experimentar um tipo de representação, matriz e referência para todo o teatro ocidental e também de realizar um mergulho no universo da teoria do teatro até então desconhecido.

*Mirandolina* (*La locandiera*), última montagem de Goldoni realizada por Jacobbi no Brasil, estréia em 1955 e é analisada oportunamente neste estudo.

# 7. Panorâmica 4 – São Paulo (1950)

Na seqüência desse percurso cronológico, Jacobbi e Cacilda Becker dirigem, sempre no TBC, *Os Filhos de Eduardo*, de Marc-Gilbert Sauvajon, que estréia dia 14 de março de 1950. A escolha do texto baseia-se em critérios de *sucesso garantido*. Luciano Salce chega ao Brasil dias antes da estréia, para integrar o quadro de diretores do TBC; vem de Paris, onde acaba de montar aquele mesmo texto. O TBC efetiva, no início de 1950, a sua profissionalização com a contratação de um elenco permanente de doze atores. A estratégia do empresário Franco Zampari é alternar no repertório montagens de peças chamadas culturais ou de reconhecido mérito artístico e comédias leves, divertidas, de *boulevard*, que garantam o êxito comercial primordial para a continuidade da companhia.

A peça anteriormente em cartaz no TBC, *Entre Quatro Paredes* (*Huis Clos*), de Sartre, sob direção de Adolfo Celi, causara fortes reações; a igreja católica proibira mesmo seus adeptos de assisti-la, sob pena de excomunhão. A escolha de Sauvajon é feita no intuito de relaxar o público da tensão causada por aquelas apresentações e cumpre sua função alcançando enorme sucesso. Seus diretores, Cacilda Becker e Ruggero Jacobbi, têm por objetivo básico arrancar gargalhadas do público e, para isso, apelam a recursos próprios da farsa. O planejado sucesso de bilheteria a ser atingido por meio da comicidade do texto é corroborado pela montagem uma vez que o teatro é tomado por explosões de riso. O objetivo realiza-se plenamente pois a peça bate todos os recordes de bilheteria e permanece nove semanas em cartaz com

*Os Filhos de Eduardo*, 1950 (ensaio). Cacilda Becker e Ruggero Jacobbi.
Fotógrafo: Fredi Kleemann. Arquivo Multimeios - Divisão de Pesquisas/CCSP.

*Os Filhos de Eduardo*, 1950. Maurício Barroso, Cacilda Becker, Waldemar Wey e Sérgio Cardoso. Fotógrafo: Fredi Kleemann. Arquivo Multimeios - Divisão de Pesquisas/CCSP.

sessões lotadas. A peça é vista por mais de 25 mil pessoas, em suas noventa apresentações. Será uma das dez maiores bilheterias de toda a história do TBC.

Enquanto a comédia *à moda da casa*, *Os Filhos de Eduardo*, está em cartaz, Jacobbi parte para a montagem *à sua moda*: *A Ronda dos Malandros*, adaptação da obra de John Gay.

*Os Filhos de Eduardo*, 1950. Cacilda Becker e Sérgio Cardoso. Fotógrafo: Fredi Kleemann. Arquivo Multimeios - Divisão de Pesquisas/CCSP.

# 8. Zoom n. 2 – A Ronda dos Malandros

*... todo o socialismo romântico é sem solução.*

RUGGERO JACOBBI, "I'm Sorry, Mr. Gay", no programa de *A Ronda dos Malandros*.

*A Ronda dos Malandros* é possivelmente o projeto mais ousado que Jacobbi desenvolve no Brasil e causa seu afastamento do TBC. Seu objetivo inicial é montar a *Ópera dos Três Vinténs*, de Bertolt Brecht; no entanto, diante da clara impossibilidade de levar à cena esse texto, pela certeza de inapelável veto por parte da censura política, decide repetir o procedimento brechtiano, adaptando, por sua vez, o texto de John Gay, *The Beggar's Opera*, de 1728, no qual o autor inglês localiza a crítica social no universo operístico. Os reis e rainhas, personagens da ópera, são transformados pelo autor inglês em mendigos. Gay insurge-se, portanto, contra uma sociedade hipócrita por meio de sua manifestação cultural mais conservadora.

Em 1928, Bertolt Brecht adapta *The Beggar's Opera*, com o nome de *Dreigroschenoper*, em português, *Ópera dos Três Vinténs*. A peça estréia em agosto daquele mesmo ano no Teatro Amm Schiffbauerdamm. O diretor do teatro recém-reformado encomendara um texto a Brecht. A idéia de adaptar a *Ópera dos Mendigos*, de John Gay, escrita duzentos anos antes, surge diante do enorme sucesso alcançado por uma encenação do texto em Londres. A música da nova adaptação é composta por Kurt Weill, cuja parceria com Brecht se iniciara em 1927. A dupla Brecht-Weill tem pouco tempo para adaptar o texto já traduzido para o alemão por Elizabeth Hauptmann. Brecht prepara uma espécie de armadilha para o público burguês, pois lhe oferece o tipo de música de que tanto gosta como chamariz e apresenta-lhe cenas de cáustica crítica social. No elenco, Lotte Lenya, mulher de Kurt

Weill, faz o papel de Jenny, em um espetáculo que é considerado unanimemente como um dos mais importantes acontecimentos culturais do século.

A *Ópera dos Três Vinténs* é encenada por Aleksander Taírov no Teatro Kamerny, em 1930. Entre 1930 e 1931 é produzido pela First-National-Tobis, da Alemanha, um filme em duas versões, ambas com direção de G. W. Pabst, uma alemã: *Die Dreigroschenoper*, e uma francesa: *L'Opéra de quat'sous*. A base é a adaptação de Brecht e é conservada a ambientação vitoriana. Mas o roteiro apresenta enormes variações com relação ao texto brechtiano. Lotte Lenya, também no cinema, faz Jenny[1].

Duas montagens são feitas na Itália. A primeira é realizada no mesmo ano de 1930, por Anton Giulio Bragaglia, e a segunda, em 1943, por Vito Pandolfi. Se Jacobbi não assiste à encenação de Bragaglia, certamente tem notícia dessa montagem ao trabalhar no Teatro delle Arti. Já a encenação de Pandolfi é inclusive comentada por ele no programa de *A Ronda dos Malandros*: "Vito Pandolfi em Roma, apresentou em 1943, às vésperas de sangrentas soluções da crise italiana, uma *Beggar's Opera* totalmente inspirada na revolta intelectual da jovem geração italiana daquele momento"[2].

A análise desses espetáculos no presente estudo visa historiar as montagens italianas que antecederam a encenação de Jacobbi e apontar alguns pontos comuns. O nome do espetáculo dirigido por Anton Giulio Bragaglia, por exemplo, é *La Veglia dei Lestofanti*. A palavra *veglia*, em italiano, tem o sentido de serão, vigília, ronda, e *lestofanti* são os malandros. Ou seja *A Ronda dos Malandros* é o título em português da montagem do *Dreigroschenoper* brechtiano encenado por Bragaglia. Pela primeira vez, um espetáculo produzido pelo Teatro Sperimentale degli Indipendenti sai de sua sede em Roma e cumpre temporada em várias cidades da Itália. A estréia se dá em Milão, no Teatro Filodrammatici. Se Brecht contrapõe de maneira incisiva os ricos e os pobres, e delineia com firmeza as espúrias ligações do poder público com o baixo mundo, Bragaglia, por sua própria situação política, atenua a luta de classes. Conserva, no entanto, o final brechtiano em que o bandido Macheath recebe o indulto da rainha, transformando o espetáculo em uma caricatura da caricatura.

Bragaglia escolhe esse texto tendo em vista o potencial cênico que ele oferece em termos da música, da interpretação e da indumentária para criar um espetáculo a partir do método de encenação já testado nas catacumbas romanas do Teatro degli Indipendenti. Situa a ação em 1830, o que evidencia nos figurinos.

1. Esse papel será vivido no Brasil por Marisa Marcos, uma bela atriz mulata, sem destaque no panorama do teatro brasileiro.

2. "I'm Sorry, Mr. Gay", no programa de *A Ronda dos Malandros*.

Na estréia, da ribalta, antes do início da apresentação, Bragaglia faz um pequeno discurso no qual solicita que o público não se precavenha e se abra para uma fruição dócil e fantasiosa. A fluidez pretendida pela direção esbarra, no entanto, em longas pausas para mudanças de cenários e em uma desordenada sucessão de quadros. O espetáculo resulta irregular. Os vários elementos não se coadunam e entrevêm-se na interpretação dos atores diferentes metodologias de trabalho. Bragaglia é acusado de esmaecer a cor e de tirar o sabor do texto, por insistir em manter-se talvez fiel demais a seu próprio estilo. A inegável qualidade da direção se faz presente na beleza das cenas e no desenho de iluminação que sugere o ambiente e o clima da peça.

A segunda encenação do tema na Itália é realizada por Vito Pandolfi, contemporâneo de Jacobbi, que dirige uma adaptação da *Ópera dos Mendigos*, de John Gay, em 1943. Na encenação de Pandolfi de *L'Opera dello Straccione* (*A Ópera do Esfarrapado*), de John Gay, o protagonista é Vittorio Gassman e entre os outros intérpretes – todos alunos da Accademia d'Arte Drammatica, de Silvio d'Amico – estão Carlo Mazzarella, Luigi Squarzina e Luciano Salce.

Pandolfi, aluno também da Accademia, é preso por causa dessa montagem. O período de ensaios é marcado por um clima de trabalho em que há sobretudo uma "atmosfera coletiva de entusiasmo, de criatividade, de coragem política depois despejada sobre o palco, de convite a ousar, ousar pensar, ousar exprimir-se, que os atores percebiam no ar e depois recolhiam como um sinal dos tempos"[3]. Vito Pandolfi trabalha a partir de uma redução do texto de Gay, uma vez que não pode encenar a *Ópera dos Três Vinténs*, de Brecht, embora essa tenha sido encenada sem problemas por Bragaglia, mas os tempos são outros. A ação é localizada nos anos de 1920, anos de ascensão do fascismo e possivelmente esse é o grande achado da direção que dá ao espetáculo um sentido de provocação. A identificação com a platéia é imediata. O ator Mazzarella faz uma imitação do *duce* e é posteriormente preso com Pandolfi. A invenção e o interdito forjam o libelo ficcional contra o vigente poder opressor. A estréia se dá em fevereiro de 1943, no Teatro Argentina, em Roma. O texto de Gay, até então conhecido como *Opera del(dei) Mendicante(i)*, ou seja, *Ópera do(s) Mendigo(s)*, é um dos mais lidos na Itália naquela fase político-teatral. O título do espetáculo, *L'Opera dello Straccione* (*straccione* tem o sentido de esfarrapado e de miserável em italiano), é um jogo de palavras pois alude ao termo usado em relação ao capitalismo e a Mussolini. Segundo o crítico Giorgio Prosperi, do jornal *Lavoro Fascista*, naquela montagem "foram queimados todos os cartuchos da

3. Marco Martinelli, "In Solitudine Vitae. Una Biografia Teatrale", em Vito Pandolfi, *Teatro da Quattro Soldi – Vito Pandolfi Regista*, Bologna, Nuova Alfa Editoriale, 1990, p. 38.

moda teatral mais avançada"[4]. Prosperi considera também que o espetáculo faz uma crítica óbvia demais, com uma certa frivolidade ao tratar de tema tão grave. No entanto, o grande sucesso que atinge a encenação é atribuído à sua idéia-guia: o conflito entre teatro-fantasia e realidade-tragédia. Pandolfi inclui no texto de Gay, tomado como base do espetáculo, a *clownerie* de Meierhold, citações de Apollinaire, Burns e Coleridge. Um procedimento que tanto imita a pintura cubista quanto reproduz o clima de vanguarda presente já na *Ópera dos Três Vinténs*, de Brecht.

O espetáculo, de fato, passa para a história como um ato contra o fascismo na Itália, reafirmado na declaração de Alberto d'Aversa:

> Porém, um dia, o discreto e pacato diretor D'Amico permitiu que Pandolfi encenasse *A Ópera dos Três Vinténs*, em plena guerra: um espetáculo que foi o documento mais importante da resistência italiana, no Teatro Valle, de Roma... Como se vê, o teatro italiano colaborou, como Brecht, na luta contra o fascismo[5].

Em 1956, no artigo "Cinco Perguntas a Bertolt Brecht"[6], Jacobbi relata seu encontro com o autor e diretor germânico, na platéia do Piccolo Teatro de Milão durante ensaio de *L'Opera da Tre Soldi*, dirigida por Giorgio Strehler. Jacobbi comenta o descontentamento de Brecht em relação à montagem do texto tal como o concebera na Alemanha em 1928, considera que melhor seria que Strehler fizesse uma adaptação para a Itália de 1956. Ou seja, Brecht preconiza que o seu procedimento em relação à obra de Gay seja retomado. Nesse encontro, o autor-encenador alemão afirma lamentar a escolha de Strehler. O diálogo travado entre Jacobbi e Brecht merece ser transcrito.

> – Está portanto satisfeito com a idéia de Strehler de encenar a peça novamente na Itália? – Francamente não. Teria preferido que ele escolhesse outra peça minha. Fiz o possível para dissuadi-lo, mas é teimoso. Considero a *Dreigroschenoper*, assim como está, superada. O que resiste nesta peça é a idéia de John Gay, que é imortal, porém no sentido seguinte: cada época, cada nação, cada teatro pode retomar esse *canevas* e transformá-lo segundo os problemas e as circunstâncias atuais[7].

É importante destacar que o espetáculo de Strehler estréia cerca de cinco anos depois de *A Ronda dos Malandros*. Embora a principal referência para a encenação brasileira seja o texto inglês, a adaptação

4. Giorgio Prosperi, "La Giovane Regia Italiana", em Silvio d'Amico, *La Regia Teatrale*, Roma, Angelo Belardetti, 1947, p. 218.

5. *Apud* Maria de Lourdes Rabetti Gianella, *Contribuição para o Estudo do Moderno Teatro Brasileiro: A Presença Italiana*, São Paulo, Departamento de História da FFLCH/ USP, 1988, p. 48. (Tese de Doutoramento). A cidade em que é levado o espetáculo é de fato Roma, embora o teatro em questão seja o Argentina e o texto, como já destacado, uma adaptação do original de John Gay.

6. *Teatro Brasileiro*, São Paulo, n. 7, p. 41, maio-jun. 1956.

7. *Idem, ibidem.*

contamina-se pela sua correspondente germânica, configurando-se na primeira experiência de teatro de inspiração brechtiana realizada no Brasil. A crítica considera precoce a montagem do espetáculo pois talvez o teatro ou a platéia brasileiros ainda não estejam preparados para um texto/espetáculo com características tão avançadas.

Jacobbi toma o texto como pretexto para a realização do espetáculo. A adaptação e a atualização são realizadas no próprio texto escrito e não apenas a partir da proposta de montagem, em um procedimento que dessacraliza o registro literário e revigora a fábula universal por meio da particularização.

Tomar o texto como pretexto de encenação não é o que o fascina nesse projeto de montagem. Trata-se de uma estratégia utilizada no intuito de viabilizar em cena a pretendida crítica social. No programa da peça, em tom que faz lembrar uma oração, um credo, faz questão de deixar clara sua predileção pela encenação de um texto propriamente dito.

> Acredito – religiosamente, mesmo – no texto literário, na inevitabilidade teatral da literatura dramática, no espetáculo como interpretação. Para mim, é, então, um salto no escuro a encenação de um *pretexto*. Mas juro que não quis brincar de criador ou de mágico. Não acredito nisso. Não quis fazer o espetáculo puro [...]. Então *A Ronda dos Malandros* será, ela também, interpretação de um texto. Só que se trata dessa vez, menos de um texto literário que de um texto psicológico, um *libreto* de sentimentos populares, universalizados pela sua própria ingenuidade histórica[8].

A idéia de teatro puro aproxima-se ao conceito de teatro absoluto, ou seja, em que a cena (o espetáculo) emancipa-se do texto escrito e assume *status* de linguagem autônoma. Jacobbi oscila entre a idéia de uma direção que se mantenha fiel ao texto e a elaboração de um espetáculo teatral em que o texto é um pretexto para a transmissão de uma mensagem política. O pedido de desculpas, em inglês, bem de acordo com o *sense of humour* britânico autoriza a suposição de que o procedimento, embora consentâneo, escapa do plano das convicções estéticas de Jacobbi:

> I'm sorry, mr. Gay, peço desculpas de não apresentar a sua peça, assim como o senhor a escreveu. Também peço desculpas pelas muitas besteiras que serão às vezes atribuídas ao senhor e que pertencem de direito à Carla, ao Maurício e um pouco também ao [assinando o artigo] Ruggero Jacobbi[9].

Cerca de trinta anos depois, a gênese do espetáculo mantinha-se viva na memória de seu idealizador:

> *A Ronda dos Malandros* nasceu da idéia, muito ingênua da minha parte, de encenar a *Dreigroschenoper* de Brecht, com as músicas de Kurt Weill. Isso é o que eu queria

8. "I'm Sorry, Mr. Gay", no programa de *A Ronda dos Malandros*.
9. *Idem*.

fazer. Vendo que a censura nunca teria aceito essa obra, fizemos – com o Maurício Barroso e outros colaboradores[10] – uma adaptação da peça original inglesa do século XVIII, a *Beggar's Opera*, de John Gay. Aliás, era o que o próprio Brecht havia feito em seu próprio tempo, na Alemanha[11].

Se na estréia de *A Ronda dos Malandros* Jacobbi não faz um discurso direto à platéia – como o fizera Bragaglia – dirige-se igualmente ao espectador no programa da peça, solicitando-lhe por escrito um tipo de acolhida similar ao feito por seu mestre na estréia de 1930.

> Sim, preciso de um público ingênuo. Sejam cândidos, por favor. Senão, que fim levará esse gosto de feira-livre e de Luna Park, esta filosofia de analfabetos, esta moral de pequeno materialismo acrítico, esta vulgaridade grossa e simplória dos corpos soltos no palco?[12].

Não há restrições econômicas para a realização da montagem, uma vez que o TBC, naquele momento principalmente, dispõe de recursos necessários para a realização de espetáculos requintados. Fazer a ação transcorrer simultaneamente em diferentes períodos da história: século XVII, início do século XIX e atualidade, em lugar de favorecer uma ampliação da *mens critica*, possivelmente tenha atrapalhado a formulação de uma proposta objetiva. Nesse particular, Jacobbi não toma como parâmetro as montagens antecedentes que, ao localizarem a ação em momentos históricos precisos, evidenciam – às vezes hiperbolicamente até – a crítica social.

Tanto a criação original, como todas as adaptações subseqüentes de *Beggar's Opera*, conferem uma grande importância à música como elemento expressivo. Gay modifica as letras de canções populares muito conhecidas no século XVIII. Kurt Weill compõe especialmente as músicas da adaptação alemã, que depois se tornam famosas em todo o mundo. Vito Pandolfi, por sua vez, convida o compositor de origem rumena Roman Vlad para criar as músicas de sua *L'Opera dello Straccione*.

Jacobbi, acredita que o patético cotidiano é muito bem traduzido musicalmente pelo jazz. São músicas de Duke Ellington e Stan Kenton, entre outros. Em determinados momentos, Jacobbi, pela música, insinua estilos de filmes americanos. Assim, na cena da briga entre Polly e Lucy, vividas respectivamente por Cacilda Becker e Nydia Lícia, para dar uma atmosfera da época do cinema mudo, coloca um solo de piano que lembra os acompanhamentos de filmes de Charles Chaplin. E, na chegada do mensageiro do rei, a música é a marcha de Guilherme Tell,

10. A outra colaboradora da adaptação é Carla Civelli, sua mulher na época, que ele curiosamente não menciona, em 1981. Embora oficialmente a adaptação não seja assinada também por Jacobbi, fica evidente, em depoimentos como esse, sua efetiva participação como adaptador.

11. Programa de televisão *Aventura do Teatro Paulista*.

12. "I'm Sorry, Mr. Gay", no programa de *A Ronda dos Malandros*.

de Gioacchino Rossini, habitualmente tocada em filmes de faroeste para acentuar a emoção causada pela expectativa da chegada do mocinho que deve salvar a heroína. Há, evidentemente, nessas escolhas, a intenção de fazer rir. No entanto, na cena final da peça, para acentuar o sentido místico do poema de Cruz e Sousa, "Litania dos Pobres", interpretado pelo ator Sérgio Cardoso (Macheath), a música é religiosa. Além das conhecidas, integram a trilha sonora duas músicas especialmente compostas para o espetáculo pelo maestro Enrico Simonetti, cujas letras são escritas pelo próprio Jacobbi: Mulher de Ninguém e *J'avais un coq*. Essas letras, no entanto, não constam do texto da peça. Há também a inserção de músicas e sons que favorecem a instalação de determinados climas, como o realejo que abre o espetáculo.

No prólogo, inteiramente em versos, Walter Tristeza enaltece Macheath pelos assassinatos, rasteiras, defloramentos, casamentos, condenações e fugas por ele perpetrados.

Dolores e Walter Tristeza descrevem, cantando em dueto, a ópera que compuseram sobre o capitão Macheath. O prólogo termina com um cartaz, ao gosto do distanciamento brechtiano, no qual está escrita a frase: "Preocupações domésticas de um protetor de pobres".

A introdução de Gay, que assim denomina o seu prólogo, tem como personagens o ator e o mendigo. Aquele, após fazer o elogio das musas, revela, em uma espécie de dedicatória, que a ópera foi originalmente escrita para celebrar as núpcias de dois excelentes cantores de baladas inglesas. O ambiente em que Gay localiza a ação é teatral. Na adaptação brasileira, a ação é situada no antro da bandidagem londrina. Brecht localiza o prólogo na feira anual de Soho, em que mendigos, ladrões e prostitutas estão em ação, enquanto um cantador narra os feitos de Macheath.

A primeira cena do primeiro ato tem como cenário o interior da casa de Johnny Aranha, a exemplo dos textos de Gay e Brecht. A cena apresenta as circunstâncias sociais e morais nas quais vai desenvolver-se a ação da peça e o clima de sátira é reforçado pela menção a personagens de histórias em quadrinhos: o assalto de Pó de Mosquito no apartamento de Garfield e o fascínio de Mão de Luva por Minnie, que o faz sair em seu encalço, abandonando o posto no qual deveria permanecer. Pó de Mosquito considera-se deslocado como mendigo, uma vez que tem vocação para assassino. Johnny Aranha acusa Mão de Luva de dar dinheiro para as mulheres e Billy Chaveco de enganá-lo nas porcentagens da firma. Tommy Coringa volta de uma visita à cadeia onde encontrou Ned Pechincha, que reclamou da marca dos cigarros, e Marta, a Morena, que arranjou uma gravidez para enfrentar o tribunal. James Carrasco foi considerado culpado. Berta, a Raposa, não será deportada por ser mais útil na Inglaterra. Johnny mantém arquivadas provas de todos os crimes cometidos por seus *protegidos* e ameaça-os com chantagens e revela sua amizade com Joe Ferrolho, o novo diretor da prisão. Em seguida, passa a fazer um levantamento das atividades dos integrantes do bando e, decidido a fazer alterações no quadro de *colaboradores*, comenta o prêmio de quarenta libras pago ao delator, pelo qual se sente grandemente atraído.

O casal Aranha elogia a beleza e a virgindade da filha e preocupa-se com seu interesse pelo capitão Macheath, lembrando-a das desvantagens de um matrimônio, principalmente com um jogador mulherengo e ladrão como ele; trata-se da cena que recebe maior número de cortes por satirizar violentamente o casamento.

Surpreendido pela notícia de que o casamento já se realizara, Johnny Aranha decide delatar Macheath, visto que assassiná-lo não seria lucrativo, pois a partilha de seus bens deve ser feita entre a grande quantidade de esposas que tem. Polly fica indignada com a decisão dos pais e, vendo Tommy Coringa sair sorrateiramente do quarto de sua mãe, percebe logo que foi ele quem revelou o seu casamento. Polly obriga Bob Casanova a arrombar o cofre em que encontra a lista de acusações contra seu marido. A seguir, ordena-lhe que vá atrás de seu marido para dizer-lhe que desapareça por uns tempos.

Gay faz críticas diretas a profissionais liberais, como advogados e cirurgiões, sempre comparando-os com os integrantes do bando e suas especialidades. Brecht, por sua vez, faz Peachum explicar as dificuldades de seu trabalho para despertar a compaixão humana e o auxilia nessa tarefa por meio de cartazes como "É dando que se recebe".

O segundo cartaz colocado por Walter Tristeza é: "Honestas alegrias de um dia de festa em Soho". Ele também efetua a mudança de cenário, enquanto faz a apresentação das "rainhas da noite". Tratase, portanto, de uma somatória de procedimentos anti-ilusionistas brechtianos: o cartaz, a mudança de cenário à vista do espectador e a enunciação do texto diretamente à platéia. Ao final de sua fala, a taverna está montada e as seis moças sentadas às mesas lamentam não terem comparecido ao casamento de Macheath.

Mme. Aranha convence Lady Diana, a dona do bordel, a atrair Macheath para a taverna para que consigam apanhá-lo. Chegam à taverna Pó de Mosquito, Mão de Luva, Walter Tristeza e Billy Chaveco e, sentados às mesas, comentam a atuação de outros bandidos. Macheath chega em seguida e acusa Johnny Aranha de querer desviá-los da "profissão audaciosa e brilhante de bandidos [...] para exercer a ridícula e burguesa profissão de mendigos!". Macheath revela que vai se retirar por uma semana até que os ânimos se serenem. Encontrará seus comparsas no esconderijo do bosque.

Se Johnny Aranha, referindo-se a Macheath, pontificara: "Jogadores e ladrões sempre foram ótimos amantes e péssimos maridos!", Macheath, por sua vez, reafirma seu amor a Jenny Pimenta da seguinte forma: "Eu amo as mulheres espirituosas e inteligentes [...] elas são ótimas amantes e péssimas esposas" em uma ironia que tem como cúmplice a platéia.

Macheath flerta com todas as "rainhas da noite" que lhe contam suas façanhas no mundo da contravenção. Descrevem de que modo conseguem enganar os homens, distraindo-os para roubar. Mimi, a Princesa, canta a Canção do Galo. Conforme acertado entre Mme. Aranha e Lady Diana, ele acaba ficando com Rosalind, que lê em sua mão um grande *T* de traição e aponta-lhe um revólver, ao mesmo tempo em que surgem Johnny Aranha, Lady Diana e quatro guardas armados que levam Macheath preso para a cadeia de Newgate. O ato termina com as moças e Walter Tristeza sintetizando os acontecimentos daquela noite em Soho. A última frase é: "Depois, sobre os tetos de Soho, apareceu a lua cheia".

Na abertura do segundo ato, o cenário evoca a cadeia de Newgate e está dividido em duas partes: à esquerda, o gabinete de Joe Ferrolho, o diretor da prisão, e, à direita, uma cela. Lucy, grávida de Macheath, implora a Joe, seu pai, que libere seu grande amor, Macheath. Joe, irritado com o pedido da filha, oposto ao de Aranha, de encarcerá-lo, manda-a sair. Macheath exige que Joe o solte, mas esse, como resposta, ordena aos guardas que o levem. Antes, porém, Joe oferece-lhe correntes para atá-lo ao preço de dez libras, que o prisioneiro concorda em pagar. Essa parte da adaptação beira o *nonsense* e se distancia muito da crítica ao sistema carcerário feita por Gay em que os prisioneiros são obrigados a pagar altas taxas.

Lucy visita Macheath em sua cela e pede explicações sobre seu recente casamento. Ele, cinicamente, afirma que se trata de invenção de Polly, faz-lhe juras de amor e casamento, desde que um padre venha oficiá-lo. Polly sai imediatamente à procura do padre.

Em seu gabinete, Joe e Aranha discutem sobre a divisão do dinheiro da delação, a cumplicidade que os une e as estratégias para salvaguardar sua sociedade. Na cena seguinte, Joe Ferrolho revela à sua filha que Mac será enforcado. Deseperada, Lucy fala com Macheath. Esse considera que poderá comprar sua liberdade pagando cinqüenta libras a Joe. Ela tenta esclarecer que a solução não é tão simples assim, quando chega Polly que, encontrando a porta da cela fechada, põe-se a falar do lado de fora, sem ter consciência de que Lucy lá está. Menciona seu casamento, provocando forte reação de Lucy, o que trai sua presença. As moças começam a se ofender mutuamente e, quando a porta é aberta, partem para o confronto físico. Mac aparta-as, negando seu casamento com Polly. Lucy, por sua vez, revela a gravidez. Os insultos tornam-se cada vez mais violentos até que entra Mme. Aranha e arrasta Polly para fora.

Na cena seguinte, Lucy começa a seduzir o guarda de plantão, para favorecer a fuga de Mac, mas é interrompida pela entrada de Walter Tristeza que coloca o terceiro cartaz no palco, com os dizeres um pouco estranhos: "Tragédia eventualmente", comunica que Macheath está livre e adverte sobre os perigos de um bandido solto pela cidade.

*A Ronda dos Malandros*, 1950. Nydia Lícia, Glauco de Divitis.Fotógrafo: Fredi Kleemann, Arquivos Multimeios - Divisão de Pesquisas/CCSP.

*A Ronda do Malandros*, 1950. Ildo Pássaro, Sérgio Cardoso, Frank Hollander, Glauco de Divitis. Fotógrafo: Fredi Kleemann. Arquivo Multimeios - Divisão de Pesquisas/CCSP.

*A Ronda dos Malandros*, 1950. Marina Freire, Cacilda Becker, Nydia Lícia e Sérgio Cardoso. Fotógrafo: Fredi Kleemann. Arquivo Multimeios - Divisão de Pesquisas/CCSP.

*A Ronda dos Malandros*, 1950. Holanda Maria, Elizabeth Henreid, Sérgio Cardoso, Zilda Hamburger, Marisa Marcos e Zilah Maria. Fotógrafo: Fredi Kleemann. Arquivo: Multimeios - Divisão de Pesquisas/CCSP.

*A Ronda dos Malandros*, 1950. Maurício Barroso, Holanda Maria, Marisa Marcos, Milton Ribeiro, Elizabeth Henreid, Ruy Affonso. Fotógrafo: Fredi Kleemann. Arquivo Multimeios - Divisão de Pesquisas/CCSP.

*A Ronda dos Malandros*, 1950. Holanda Maria, Ricardo Campos, Milton Ribeiro, Marisa Marcos, Maurício Barroso, Zilah Maria, A.C. Carvalho, Elizabeth Henreid, Zilda Hamburger, Ruy Affonso; primeiro plano: Sérgio Cardoso. Fotógrafo: Fredi Kleemann. Arquivo Multimeios – Divisão de Pesquisas/CCSP.

*A Ronda dos Malandros*, 1950. Rachel Moacyr, Glauco de Divitis, Waldemar Wey. Fotógrafo: Fredi Kleemann. Arquivo Multimeios – Divisão de Pesquisas/CCSP.

Na praça, bandidos e prostitutas cantam e dançam. Rosalind, destacada do conjunto pela iluminação de um lampião, canta uma triste canção. Os demais, aos poucos, começam a dançar em ritmo lento. Em um *coup de théâtre*, numa repentina mudança de luz e som, irrompe Macheath, mata Rosalind com dois tiros de revólver no coração e sai.

Na cela de Newgate vazia, Joe Ferrolho exige explicações de sua filha, que acaba por confessar sua culpa, mas atribui sua falha à paixão por Macheath. Depois da saída de Lucy, Joe Ferrolho começa a considerar que tudo pode ter sido armado por Johnny Aranha para prender Macheath e ganhar sozinho as quarenta libras. Joe convoca um elemento do bando de Johnny, Tommy Coringa, que está esfalfado por substituir Macheath em seu afã de engravidar as prisioneiras de Newgate, para adiar os seus julgamentos. Tommy revela que o paradeiro de Macheath é a casa de Lady Diana.

Walter Tristeza coloca o quarto cartaz: "As coisas andam pretas", ao mesmo tempo em que, em versos, comenta o que sucede. No cenário da praça, Polly pede a Walter notícias de Mac que a aconselha a procurar Lucy. Joe pergunta a Johnny Aranha e a Lady Diana, sempre na praça, o que estão tramando. Os três definem as respectivas porcentagens do prêmio pela captura de Macheath, que dobrou após o assassinato de Rosalind.

Johnny, seguindo um plano pessoal secreto, chama Bob, Billy, Pó de Mosquito, Walter, Mão de Luva, e comunica-lhes que vai viajar para longe, às oito horas da manhã, ou seja, dali a quatro horas, e deixa para Joe seus arquivos. Eles poderão ser informados de alguma mudança de idéia se comparecerem antes das oito em sua casa, acompanhados, evidentemente, de Macheath. O bando encontra-se em uma *sinuca*, mas, para salvar a pele, decide-se pela delação.

O som é novamente o do realejo da abertura, passam prostitutas de volta para casa. A seguir, Lucy e Polly encontram-se, entrando cada uma de um lado do palco. Concordam que não têm culpa se amam o mesmo homem, e se perguntam se a culpa não será dele. Não sabem onde ele está. Depois da frase: "Acho que vamos ser duas boas amigas", a cena acaba com a chegada de Mme. Aranha, que chama Polly para ver o lindo vestido de viúva que mandou fazer para ela.

Há um *black-out* em que se ouve o rufar de tambores que se transforma na introdução da marcha fúnebre, ao mesmo tempo em que a cena é iluminada: no centro há uma forca. Entram, com passo solene, aqueles que os adaptadores denominam de *colunas da sociedade*: Johnny, Joe, Mme. Aranha, Lady Diana e Tommy Coringa. Depois, os bandidos e as prostitutas tomam seus lugares na praça. Após novo rufar de tambores, entra Macheath, escoltado por dois guardas. Por fim, irrompem em cena Lucy e Polly que se ajoelham, chorando, aos pés de Macheath. Os respectivos pais afastam e amparam as filhas.

Macheath toma um gole de uísque e fuma um cigarro antes do discurso final em que se desculpa com todos, inclusive com Deus, mas exclui o estado, a polícia, os advogados e usurários, por não merecerem qualquer consideração. Lembra ainda que já teve confiança na beleza da natureza, na poesia dos campos e das ruas, e na bondade dos homens. E que, apesar de tudo, vale a pena tentar mudar o mundo.

Macheath já está com a corda no pecoço quando Dolores, com um grito, interrompe a ação. Enquanto os demais personagens/atores *congelam* como fantoches imóveis e sem expressão, Dolores pede satisfações a Walter Tristeza quanto ao final, uma vez que haviam decidido fazer uma ópera alegre, com final feliz. Decidem, então – inspirados em um *deus-ex-machina* brechtiano –, fazer entrar um mensageiro do rei, e a um gesto de Dolores, o grupo recomeça a se movimentar em pantomima de surpresa e alegria, em ritmo de marcha triunfal. Macheath, perdoado por sua majestade, ficará sob os cuidados do Ministro do Interior, que deverá fazer dele um diplomata ou um espião. Música, dança e *black-out*.

No epílogo, a luz "é sinistra e esverdeada, uma luz de aquário ou de túmulo" e o cenário da praça está vazio. Ao som de um canto coral, em ritmo lento e nostálgico, retornam as personagens, mas agora com máscaras grotescas, cheias de feridas e chagas. Entre eles, está Macheath, sem máscara, que avança lentamente para o centro do palco, onde diz o poema de Cruz e Sousa, "Litania dos Pobres". Ao fundo da cena, os mascarados fazem movimentos de dor, ajoelham-se, levantando os braços para os céus. Na seqüência, fazem movimentos de marcha militar, a pantomima se torna mais livre e ágil, as personagens tentam tirar suas máscaras, até que conseguem, e surge uma fortíssima luz. Os movimentos de "gloriosa alegria" são feitos agora ao som de um coral místico e solene. A peça termina com todos rindo e olhando para o alto e para longe "quase esperando uma mensagem sublime".

Jacobbi revela a consciência da ousadia da montagem:

> E era um espetáculo absolutamente fora do comum e fora das regras para a época, que era uma época de respeito absoluto aos textos escritos. Esse texto que não se sabia se era do autor, se era do encenador ou se era de uma equipe, era alguma coisa, na época, inconcebível. E todo mundo veio assistir um pouco com ar de suspeita[13].

É importante registrar que, embora o espetáculo seja de grande complexidade, sua preparação é feita em breve espaço de tempo: menos de dois meses de ensaios, se pensarmos que *Os Filhos de Eduardo*, espetáculo estreado em 14 de março de 1950, além de contar com o mesmo diretor, é realizado basicamente pelos mesmos atores que

13. Programa de televisão *Aventura do Teatro Paulista*.

fazem *A Ronda dos Malandros*. É estranho que nenhum crítico faça sequer menção à atuação de Sérgio Cardoso, tão elogiado em espetáculos anteriores a esse.

Na adaptação, além de Soho ser diversas vezes transformado em Sonho, há outros erros de datilografia, gramaticais, de grafia de palavras, o que revela certa falta de cuidado motivada, talvez, pela escassez de tempo. Ressalve-se que se trata de um texto a ser enviado para a censura, sem finalidade literária ou editorial, portanto, e que ao ser colocado em cena deve ter sido alterado em virtude de sua já apontada característica de *canovaccio*.

Os cartazes da adaptação brechtiana ampliam o espectro da crítica social por meio da inclusão da igreja católica, uma vez que os seus dizeres são, em geral, de inspiração cristã, como por exemplo: "Aquele que dá é mais feliz do que aquele que recebe" ou "Não se faça de surdo ao pedido do miserável" etc., o que cria um interessante contraponto com a exploração de mendigos que é feita por Peachum. Embora a tradução/adaptação brasileira inclua cartazes, eles não têm a força da denúncia, limitando-se a reiterar ou a antecipar a ação. Deles constam os dizeres: "Preocupações domésticas de um protetor de pobres", "Honestas alegrias de um dia de festa em Soho", "Tragédia eventualmente" e "As coisas andam pretas". As expressões "protetor de pobres", relativa a Johnny Aranha, e "honestas alegrias", referentes à confraternização entre bandidos e prostitutas, têm um objetivo irônico evidente. A alusão à religiosidade restringe-se ao epílogo, no qual, além da música sacra, existe a expectativa de que, por fim, uma mensagem sublime venha dos céus.

Em seu filme, Pabst faz o narrador retornar várias vezes, além do prólogo, para ligar os episódios e esclarecer situações. Quem tem essa função no espetáculo brasileiro é Walter Tristeza, que algumas vezes é secundado por Dolores. Pouco antes do epílogo, por exemplo, Tristeza esclarece: "a vida nem sempre vai de acordo com as aspirações dos escritores". Dolores sugere que ele invente rapidamente algo para que o "público não fique triste e desapontado".

A sátira contra os poderosos de Gay é transformada por Brecht em reivindicação das classes proletárias oprimidas. O dramaturgo alemão acrescenta a cena do casamento entre Macheath e Polly e transforma a esposa em chefe do bando, depois da fuga de seu marido. Macheath é preso por duas ocasiões, sendo que, na segunda, Peachum ameaça fazer uma passeata de miseráveis durante as comemorações do aniversário de coroação da rainha. É criação de Brecht, que a adaptação brasileira incorpora, a concessão da graça por parte da rainha a Macheath, a quem é conferido também um título de nobreza. No filme de Pabst acontece, diante do cortejo real, a marcha muda dos mendigos de corpos deformados e rostos contraídos, cuja revolta é expressa em cartazes, como: "Deus nos fez à sua imagem e semelhança". Se

Jacobbi não vê o filme de Pabst, provavelmente tem em mãos a tradução do texto de John Gay para o italiano, feita por Vinicio Marinucci, que data de 1943, na introdução da qual consta uma descrição da cena final do filme.

É um final totalmente diferente do original inglês. Gay faz uma fusão entre realidade e ficção; não mostra o enforcamento de Macheath, apenas o sugere, e traz à cena, novamente, o mendigo e o ator do prólogo que discutem o fim da peça, visto que uma ópera deve ter, necessariamente, um final feliz. Macheath volta à cena conduzido por uma multidão de mulheres. O mendigo diz a moral da história, ou seja, os pobres e os ricos cometem crimes iguais, mas só os pobres são punidos. Por fim, Macheath dança apenas com Polly, e na letra da música final, uma segunda moral, que não diferencia classes sociais: embora o homem goste de mulheres de todos os tipos, deve ficar com uma só.

A inserção do poema de Cruz e Sousa parece ser a solução dada pelos adaptadores, no Brasil, para que o final da peça esclareça o sentido pretendido pela montagem.

O texto é enviado à Secretaria de Estado dos Negócios da Segurança Pública, Departamento de Investigações, Divisão de Diversões Públicas, em 13 de abril de 1950. Quem assina o pedido de censura da comédia em dois atos e um prólogo, no qual consta como autor John Gay e como tradutores Carla Civelli e Maurício Barroso, é Franco Zampari, diretor tesoureiro do TBC. Em 24 de abril do mesmo ano, a representação da peça é impugnada por contrariar o artigo 188, do decreto 4.405, de 17 de abril de 1928, "relativamente ao que diz respeito à ofensa à moral e bons costumes, induzir à prática do crime e agressões com tendência à desagregação à nossa sociedade atual". A proibição do texto é revogada em 2 de maio de 1950, pelo mesmo censor que o impugnara, Benedito Geraldo da Rocha Corrêa, mas com restrição para menores de dezoito anos e observância dos cortes realizados. Em 3 de maio, é finalmente expedido o certificado de censura, sob n. 1003, em resposta ao requerimento enviado por Cid Leite da Silva, em nome do TBC. O texto cortado, acompanhado de solicitações e certificados, faz parte do chamado Arquivo da Censura que, por iniciativa do professor Miroel Silveira, integra o acervo da Biblioteca da Escola de Comunicações e Artes da Universidade de São Paulo. Imagina-se que as dores de cabeça de Zampari para providenciar a liberação do espetáculo não sejam pequenas e a perspectiva de ter uma montagem de custos elevados interditada não se coaduna, certamente, com os seus princípios empresariais. A peça estréia, finalmente, em 17 de maio de 1950.

A maior parte dos cortes diz respeito à relação entre homens e mulheres que é colocada em xeque, principalmente, pelo desmascaramento do jogo de interesses econômicos como base do casamento, presentes já no texto original de Gay. Com os cortes, no entanto, o propósito de colocar o bordel como contraponto da falência daquela instituição desaparece. Qualquer expressão que possa, de alguma forma, macular os princípios da moral vigente também é proibida pela censura. Os principais trechos censurados, que deixamos em itálico, relativos a esse tema são:

WALTER TRISTEZA – *....deflorou....*
WALTER TRISTEZA – *...na cama das prostitutas...*
JOHNNY – *Há mulheres casadas que fazem o possível para atrapalhar o serviço honesto das prostitutas...*
JOHNNY – ... arranjando aquela *barriga* na última hora. Mulher *grávida* é sempre um grande negócio nos tribunais.
MME. ARANHA – *...e então, se não casas depressa, acaba perdendo a honra e tornando-se para sempre uma... bem, uma de nossa freguesia.*
MME. ARANHA – Polly deveria ser diferente das outras *esposas* e amar somente ao marido?
JOHNNY – Mas *se você fizer a besteira de se casar*, então deverei concluir que a minha filha é uma mulher à-toa.
MME. ARANHA – A gente veste, arruma, enfeita... A burrinha fica bonita como uma princesa... e corre para a *desonra*! Ah, Polly, se você tivesse morrido, eu não sofreria tanto assim!
JOHNNY – *Mas, afinal, mulher, que foi que ela fez?*
MME. ARANHA – *O que foi que ela fez? Casou-se!*
JOHNNY – *Inconsciente! Sem vergonha! Casou-se!*
MME. ARANHA (Chorando) – *Casou-se!*
JOHNNY – [...] Você não compreende, Polly, que esse homem está correndo atrás do seu dinheiro! *(Com desprezo) Casar! Então você pensa que a sua mãe e eu teríamos vivido tanto tempo em boa harmonia se fôssemos casados?*
JOHNNY – *[...] você está perdida ou não?*
POLLY – *Que é que o senhor entende por perdida?*
JOHNNY – *Perdida quer dizer casada!*
MME ARANHA – *Mas, da primeira vez que uma mulher cai, não devia fazê-lo de graça, porque essa é a maior oportunidade que ela tem de fazer fortuna! Depois o caso é diferente: é só ter cuidado para não ser descoberta, e pode fazer o que bem entende...*
JOHNNY – Mas, *casar!* Por essa eu não esperava!
MME. ARANHA – Fiz de tudo para dar à minha filha uma educação *honesta...*
MME. ARANHA – Mas acho que não deixará de ter suas necessidades *de homem.*
JOE FERROLHO – *Pôs um filho na tua barriga*, saiu pela porta.
LUCY – *Olhe-me bem, olhe-me, capitão Macheath! Aqui está a minha vergonha! Grávida! Grávida.*

LUCY – *Prostituta!*
POLLY – *Galinha!*
LUCY – *Grávida!*
POLLY – *Grávida?*
LUCY – Sim, senhora, *grávida!*
POLLY – Ah, está *grávida, sem vergonha!* [...] *Prostituta!*
LUCY – A boca ficou colada nos lábios de Mac *e tudo o mais foi atrás dela...*

Foram censuradas também, ao longo do texto, outras vezes em que aparecem palavras como: prostituta e galinha. Mas a fala de Mme. Aranha: "um mulher casada é uma libra de ouro, estampilhada com o nome do marido, e por isso tem valor legal e pode ser usada livremente por qualquer um" não recebe corte, revelando certa imperícia da censura. Talvez o termo *estampilhada* a tenha confundido, deixando escapar um sentido fortemente pejorativo.

Os cortes abrangem críticas feitas à Justiça:

Johnny – *O importante é convencer a justiça de que se trata de homícidio não premeditado.*

A crítica à justica social também não pode ser enunciada:

MÃO DE LUVA – *Nós só queremos justiça. Somos pela justa divisão das coisas do mundo...*
PÓ DE MOSQUITO – *Então todo o homem não tem o direito de gozar a vida?*
BILLY CHAVECO – *Somos os que tiramos da humanidade o que está sobrando. O mundo está cheio de pãos-duros e eu detesto pão-durismo! Eles guardam aquilo que não sabem aproveitar, só para impedir que os outros aproveitem...*
WALTER TRISTEZA – *O pão-duro, sim, é que está roubando a humanidade!*
BILLY CHAVECO – *Claro! O dinheiro foi feito para se gastar e não para guardar em colchão!*
MÃO DE LUVA – *Tem toda a razão! Então vamos destripar os colchões que estão gordos demais! Coragem, turma!*

A polícia não deve ser recriminada em cena, mesmo em se tratando de ações pontuais:

MACHEATH – *Seu pai vive disso: ganha dinheiro para soltar os presos...*
TOMMY – *Desde que o nosso primeiro fornecedor de meninos se aposentou, tenho feito o possível para ganhar uns cobres ajudando*

*as damas da prisão a arranjar uma gravidez legal, afim de adiar o julgamento...*

Criticar a ação dos políticos é, evidentemente, proibido:

MACHEATH – À minha querida Lucy recomendo que encaminhe meu filho para a carreira política; *assim poderá fazer tudo o que eu fiz – roubar, matar, gozar a vida sem se que incomodar com a Lei e sem ter que acabar assim, na forca...*

A instituição militar também não pode ser atingida pela crítica no teatro:

MACHEATH –É mil vezes melhor ser *general* dos ladrões do que ser *general* e ladrão.

A palavra general é substituída na montagem pela palavra líder.

Mais uma vez a crítica-denúncia aos desmandos dos poderosos é vetada, na frase que traduz mesmo a moral da história:

DOLORES – *Você está louco, meu filho! Na realidade o que se passa é o seguinte: os sujeitos como Macheath acabam mal, a não ser que tenham pistolões.*
WALTER – *É verdade.*

Escapa à censura o trecho da cena final no qual é feita a leitura da mensagem de sua majestade que relaxa a prisão de Macheath e indica sua condução ao ministro do interior, que deve dar-lhe uma educação capaz de torná-lo um "diplomata ou um espião".

É claro que a censura prejudica muito o resultado final, pois a atitude mordaz de estabelecer paralelos entre a prostituição, o roubo, a mendicância e a venda de favores nas instituições sociais é muito atenuada no espetáculo brasileiro. Perde-se também grande parte do humor cáustico original.

Sem mencionar a atuação da censura, antes reclamando de excessos relativos à chamada *vida fácil* trazidos à cena, malgrado os cortes, o crítico da *Gazeta* assim exprime sua opinião:

> Restava na *Ronda dos Malandros* conservar a sátira política. Esta ficou, de modo breve, e o seu mais corajoso momento é Macheath dizer que "é melhor ser líder de ladrões do que líder e ladrão". Demasiada importância se deu, na *mise en scène*, à reunião das *rainhas da noite*. No fundo é um bordel. Isto não é bom[14].

14. O. N., "*A Ronda dos Malandros* no Teatro Brasileiro", *A Gazeta*, São Paulo, 23 maio [1954?] (arquivo Maria Thereza Vargas).

Diferentemente da informação contida na revista *Dionysos* de que a inclusão de versos de Cruz e Sousa, "Litania dos Pobres", é cortada do espetáculo pela polícia[15], o que sucede de fato é que o organismo oficial não corta o poema final, inserido por Jacobbi "que evidentemente ninguém censurou pois era um texto clássico da poesia brasileira. Censuraram a maneira gestual com a qual era apresentado. Havia gestos de revolta (levanta o punho cerrado) que acompanhavam o poema"[16].

A atitude de Jacobbi, ao escolher o texto e trazer elementos nitidamente de esquerda para a cena, provocou forte expectativa entre os freqüentadores do TBC, de tal forma que

> já na estréia se sentia um certo nervosismo. Alguns souberam pelo Guilherme de Almeida, que era o conselheiro literário do TBC, que eu terminava essa peça inglesa, do século XVII, com um poema do Cruz e Sousa, "Litania dos Pobres", o que parecia a maior loucura do ponto de vista literário, estilístico. Apesar disso, o espetáculo tinha força[17].

Vários críticos conceituados da época consideram a montagem bastante fraca, o que reforçou a decisão de Franco Zampari de interromper sua temporada. Décio de Almeida Prado situa o principal problema na adaptação do texto. Carla Civelli e Maurício Barroso, segundo ele "pessoas inteligentes e conhecedoras do teatro, mas que não eram então e não se tornaram depois dramaturgos ou comediógrafos" e que "fizeram o que estava ao seu alcance fazer: Uma adaptação"[18]. Almeida Prado considera o texto "meio descosido", e não lhe agrada também a inserção de elementos nacionais. Em seu comentário: "puseram coisas brasileiras no meio"[19], deixa transparecer um certo preconceito em relação à proposta de policulturalismo.

No entanto, a montagem, por aspirar à atualização da cena, teria que contar com um

> [...] autor com força dramática suficiente para pensar as situações e as personagens das duas peças anteriores em termos inéditos e próprios [...]. Só assim teríamos uma verdadeira peça de teatro una e coesa, e não, como aconteceu, uma mistura de elementos de procedência diversa, alguns de fato novos, outros datando do expressionismo alemão e outros ainda do século dezoito[20].

15. *Dionysos* / TBC, p. 45.
16. Ruggero Jacobbi em entrevista a M.L.R. Gianella, *Contribuição...*, *op. cit.*, pp. 333-334.
17. Programa de televisão *Aventura do Teatro Paulista*.
18. Décio de Almeida Prado, "Teatro Brasileiro de Comédia Revê os Seus 50 Anos", *O Estado de S. Paulo*, Caderno 2, p. D7, 10 out. 1998.
19. Décio de Almeida Prado em entrevista à autora em 18 de setembro de 1998.
20. Décio de Almeida Prado, "A Ronda dos Malandros", *O Estado de S. Paulo*, Coluna Palcos e Circos, recorte sem data (arquivo Maria Thereza Vargas).

O descompasso entre o projeto e a realização do espetáculo transforma, para o crítico Décio de Almeida Prado, o experimento em ousadia ao inverter a "hierarquia natural dos valores", ou seja "colocar o espetáculo antes e acima do texto", uma vez que, como afirma, não se pode "infringir impunemente certos princípios fundamentais da arte do teatro", embora considere que "tudo o que há de mais original em *A Ronda dos Malandros* refere-se à encenação"[21]. Nessas observações está presente a diferenciação entre espetáculo absoluto e espetáculo condicionado, freqüentemente analisada por Jacobbi.

Segundo Almeida Prado, os espectadores permaneciam "à margem dos acontecimentos, sem lhes apreender a razão de ser, a significação" em função, possivelmente, do que vivenciou o crítico: "aquela sensação incômoda de que a peça não se comunicava, não atravessava a ribalta, de que faltava alguma coisa capaz de fundir aqueles elementos todos"[22]. Essa observação, aliás, fica muito próxima da feita pelos críticos italianos sobre *La Veglia dei Lestofanti*, de Bragaglia.

Alfredo Mesquita, dezoito anos depois, descreve o sucedido:

> Depois [...], *estrepou-se todo* com a *Beggar's Opera*, de John Gay, numa lamentável adaptação de sua então esposa Carla Civelli, apresentada sob o título de *A Ronda dos Malandros*. Foi logo no principinho do TBC. Quando Carlos Vergueiro veio, animadíssimo, como sempre, anunciar-me a grande novidade: Franco ia montar a peça tornada famosa pela adaptação de Brecht, espantei-me. "Já?", perguntei. Achava a experiência prematura. Era. Depois da estréia as críticas foram arrasadoras. Pela primeira vez, creio, para o TBC. Estando fora de São Paulo e sabendo existir as nefandas e constantes panelinhas que tanto prejudicavam – como ainda prejudicam – o desenvolvimento do nosso teatro, pensei que talvez houvesse má vontade no caso... Não havia. Vim especialmente assistir à peça. Desoladora. Um engano total desde a distribuição. Salvava-se, quando muito, a cena entre Cacilda Becker e Nydia Lícia, o resto... E a peça – de montagem caríssima – ficou apenas alguns dias em cartaz. Desgostoso com a derrota, Jacobbi abandonou o TBC, fundando, com Madalena Nicol e Sérgio Britto, uma companhia própria. A primeira saída do TBC. Houve outras logo depois...[23]

É evidente que a versão de Alfredo Mesquita destoa fragorosamente daquela de Jacobbi.

Nesse sentido, faz-se necessário esclarecer alguns pontos. O primeiro refere-se às relações de amizade decorrentes do apoio dado pelo empresário à atividade teatral diversificada que tem início na cidade de São Paulo, nos anos quarenta, pela ação de dois grupos amadores de teatro: o GUT, Grupo Universitário de Teatro, dirigido por Décio de Almeida Prado, e o GTE, Grupo de Teatro Experimental, dirigido por Alfredo Mesquita, que se tornam as células *mater* do teatro paulista, a

21. *Idem, ibidem.*
22. *Idem, ibidem.*
23. Alfredo Mesquita, "Os Diretores Italianos no TBC – II: Ruggero Jacobbi", *A Gazeta*, São Paulo, 10 set. 1968, p. 15 (arquivo Maria Thereza Vargas).

partir das quais o empresário Franco Zampari, reconhecendo-lhes o devido mérito, decide criar a primeira companhia estável de São Paulo, em um pequeno teatro, a exemplo do que acontecia de mais moderno na Europa. Ambos diretores amadores provêm da alta sociedade paulista. Se Jacobbi, ao comentar sua empreitada, que Décio denomina mesmo como *aventura*, considera-a uma ingenuidade de sua parte, está certo, pois, politicamente, ele não tem força ou poder para alterar a realidade do TBC. Na condição de contratado da companhia, Jacobbi é, indiscutivelmente, o elo mais frágil da corrente; passível, portanto, de ser afastado ou pelo menos neutralizado durante um período, para não colocar em risco a seqüência do projeto de Zampari, cujo empreendimento pressupõe a presença de um público de classe A, ou seja, à semelhança do *abbonato* italiano[24], um público constante que comparece às produções que se sucedem em ritmo determinado.

O excesso de confiança por ter dirigido, no momento imediatamente anterior àquele, espetáculos que são sucessos de público e de crítica, e a expectativa de dispor, conseqüentemente, de um período mais longo de ensaios podem ser apontadas como causas de certa displicência na condução desse trabalho por parte de Jacobbi, apontada pelo crítico Décio de Almeida Prado:

> Naquela época eu tinha muito contato com o TBC porque eu dava aulas na Escola de Arte Dramática no mesmo prédio. Dava aula descia e, no bar, estava lá o pessoal do TBC, então eu estava em contato quase que diário. [...] E a versão que correu lá é que o espetáculo estava com a estréia marcada para uma quarta-feira. Geralmente a peça saía no domingo e entrava outra na quarta-feira. Na segunda e na terça havia ensaio geral e na quarta havia a estréia. Então, enquanto se estava fazendo uma peça estava se preparando outra. E o que se falou é que o Ruggero estava contando que a peça ficasse mais uma semana, porque o espetáculo que estava sendo apresentado estava indo bem de público e ele parece que contou com uma semana a mais. E falavam que o Franco Zampari, quando percebeu isso, fez questão de manter a data porque ele era um sujeito muito exigente; queria que as coisas estivessem prontas exatamente no dia, entende, ele estava meio desgostoso com o Ruggero. E aí o espetáculo não estava muito preparado. Falou-se, na ocasião, inclusive, que até havia diferença entre o cenário e a planta na qual eles tinham trabalhado, a planta baixa na qual eles tinham trabalhado. E a coisa foi um pouco precipitada e o espetáculo realmente não saiu bom. [...] E também o espetáculo – que tinha muita gente – não estava bem preparado[25].

Depois de duas semanas de temporada, a peça sai de cartaz. Não há possibilidade de recurso para demover o empresário de sua decisão; ele sequer consulta o diretor do espetáculo ou informa-o com antecedência sobre a atitude a ser tomada. Trata-se de um expurgo sumário que causa, conseqüentemente, o afastamento de Jacobbi.

24. A figura do *abbonato* existe até hoje no teatro italiano. Cada teatro vende assinaturas (*abbonamenti*) no começo da temporada anual.

25. Décio de Almeida Prado em entrevista à autora em 18 de setembro de 1998.

Essa atitude do diretor da companhia é tema de discussão até hoje. Os críticos e observadores dividem-se entre os que consideram que Zampari age para preservar a qualidade dos espetáculos apresentados no TBC, à qual *A Ronda dos Malandros* não corresponderia por faltar-lhe o acabamento necessário, e os que consideram que é uma censura política, por tratar-se de tema de esquerda, configurando, portanto, atitude emblemática do autoritarismo de direita de Franco Zampari.

Décio reitera sua opinião:

> E eu acho que a reação do Franco Zampari foi essa, sabe, e talvez estivesse com um bom público mas não causou boa impressão ao público habitual do TBC. Talvez tivesse certa influência porque era uma peça que tinha um lado assim de falar dos pobres, era uma coisa meio... As peças do John Gay e do Bertolt Brecht são peças que podem ser consideradas de esquerda, no sentido muito amplo da palavra, isto é, tendo uma visão bastante crítica das instituições como a polícia, por exemplo. Mas eu acho que se o espetáculo estivesse perfeito artisticamente seria aceito, como foram aceitos outros espetáculos muito fortes que foram feitos por exemplo, pelo Bollini que fez a *Ralé*, que também é uma coisa violentamente... escrita por uma pessoa que era um comunista muito importante, o Gorki. E também uma peça do Sartre, que era uma peça sobre [...] a tortura de guerra, que não me lembro o nome agora no momento[26], feita pelo Bollini, uma peça muito crua, muito dura para se ver, sabe? E foi aceito porque estava muito bem-feito. Eu acho que aí podem ter contribuído as duas coisas: um pouco o lado político e um pouco o lado artístico[27].

O crítico retoma a posição assumida na época diante do ocorrido, quase meio século depois:

> Comentou-se no TBC que, embora a data de estréia estivesse marcada, como de hábito, Ruggero Jacobbi contava com mais uma semana de ensaios, uma vez que a peça em cartaz não ia mal. Franco Zampari, percebendo talvez o corpo mole do encenador, cumpriu o prazo dado. E o espetáculo veio à cena bastante cru, sem a edição final, que porventura lhe daria forma literária e teatral. Ora, no TBC permitia-se muita coisa, menos falta de zelo no trabalho e de perfeição no acabamento. Se houve, portanto, *motivos ideológicos*, não foram os únicos nem os preponderantes. Digamos, com algum eufemismo, que o ritmo de trabalho do encenador não batia com o do diretor da companhia[28].

O trecho a seguir integra o depoimento feito por Paulo Autran a Alberto Guzik, em que o ator que se refere ao acontecido:

> – Ele teve duas semanas de teatro praticamente lotado, e o espetáculo saiu de cartaz por razões políticas, não foi?
>
> – Isso é o que dizem. Mas não o que o elenco, por exemplo, contava. Eu não estava no TBC, n'*A Ronda dos Malandros*. Franco chegou lá embaixo, dizem, no dia

26. *Ralé*, de Gorki, foi montada em 1951 e *Mortos sem Sepultura*, de Sartre, foi montada em 1954, ambas sob a direção de Flaminio Bollini Cerri.

27. Décio de Almeida Prado em entrevista à autora em 18 de setembro de 1998.

28. Décio de Almeida Prado "Teatro Brasileiro de Comédia Revê os Seus 50 Anos", art. cit.

da estréia, pondo espuma pela boca: "É uma porcaria. Isso é uma coisa horrorosa. O público vai odiar esse espetáculo". E eu acho que era por razões meramente estéticas. Porque ele deixou levar *Ralé*, do Gorki, peça com uma importância política muito maior do que a *Ópera dos Mendigos*, do John Gay. Eu acho que o Augusto Boal deu a entender que o TBC era de elite, *tanto que* Franco Zampari tinha proibido *A Ronda dos Malandros*. Não acho que tenha sido o que aconteceu. Zampari mandou tirar de cartaz a *A Ronda dos Malandros* [...] porque não gostou da montagem. [...] Agora, eu não estava dentro da cabeça do Zampari, pode até ser que tenham sido políticas as razões que o levaram a suspender a carreira da *Ronda*... mas a impressão que o elenco teve, que todo o mundo teve, foi de que não eram razões políticas, mas, sim, estéticas[29].

Segundo Gianni Ratto, no entanto: "Ele saiu do teatro por causa dessa montagem, porque disseram que ele era comunista..."[30]. Esta é também a opinião de Alberto Guzik: "O que se deu, sem dúvida, foi a primeira tomada de posição política dos diretores da casa"[31].

Na opinião de Jacobbi, "a própria platéia do TBC e os próprios organizadores do TBC não queriam saber de política nenhuma. Iam lá ver essa coisa extraordinária chamada *a arte*"[32]. Portanto, devem ficar bastante desgostosos de ver em cena certos desmascaramentos que lhes são desfavoráveis enquanto representantes da classe dirigente. À mencionada inquietação causada pelo espetáculo na sua estréia, seguem-se, evidentemente, algumas confabulações intuídas por Jacobbi:

Sem dúvida, deve ter havido alguma coisa entre os sócios, entre os fundadores do TBC. O assunto foi reduzido pelo Zampari a uma questão puramente econômica. "– Essa peça não vai; o desequilíbrio entre a despesa e a receita vai ser imenso, não podemos correr esse risco...". Essa peça faz duas semanas e desaparece de cartaz. Não achei justo. Achei que é preciso ver, dia a dia, as reações do público e que essas decisões tinham que ser adiadas. Quer dizer, eu não queria que se dissesse que meu filho era tuberculoso antes de mandar vir o médico. Tinha que o médico verificar se era tuberculoso ou não. E eu defendia esse meu filho, essa criatura um pouco trôpega, um pouco imatura e fui-me embora. Fui-me embora e começaram outras aventuras, inclusive a do cinema que depois me trouxe de volta ao TBC pelos caminhos de São Bernardo, pela Vera Cruz[33].

O fato é que o espetáculo é retirado de cartaz e de concreto permanece o manifesto desagrado de Franco Zampari motivado seja por um espetáculo "de esquerda", por um espetáculo *mal-acabado*, ou por desentendimentos com seu diretor. Mas não existe a alegada falta de público, pois os números desmentem tal hipótese. Em dezenove apresentações *A Ronda dos Malandros* é assistida por cerca de seis mil pessoas, com uma média de 294 espectadores por sessão, quase a lotação completa do teatro. De modo que o argumento de Zampari para encerrar a temporada não tem fundamento. Talvez pudéssemos

29. *Um Homem no Palco*, São Paulo, Boitempo, 1998, pp. 73-74.
30. Gianni Ratto em entrevista à autora em 13 de janeiro de 1999.
31. *TBC: Crônica de um Sonho*, São Paulo, Perspectiva, 1986, p. 40.
32. Entrevista a M.L.R. Gianella, em *Contribuição...*, *op. cit.*, pp. 333-334.
33. Programa de televisão *Aventura do Teatro Paulista*.

pensar em uma mudança de público, ou seja, que o espetáculo atrai espectadores que não são o público alvo de Zampari; não são aquelas pessoas que, no dizer de Jacobbi, vão ao TBC, apreciar espetáculos de *arte*, sem qualquer conotação política. Se aceitasse a transformação esboçada por Jacobbi nesse espetáculo, Zampari teria que alterar o rumo do TBC o que não está em seus planos. A ruptura é inevitável; mas não definitiva.

A resposta de Zampari ao seu pedido de demissão é conservada por Jacobbi e consta de seu arquivo pessoal em Firenze:

> Sociedade Brasileira de Comédia
> R. Major Diogo, 311/315
> São Paulo, 26 de maio de 1950.
> Para: Ruggero Jacobbi
> R. Major Diogo, 159.
> Acusamos recebimento de seu estimado favor desta data, com cujos termos estamos de acordo, comunicando a VS. que, segundo o seu pedido, estamos tomando as necessárias providências no sentido de retirar seu nome do elenco de ensaiadores do Teatro Brasileiro de Comédia nos programas do mesmo.
> Não obstante ter esta Sociedade aceito o seu pedido de demissão, dado o caráter de irrevogabilidade do mesmo, o Teatro Brasileiro de Comédia terá suas portas sempre abertas para VS., contando para o futuro ver o seu nome inscrito na direção de uma de suas apresentações.
> Agradecendo a sua valiosa colaboração, apresentamos a VS. os protestos de estima e consideração,
> Ass. Franco Zampari

E realmente Jacobbi retornará ao TBC.

O tipo de público a que se dirige o TBC, por meio de sua produção teatral, é bem definido por Antonio Candido:

> O TBC foi uma dessas contribuições da burguesia paulista, no sentido positivo eu estou falando. Eu chamei isso uma vez de *os feitos da burguesia*. O TBC é um dos *feitos da burguesia*. Foram burgueses, foram homens ricos que fizeram, inclusive, sacrifícios extraordinários, como é o caso do grande Franco Zampari. Sacrificou sua fortuna, sacrificou sua saúde, fez o TBC e fez a Vera Cruz. De modo que aí há uma espécie de consciência cultural muito viva das elites pondo os seus meios, os seus bens à disposição de um projeto cultural. O TBC foi, sem dúvida nenhuma, uma manifestação de elite. Embora, dentro do TBC, nós possamos encontrar certos produtos críticos muito vivos. Eu lembraria a *Ralé* do Gorki, como foi montada pelo Bollini. Eu lembraria a própria montagem heterodoxa de *O Mentiroso*, de Goldoni, pelo Jacobbi. Agora, eu penso que só depois do TBC, com o Arena e com o Oficina, é que nós superamos essa fase de teatro burguês de elite em São Paulo[34].

Na encenação de *A Ronda dos Malandros* Ruggero Jacobbi utiliza sua experiência anterior em teatro. Ele tem a possibilidade de reunir em um espetáculo a adaptação de um texto, o experimentalismo que vivenciara

34. Programa de televisão *Aventura do Teatro Paulista*. Possivelmente, Candido tencionasse citar *A Ronda dos Malandros* ao referir-se a *O Mentiroso*.

no teatro de exceção de Bragaglia e a crítica à hipocrisia social que é, na realidade, seu primeiro impulso para a realização da montagem.

O poema de Cruz e Sousa, transcrito a seguir na íntegra, traz a indicação dos cortes efetuados pelos adaptadores entre colchetes. Estão igualmente mencionadas as rubricas visando à encenação:

"Litania dos Pobres", de Cruz e Sousa:

Os miseráveis, os rotos
são as flores dos esgotos.

São espectros implacáveis
os rotos, os miseráveis.

São prantos negros de furnas
caladas, mudas, soturnas.

São os grandes visionários
dos abismos tumultuários.

As sombras das sombras mortas,
cegos, a tatear nas portas.

Procurando o céu, aflitos,
e varando o céu de gritos.

Faróis à noite apagados
por ventos desesperados.

Inúteis, cansados braços
pedindo amor aos Espaços.

Mãos inquietas, estendidas
ao vão deserto das vidas.

[Figuras que o Santo Ofício
condena a feroz suplício.]

Arcas soltas ao nevoento
dilúvio do Esquecimento.

Perdidas na correnteza
das culpas da Natureza.

Rubrica: Os mascarados fizeram até aqui movimentos dolorosos e lentos, ajoelhando-se no chão e levantando os braços para o céu. Agora levantam-se e executam movimentos quase de marcha militar.

Ó pobres! Soluços feitos
dos pecados imperfeitos!

Arrancadas amarguras
do fundo das sepulturas.

Imagens dos deletérios,
imponderáveis mistérios.

Bandeiras rotas, sem nome,
das barricadas da fome.

Bandeiras estraçalhadas
de sangrentas barricadas.

[Fantasmas vãos, sibilinos,
da caverna dos Destinos!]

Ó pobres, o vosso bando
é tremendo, é formidando!

Ele já marcha crescendo,
o vosso bando tremendo...

Ele marcha por colinas,
por montes e por campinas.

Nos areiais e nas serras,
em hostes como as de guerras.

[Cerradas legiões estranhas
a subir, descer montanhas.]

[Como avalanches terríveis
enchendo plagas incríveis.]

[Atravessa já os mares,
com aspectos singulares.]

Perde-se além nas distâncias
a caravana das ânsias.

Perde-se além na poeira,
das Esferas na cegueira.

Vai enchendo o estranho mundo
com seu soluçar profundo.

Rubrica: A pantomima começa a se tornar mais livre, mais ágil, gritando a balada continuam as personagens a fazerem esforços com as mãos para arrancarem as máscaras do rosto.

[Como torres formidandas
de torturas miserandas.]

E de tal forma no imenso
mundo ele se torna denso.

E de tal forma se arrasta
por toda a região mais vasta,

[E de tal forma um encanto
secreto vos veste tanto.]

E de tal forma já cresce
o bando, que em vós parece,

Ó Pobres de ocultas chagas
lá das longínquas plagas!

Parece que em vós há sonho
e o vosso bando é risonho.

Que através das rotas vestes
trazeis delícias celestes.

[Que as vossas bocas, de um vinho
prelibam todo o carinho...]

[Que os vossos olhos sombrios
trazem raros amavios.]

Que as vossas almas trevosas
vêm cheias de odor de rosas.

[De torpores, d'indolências
e graças e quintessências.]

[Que já livres de martírios
vêm festonadas de lírios.]

[Vêm nimbadas de magia,
de morna melancolia!]

Que essas flageladas almas
reverdecem como palmas.

Balanceadas no letargo
dos sopros que vêm do largo...

[Radiantes d'ilusionismos,
segredos, orientalismos.]

Que como em água de lagos
bóiam nelas cisnes vagos...

Que essas cabeças errantes
trazem louros verdejantes.

E a languidez fugitiva
de alguma esperança viva.

Rubrica: Todos tiraram as máscaras. Luz solar, fortíssima. Movimentos de gloriosa alegria. O coral torna-se místico e solene.

Que trazeis magos suspeitos
e o vosso bando é de eleitos.

Que vestis a pompa ardente
do velho Sonho dolente.

Que por entre os estertores
sois uns belos sonhadores!

Rubrica: Todos riem olhando para o alto e para longe, quase esperando uma mensagem sublime[35].

35. João da Cruz e Sousa, *Poesia*, Rio de Janeiro, Livraria Agir, 1960, pp. 59-63. Os versos entre colchetes não constam da publicação do poema no programa da peça e na adaptação enviada para a censura.

# 9. Panorâmica 5 – São Paulo (1950-1957)

Ao sair do TBC, em fins de maio de 1950, Jacobbi passa a encabeçar dois projetos de grande vulto financiados por Mário Audrá Jr.: torna-se diretor da Cinematográfica Maristela e, simultaneamente, produtor e diretor da companhia que funda com a atriz Madalena Nicol[1]. Nicol e Jacobbi são os primeiros a sair do TBC e fundar sua própria companhia. Outros contratados do TBC seguem seu exemplo posteriormente.

Jacobbi sugere a Audrá que alugue o Cine Royal, situado à Rua Sebastião Pereira, para abrigar, além das apresentações teatrais, os escritórios da Maristela. A nova sala deve sofrer reformas. As críticas revelam que essas não ocorrem e o espetáculo de estréia da companhia *Electra e os Fantasmas* (*Mourning Becomes Electra*), de Eugene O'Neill, cujas indicações didascálicas textuais prevêem um espetáculo grandioso, é feito em um palco de pequenas dimensões e com escassa verba para sua produção, o que prejudica muito o resultado final. Mesmo assim, é considerado por alguns estudiosos, inclusive por Maria Thereza Vargas, o melhor espetáculo dirigido por Jacobbi no Brasil. O grupo, que promete ser bem-sucedido, não vinga, no entanto.

1. Madalena Nicol já tem reconhecido mérito como cantora, em 1947, quando inicia sua carreira no teatro fundando e dirigindo os Artistas Amadores, em que também atua. O grupo representa *Esquina Perigosa*, de Priestley, no Teatro Municipal. Nicol dirige e interpreta outros textos, como *Ingenuidade*, de John Van Drutten, antes de integrar o elenco do TBC.

Coincidentemente, Gianni Ratto fizera seu primeiro cenário, na Itália, para a montagem desse mesmo texto de O'Neill, dirigida por Giorgio Strehler na Compagnia Benassi Torrieri, em dezembro de 1945.

Os cortes que Jacobbi faz no texto recaem sobre as intervenções do coro, ou seja, sobre as opiniões expressas por personagens que não conduzem a ação. A idéia de realizar a montagem inteiramente em preto e branco, como nos relata Décio de Almeida Prado, esbarra em problemas de execução:

> Se, no primeiro quadro, [...] os cenários de Túlio Costa conseguiram funcionar muito bem dentro desta solução, que em si poderia ser econômica e original, o mesmo já não se pode dizer das outras cenas, onde não se harmonizam e não se casam a tragédia de perseguidos, de endemoniados, imaginada por O'Neill, e aqueles móveis levíssimos e branquinhos[2].

Com relação à direção, Nicanor Miranda observa que há "uma acentuada influência da maneira pela qual os norte-americanos conduzem a peça. Ainda mesmo em pequenos detalhes da marcação essa influência é bastante visível"[3].

Jacobbi reúne em um mesmo espetáculo *Lady Godiva*, em que Luiz Linhares interpreta Henrique, personagem vivida por Procópio Ferreira na primeira montagem, e *A Voz Humana*, de Jean Cocteau, peça que inaugurara o Teatro Brasileiro de Comédia, com Henriette Morineau, no papel agora interpretado por Madalena Nicol. E, após encenar *Antes do Café*, de Eugene O'Neill, Jacobbi deixa a companhia.

Em janeiro de 1952, Jacobbi coloca em cena um texto que é considerado muito *batido*, por ser cartaz freqüente até mesmo de circos-teatros. Trata-se do popularíssimo *Scampolo*, de Dario Nicodemi, que recebe o adocicado título de *Pedacinho de Gente*. Uma montagem sem maior expressão, mas que dá oportunidade para atores formados pela Escola de Arte Dramática (EAD), como Léo Villar e Dina Lisboa. A atriz principal é Vera Nunes, que participa também de filmes que Jacobbi dirige para a Companhia Maristela.

Concomitantemente à atividade cinematográfica, Jacobbi dirige quatro peças em um ato que são apresentadas no mesmo ano de 1952, no Teatro Cultura Artística de São Paulo: *All'Uscita* (*À Saída*), de Luigi Pirandello, *O Inglês Maquinista*, de Martins Pena, *O Urso*, de Tchékhov, *Noturno*, de August Strindberg, e *A Mais Forte*, também de Strindberg.

Ainda em 1952, Jacobbi retorna ao TBC. Sua primeira incumbência é a remontagem de *O Mentiroso*, que não atinge, no entanto, o

2. Décio de Almeida Prado, *Apresentação do Teatro Brasileiro Moderno...*, *op. cit.*, p. 232.

3. "Electra e os Fantasmas", recorte de jornal, sem identificação de fonte ou data (arquivo Maria Thereza Vargas).

objetivo de atrair uma platéia numerosa. Sua atividade no TBC passa a ser pontual. Em 1953, dirige mais uma comédia: *Treze à Mesa*. Seu autor, Marc-Gilbert Sauvajon, é o mesmo de *Os Filhos de Eduardo*, que Jacobbi dirigira em 1950. A intenção de Zampari parece clara: repetir a dupla de autor e diretor visando obter o sucesso alcançado anteriormente. Pela sinopse que consta do programa da peça percebe-se porque a encenação da comédia de *boulevard* de grande sucesso na capital francesa naquele momento não é absolutamente instigante para Jacobbi:

> *Treze à Mesa* é a história de uma incrível noite de Natal em Paris, onde o mundanismo e a superstição se misturam num coquetel de comicidade, ao qual, a certa altura, se acrescenta o imprevisto, sob o aspecto de uma *cangaceira* paraguaia, que atravessou o Atlântico só para atrapalhar o Natal da família Vilardier...

Segundo relatos de participantes, o diretor é atingido por grande sonolência durante os ensaios. Antunes Filho, seu assistente de direção no espetáculo, comenta, divertindo-se: "quando ele dirigiu *Treze à Mesa*, devia saber que era um texto vagabundo [ri]; ele dormia um pouco lá, ia levando e tudo bem"[4]. Paulo Autran recorda-se da seguinte maneira de seu diretor naquele espetáculo:

> Nos ensaios de *Treze à Mesa* dormia redondamente na platéia enquanto a gente ensaiava no palco. Talvez não estivesse muito interessado em fazer mais um *boulevard*. Que foi, apesar de tudo, um dos grandes sucessos de bilheteria do TBC. Era uma peça muito divertida[5].

Décio de Almeida Prado considera a interpretação de Paulo Autran "um grande, um excepcional desempenho cômico" por "representar todo o tempo a sério, dramaticamente diríamos, não fosse um imperceptível grão de malícia"[6]. Com sua peculiar elegância, Décio refere-se à direção de *Treze à Mesa*:

> Ruggero Jacobbi, como crítico, escreveu há poucos dias que com as comédias ligeiras, o mais acertado é fazer passar desapercebido o trabalho de direção. Agora, como encenador, transforma habilmente a teoria em prática. As inflexões que descobriu, as suas marcações, em *Treze à Mesa*, são sempre as mais óbvias, as mais naturais, não chegando a chamar a atenção mas também não se interpondo entre a peça e o público[7].

No programa da peça é anunciado o sucesso alcançado por *Esquina da Ilusão*, longa-metragem dirigido por Jacobbi para os estúdios da Vera Cruz.

4. Entrevista a Maria Lúcia Pereira, *Dionysos* / TBC, pp. 136-138.
5. *Um Homem no Palco*, S. Paulo, Boitempo, 1998, p. 74.
6. Décio de Almeida Prado, "Treze à Mesa", *O Estado de S. Paulo*, Coluna Palcos e Circos, 6 ago. 1953.
7. *Idem, ibidem*.

*Treze à Mesa*, 1953. Célia Biar, Paulo Autran e Cleyde Yáconis. Fotógrafo: Fredi Kleemann. Arquivo Multimeios – Divisão de Pesquisas/CCSP.

Com relação à situação em que se encontra o teatro brasileiro, em resposta à colocação do observador americano Stanley Applebaum, de que "é sempre mais fácil obter-se uma evolução econômica do que artística, uma vez que essa necessita de muito mais tempo e deve ser sempre precedida de uma tradição cultural"[8], Ruggero Jacobbi afirma:

> A realidade, ou melhor, o paradoxo teatral brasileiro é exatamente o contrário. A evolução que houve foi evolução artística, mal acompanhada pelo público, sempre insuficiente ou atrasado, determinando resultados econômicos desproporcionais ao avanço cultural. Muitas vezes temos a tentação de dizer que a chamada renovação do teatro brasileiro foi um fogo de palha de intelectuais, do qual a maior parte dos brasileiros não tomou conhecimento[9].

A iniciativa seguinte de Jacobbi no TBC é inaugurar um novo horário com uma possibilidade de programação que não esteja estreitamente vinculada às questões mercadológicas. O propósito de realizar um trabalho alternativo se concretiza no projeto que leva seu nome: Teatro de Vanguarda Ruggero Jacobbi. O objetivo principal é definir um espaço específico para o teatro de experimentação dentro do esquema de companhia estável do TBC. De seu Teatro de Vanguarda participam atores e atrizes então iniciantes e que se tornam posteriormente nomes de destaque no teatro nacional, como: Ruth de Souza, Beyla Genauer, Monah Delacy, Xandó Batista, Milton Ribeiro, Luiz Tito, Joseph Guerreiro, Walmor Chagas, Italo Rossi, Felipe Wagner, Maurício Sherman, Guilherme Correia e Armando Pascoal.

A efervescente atividade teatral, naquele momento, em São Paulo, carece de um espaço no qual os artistas emergentes possam se apresentar. O objetivo de Jacobbi é viabilizar um trabalho no qual estejam presentes as qualidades do teatro comercial e a liberdade de escolha dos amadores; ele anseia colocar em cena um repertório que não esteja atrelado ao gosto de um público. Jacobbi pretende reunir atores que, além da experiência de palco, sejam dotados de inteligência e sensibilidade que os capacitem a montar textos complexos, observados os princípios da experimentação. E se o termo vanguarda em outros países do mundo significa o início de novos movimentos artísticos, em São Paulo a vanguarda se traduz como possibilidade de exercício e apreciação do novo. Décio de Almeida Prado aborda a questão da seguinte maneira:

> O nosso teatro comercial, como todos sabem, trata no momento, principalmente, de se firmar perante o público. A questão por enquanto não é fazer arte: é subsistir ainda que às custas de algumas ou muitas concessões. Os amadores, por seu lado, não se sentem com coragem para atacar obras de maior significação artística, geralmente

8. Stanley Applebaum, *Teatro Brasileiro – Impressões de um Americano*, Fortaleza, Imprensa Oficial do Estado, 1952, p. 26.
9. "Um Americano em São Paulo", *Folha da Noite*, 13 nov. 1952, p. 5.

*A Desconhecida de Arras*, 1953 (ensaio). Xandó Batista e Monah Delacy.
Fotógrafo: Fredi Kleemann. Acervo: Ruggero Jacobbi.

*A Desconhecida de Arras*, 1953 (ensaio). Italo Rossi, Josef Guerreiro, e Rubens Costa (de Falco). Fotógrafo: Fredi Kleemann. Acervo: Ruggero Jacobbi.

difíceis para o público e para os atores, exigindo, quanto à direção, uma inteligência, uma sensibilidade, um pulso, que não se poderia pedir a principiantes. Entre profissionais e amadores, portanto, criou-se um hiato que teria que ser preenchido por um conjunto que fosse profissional pela organização e amador pelos propósitos. Um teatro cujos atores já tivessem experiência de palco, mas que se apresentasse ao público com um caráter experimental. Ora, esta é, se não nos enganamos, a própria definição do Teatro de Vanguarda. Os seus atores, todos eles, já apareceram em outras companhias, faltando-lhes apenas o batismo de fogo: representar perante a platéia maior quantitativamente e melhor qualitativamente de São Paulo – a platéia do Teatro Brasileiro de Comédia[10].

*A Desconhecida de Arras*, peça que inaugura o Teatro de Vanguarda, estréia em 1° de agosto de 1953. O texto, montado pela primeira vez por Lugné Poe em 1935, fora saudado como *o esperado manifesto teatral*. Em artigo publicado no programa da peça, Ruggero Jacobbi apresenta o autor:

A qualidade mais alta de Salacrou é, sem dúvida, sua independência espiritual. Salacrou nunca se deixou impressionar pelas escolas literárias ou filosóficas, jamais considerou o teatro um brinquedo intelectual, jamais produziu obras *à la page*, apenas para manter o *cartaz*, nem se deixou arrastar pelo sucesso de bilheteria a uma produção abundante e fácil.

O comentário sobre Salacrou soa como resposta de Jacobbi a Zampari, referente aos desentendimentos ocorridos entre eles.

A escolha do texto tem fortes razões para o encenador:

O pessimismo de Salacrou [...] é, embora feroz, robusto, saudável e estimulante pois, sendo a constatação de uma catástrofe histórica, é sentimento da História, expressão lírica da dor e da amargura que as renovações trazem consigo, para dentro da velha substância humana[11].

A ação refere-se aos momentos que antecedem a morte por suicídio de Ulisses, quando ele vê passarem diante de si pessoas que fizeram parte de sua vida: a mulher que o traiu, o avô que morreu jovem e que ele conhecia apenas de um quadro na parede etc. Essas personagens aparecem como projeções da mente de Ulisses e não seguem qualquer cronologia. O filho de barbas brancas encontra-se com o pai que morreu aos vinte anos e assim por diante. Ulisses contracena com todos e vai, aos poucos, revisitando criticamente sua vida. A projeção de personagens por meio da mente de um moribundo filia o texto ao Expressionismo: a personagem central está à beira da morte e lembra em rápidos *flashs* sua vida.

10. Décio de Almeida Prado, "Teatro de Vanguarda", *O Estado de S. Paulo*, Coluna Palcos e Circos, 30 ago. 1953.

11. Armand Salacrou, programa da peça *A Desconhecida de Arras* (Gabinetto Vieusseux).

A crítica saúda a iniciativa de Jacobbi e encontra méritos na montagem na qual Jacobbi, em lugar de fazer preponderar no espetáculo seu trabalho de direção, abre generosamente espaço para os novos atores: "Sua direção foi precisa, tirando muito dos artistas e da sua compreensão. Conseguiu mesmo – vindos de escolas das mais diversas – um bloco quase que único. Por isso recebeu os louros que merecia"[12]. O elenco integrado por atores de diferentes procedências alcança grande homogeneidade em cena, equilíbrio expressivo rararamente atingido mesmo por experientes atores profissionais.

Embora a crítica seja favorável ao espetáculo, ele não se torna sucesso de público. Dele são feitas cinco apresentações, sempre às segundas-feiras; é o único cartaz do Teatro de Vanguarda.

Ainda em 1953, Jacobbi retoma sua atividade de diretor junto a grupos emergentes que buscam seu espaço no panorama teatral; dessa vez trata-se do Teatro Íntimo Nicette Bruno (T.I.N.B.), com o qual já encenara no ano anterior *Senhorita Minha Mãe* (*Mademoiselle ma mère*), de Louis Verneuil. Coerente com a perspectiva de valorizar o autor nacional, Jacobbi reúne dois textos curtos da dramaturgia brasileira que evocam a época do Império: *Lição de Botânica*, de Machado de Assis, e *O Primo da Califórnia*, de Joaquim Manuel de Macedo, em um espetáculo único a que dá o nome de *Brasil Romântico*. No programa do espetáculo o diretor esclarece as razões de sua escolha:

> Tenho por mim que cada espetáculo sobre textos brasileiros antigos vale por um processo a toda a literatura do gênero, e por uma contribuição ao próprio trabalho diário dos teatrólogos atuais. É no ponto focal da historicidade concreta que se origina a consciência, e mesmo a consciência estética. Acrescentarei, timidamente, como homem de teatro, que esse processo deverá ser feito sem o menor academismo (filológico e historiográfico) possível. Não se trata de dar vida a coisas mortas; trata-se de ver se ainda estão vivas. Não se trata de reconstituir um impossível teatro de outros tempos, nem de fotografar aquela sociedade. A tarefa é outra: pôr no palco, com a mesma força imediata, a imagem que a nossa intuição cria confusamente quando alguém evoca os tempos passados. Imagem colorida, dinâmica e sobretudo sintética; que não se esteriliza na análise cultural dos detalhes; que age como a memória, a qual escolhe, deforma, e, finalmente, deposita em nós poucas coisas, bem individualizadas, extremamente vivas, e que em nós permanecem com a gravidade de coisas eternas[13].

Ruggero considera que *Lição de Botânica* "vai além das convenções da comédia mundana. E a beleza da língua de Machado é beleza teatral, precisão sintética e imediata. [...] Aqui, a exatidão, a agilidade da frase faz corpo com a reação do personagem, forma um ritmo"[14].

12. Marcos Jourdan, "Considerações sobre o Teatro de Vanguarda: I – Ruggero Jacobbi e os Novos", recorte não identificado (arquivo particular Ruggero Jacobbi).
13. Introdução a *Brasil Romântico*, no programa da peça.
14. *O Espectador Apaixonado*, *op. cit.*, p. 59.

Para comemorar o IV Centenário da fundação da cidade de São Paulo, em 1954, a colônia italiana em São Paulo, por meio de alguns de seus organismos, patrocina um espetáculo. Ruggero Jacobbi é convidado a dirigir a montagem cujo objetivo é promover uma grande confraternização ítalo-brasileira que alie ao objetivo cultural o de festa popular. A estréia, uma das mais importantes do ano, acontece em 4 de setembro de 1954, e são realizadas cinco apresentações iniciais gratuitas, no Grande Auditório do Teatro Cultura Artística.

O texto escolhido pelo diretor, *A Filha de Iorio*, de Gabriele D'Annunzio, é a concretização de um sonho de quinze anos de Jacobbi, ou seja, surge no período em que ele participa, em Florença, do movimento hermético. Em 1954, a peça completa cinqüenta anos. A estréia na Itália, em 1904, tivera nos papéis principais dois grandes atores do teatro italiano, Irma Grammatica e Ruggero Ruggeri, sob a direção de Virgílio Talli. No Brasil, a atriz Dulcina de Morais montara o texto, em 1947, no Teatro Santana, com grande repercussão.

*A Filha de Iorio* é uma tragédia pastoril inspirada em dramas do século XVI italiano que, por sua vez, têm raízes nos dramas litúrgicos e nos mistérios medievais. Sua sinopse é a seguinte: Mila di Codra é filha de Iorio, o bruxo. Ela refugia-se na granja dos Roio, escapando a uma perseguição, no dia do casamento de Aligi, filho de Lázaro di Roio. Ao tentar expulsá-la de sua casa, Aligi tem a visão de um anjo que intercede por ela. Muda, então, seu comportamento e passa a protegê-la. Abandona sua noiva, sem desvirginá-la, e refugia-se na montanha com Mila. Lázaro vai atrás dos dois com a intenção de levar Mila consigo, uma vez que há longo tempo a deseja. Aligi, que a princípio não reage às ofensas do pai e nem mesmo aos golpes físicos que aquele lhe inflige, acaba por matá-lo com um machado, ao se inteirar das verdadeiras intenções de Lázaro. Pela lei local, Aligi, enquanto parricida, deverá ser colocado em um saco, juntamente com um cão feroz, para ser devorado. Antes que isso aconteça, Mila, para salvá-lo, se apresenta como a causadora de todos os males: o jovem teria agido enfeitiçado por ela. O próprio Aligi crê em suas palavras e a amaldiçoa. Ela morrerá na fogueira gritando: "A chama é linda! O amor é belo!", feliz por salvar o seu amor.

*A Filha de Iorio* é uma peça que apresenta sérias dificuldades de montagem, pois se for encenada dentro dos moldes realistas poderá transformar-se apenas em um drama rústico, sem alcançar a dimensão poética do texto. Os momentos de exaltação dramática alternam-se com silêncios que evocam circunstâncias místicas, dentro de um universo fortemente simbólico em que se misturam um catolicismo quase pitoresco e um paganismo submerso em magia e superstição do misticismo lendário e regional dos antigos moradores dos Abruzzi. Segundo Jacobbi, trata-se de "uma transfiguração lírico-individual de um mundo folclórico"[15].

Nesse caso, parece-nos que o sonho acalentado por longo tempo e um forte espírito de italianidade tenham sido os imperativos maiores para realização da montagem da peça, cujos referenciais poéticos ligam-se especificamente à realidade da região da Itália que inspirou seu autor. O espetáculo não atinge a platéia brasileira, para a qual a peça é excessivamente literária. O prazo de cinco semanas dado ao diretor para ensaiar cinqüenta pessoas entre atores e figurantes, dos quais muitos estreantes, e organizar a participação do Coral Paulistano, para colocar em cena um texto da complexidade de *A Filha de Iorio* é muito exíguo, mesmo com o grande esquema de produção posto à disposição do encenador. Apesar disso, Jacobbi consegue a façanha de fazer funcionar a engrenagem, salvo com relação à cenografia, grande demais para o palco precário do Teatro Cultura Artística; as mudanças de cenário são demoradas, o que contribui para que o espetáculo, apesar de bem realizado, surja frio e esquemático, sem vibração. Os atores, malgrado sua experiência com textos clássicos, encontram dificuldade em interpretar D'Annunzio. Mesmo a maior atriz brasileira, Cacilda Becker, mantém-se em um nível médio. Jacobbi explicita as dificuldades por ela encontradas:

> Era muito difícil convencer Cacilda da essência literária de certos textos. Era muito fácil trabalhar com Cacilda nos textos escritos na linguagem de todos os dias, na linguagem da realidade: ela chegava imediatamente ao tom exato, à velocidade exata da fala e se não chegava logo, bastava o diretor sugerir o caminho que ela imediatamente o achava. Surgia complicação, porém, quando se tratava de textos de linguagem literária, quer dizer, um tanto longe de nós no tempo e no espaço, não realistas e, tampouco, expressionistas ou violentos. Outras formas que, mesmo sem serem realistas, aproximam-se de formas da existência, que vão desde a briga até o abraço, as formas do real, a transfiguração simbólica operada pela palavra sobre certos grandes textos; esse era um aspecto que Cacilda queria sempre conquistar mas contra o qual reagia uma espécie de bom-senso popular realista que, de repente, surgia nela. "Mas isso é impossível!", "Isso não se pode dizer!" ou "Isto é muito bonito, mas vou dizer de maneira que pareça prosa, que pareça uma coisa de todos os dias". E essa é uma grande solução. Entretanto, quando a linguagem é realmente arcaica, quando realmente é inventada por um poeta, a tentativa de traduzi-la em prosa pode, às vezes, tirar toda a sua poesia. Nesses casos, Cacilda dependia de mim para fazer essa transposição cultural para o poético; no entanto, resistia terrivelmente a todas as sugestões que eram dadas nesse sentido. Nessas ocasiões precisava-se chegar a ela por caminhos escusos, por outros caminhos, de maneira a influenciar a sua psicologia profunda e saber que ela te diria não na segunda-feira, ficaria experimentando em casa até a quinta e, na sexta-feira, diria sim, pensando ou dizendo ter ela própria descoberto aquela solução. Isso aconteceu de maneira especial, no meu caso, em *A Filha de Iorio*, texto onde as palavras valem por si mesmas, texto do

15. Prefácio a *O Dibuk* (*Entre Dois Mundos*), de Sch. An-Ski, trad. de Jacó Guinsburg, São Paulo, Perspectiva, 1952. Consta do panorama crítico sobre a recepção da obra no Brasil na reedição da peça, col. Textos nº 5, 1988, pp. 141-142.

*A Filha de Iorio*, 1954. Sérgio Cardoso. Fotógrafo: Fredi Kleemann. Acervo: Ruggero Jacobbi.

Página ao lado: *A Filha de Iorio*, 1954. Plano geral. Acervo: Ruggero Jacobbi.

simbolismo poético do começo do século em que o significante, como hoje se diz, é quase autônomo com relação ao significado[16].

A escolha de *A Filha de Iorio* compromete definitivamente o projeto de encenação pois, não só a sua temática não dialoga com a platéia brasileira, como nossos atores, recém-alçados à categoria de profissionais, não têm uma formação consoante com a interpretação de papéis em que à palavra é atribuída a função expressiva hierarquicamente mais importante em cena; em síntese: em que a literatura suplanta o drama.

No programa da peça, é anunciado o início das atividades, no ano seguinte, do Teatro da Cidade, uma realização sólida e estável de Ruggero Jacobbi e de Cacilda Becker, que teria assim seu teatro, como todos os grandes atores. Esse projeto, no entanto, não chega a concretizar-se.

Por sugestão de Paschoal Carlos Magno, Ruggero Jacobbi decide organizar em São Paulo um grupo de teatro de estudantes. A idéia é transmitida aos organizadores e alunos do Curso de Arte Dramática do Centro de Estudos Cinematográficos, que tem subvenção da Prefeitura e pelo qual Jacobbi é o responsável. O TPE busca uma fórmula original que garanta o valor de contribuição cultural, quaisquer que sejam os resultados artísticos. Seu programa é constituir um repertório que componha um panorama histórico da literatura dramática nacional desde o romantismo até aquele momento. Em meados de 1952, a notícia da organização do Teatro do Estudante de São Paulo traz a relação dos textos escolhidos: *Quebranto*, de Coelho Neto, *O Demônio Familiar*, de José de Alencar, e *Luxo e Vaidade*, de Joaquim Manuel de Macedo. Após estrear o primeiro espetáculo em São Paulo, o grupo deveria apresentar-se no Teatro Duse, do Rio de Janeiro, a convite de Paschoal Carlos Magno.

A proposta de Jacobbi fundamenta-se na situação que observa na etapa de desenvolvimento em que se encontra o teatro brasileiro, ou seja, diante de duas únicas maneiras de afrontar a crise teatral generalizada e orgânica. De um lado existe a luta pela sobrevivência do teatro profissional, cujos imperativos econômicos traduzem-se em um grande esforço, do tipo *custe o que custar*, para conquistar ou manter uma platéia. De outro lado, porém, os imperativos são de ordem estética, cultural, de renovação da cena propriamente dita. E essa divisão – sem dúvida nefasta para ambas as facções – acaba por determinar que os amadores se encarreguem de promover a evolução da arte cênica, enquanto aos profissionais cabe a manutenção do *métier* propriamente dito. E a conclusão a que chega Jacobbi é de que a

> [...] solução do problema cultural cabe, sem dúvida, antes de mais nada, aos grupos amadores, até que alguma calmaria sobrevenha na esfera do profissionalismo, facilitan-

16. *Apud* Nanci Fernandes e Maria Thereza Vargas, *Uma Atriz: Cacilda Becker*, São Paulo, Perspectiva, 1984, pp. 139-140.

do a divulgação, entre o grande público, dos resultados conseguidos. O teatro amadorista ressente-se também da crise, mas pode mais facilmente agüentá-la, sendo suas exigências materiais perfeitamente menores e sua responsabilidade geral muito mais limitada[17].

Lembra também algumas iniciativas de novos diretores brasileiros, nas quais a luta pela renovação desenvolve-se juntamente com a consciência da necessidade do profissionalismo:

> Antunes Filho e Rubens Petrilli de Aragão já estão às voltas com conjuntos profissionais embora nada tenham perdido daquela aspiração que é a primeira garantia de autenticidade de um diretor estreante: a ambição de formar um grupo próprio, com características definidas, capaz de revelar a mentalidade coletiva de uma geração, seus gostos, seu endereço técnico[18].

E conclama os artistas amadores a assumirem seu papel de vanguarda na arte: "Despertai, amadores paulistas, chegou a hora de uma contribuição definitiva, rigorosa, intransigente para a salvação do espírito moderno na atividade teatral. E é dentro desse espírito vanguardista que surge a idéia de organizar o Teatro Paulista do Estudante: para revitalizar o teatro amador e reacender "a chama do movimento teatral"[19].

Jacobbi tem certeza de estar no caminho certo, embora esbarre nos sólitos empecilhos de ordem econômica:

> Foi uma prova de humildade e de patriotismo. Por nossa sugestão foi escolhida a especialização em teatro brasileiro antigo e moderno. A realização deste plano encontrou e encontra dificuldades devido ao alto custo das montagens de época que constituem três quartos do repertório escolhido. Apesar disto o TPE desenvolverá sua atividade, rigorosamente conforme os planos traçados, no ano de 1953, podemos garanti-lo[20].

Esse projeto não se realiza em 1953, ano em que, como vimos, Jacobbi, entre outras atividades, inaugura o Teatro de Vanguarda Ruggero Jacobbi como parte de estratégia de impulsionar o teatro brasileiro, dentro de uma estrutura empresarial como o TBC. Mas o TPE permanece como hipótese de incremento e, em 1954, surge a oportunidade de sua colocação em prática. Naquele ano, Jacobbi ministra um breve curso de teatro patrocinado também pelas comemorações do IV Centenário da Cidade de São Paulo. O curso é freqüentado por estudantes de esquerda, em sua maioria, comunistas, bastante mobilizados politicamente, como

17. "A Hora dos Amadores", *Folha da Noite*, Coluna Espetáculo, São Paulo, 26 nov. 1952.
18. *Idem*.
19. *Idem*.
20. "Ainda sobre Amadores", *Folha da* Noite, Coluna Espetáculo, São Paulo, 27 nov. 1952.

Gianfrancesco Guarnieri e Oduvaldo Viana Filho. Jacobbi intui que aqueles jovens poderão efetivar o projeto de criação do TPE.

Os estudantes, a princípio, consideram o teatro como um veículo eficaz para potencializar seu raio de atuação política. O imediatismo da militância política provocara enormes lacunas na formação daqueles jovens. Jacobbi indica-lhes a leitura de autores da literatura brasileira, que àquela altura ele já conhece muito bem, particularmente Machado de Assis.

Em artigo publicado na época da estréia do TPE, Jacobbi expõe claramente as bases da proposta de ação cultural do grupo:

> Há muitos anos estamos lutando pela constituição do TPE, isto é, um grupo de amadores capazes de realizar um programa não apenas *teatral* (no sentido da descoberta de vocações ou talentos), mas sim *cultural* e *popular*, apresentando obras literárias dignas de estudo e de divulgação e realizando um esforço positivo no sentido de conquistar paulatinamente platéias mais ou menos afastadas do teatro *oficial*, começando pelo próprio público estudantil[21].

Dênis de Moraes esclarece os objetivos políticos que parecem ser mais marcadamente os de um programa de *agitprop* dos integrantes do grupo que pela primeira vez se lançam em uma atividade cultural: "Nos encontros que antecederam a criação do TPE, sonhava-se em apresentar espetáculos nos diretórios estudantis, sindicatos, praças públicas, portas de fábricas e clubes. Em suma: 'chegar às massas' como cansavam de repetir em reuniões partidárias"[22]. Da ata de fundação do TPE, em 5 de abril de 1955, o nome de Jacobbi consta como presidente da reunião[23].

A importância de Jacobbi na criação do grupo é apontada por Gianfrancesco Guarnieri:

> Ele teve uma influência decisiva na formação. Nos deu o mínimo necessário para se fazer teatro. O entusiasmo sobretudo. Deu-nos verdadeiras aulas de história do teatro. Contando tudo. Toda e qualquer hora que ele encontrava a gente, ele começava a contar teatro, aquelas lendas, com data, porque ele era bastante meticuloso[24].

O Teatro Paulista do Estudante começa a desenvolver suas atividades em espaço cedido pelo Teatro de Arena, de José Renato, que

21. Dênis de Moraes, *Vianinha – Cúmplice da Paixão*, Rio de Janeiro, Nórdica, 1991, pp. 43-44.

22. *Idem*, pp. 41-42.

23. Os doze fundadores do TPE são: Gianfrancesco Guarnieri (Presidente), Raimundo Duprat (Vice-presidente), Pedro Paulo Uzeda Moreira (Primeiro-secretário), Júlio Elman (Segundo-secretário), Oduvaldo Vianna Filho (Tesoureiro), Vera Gertel, Diorandy Vianna, Mariúsa Vianna, Maria Stella Rodrigues, Henrique Libermann, Natacha Roclavin e Sílvio Saraiva. Beatriz Segall, Raul Cortez e Araci Amaral também integram o TPE.

24. Gianfrancesco Guarnieri, *Depoimentos V*, Rio de Janeiro, MEC/SEC/SNT, 1976, p. 69.

fora também aluno de Jacobbi. A fusão dos dois grupos fez com que o Teatro de Arena se tornasse um dos mais importantes referenciais de discussão da realidade brasileira. A temática nacional e a maneira de interpretar assumidas pelo Arena são fruto daquela fusão. O rumo tomado pelo Arena transforma-o em um dos principais grupos que o teatro paulista teve em toda a sua história, não só pela atividade por ele próprio desenvolvida mas por inspirar a criação de uma série de outros grupos de jovens baseados em seu *modus operandi*. O Seminário de Dramaturgia, que garante a sedimentação daquelas idéias, tem decisiva participação de Jacobbi que, com os antigos integrantes do Teatro Paulista do Estudante, constituem o grupo mais interessado em trazer para a cena a realidade brasileira, tanto no texto quanto na maneira de interpretar.

A presença em cena de uma linguagem e de um gestual brasileiros conscientiza os integrantes do Arena de que se os europeus faziam muito bem seus autores, os brasileiros seriam imbatíveis em espetáculos de raiz e temática nacionais.

O propósito de valorizar o nacional-popular pelo qual Ruggero Jacobbi lutara tanto instaura-se, embora ele já esteja, naquele ano, em Porto Alegre, dirigindo o Curso de Estudos Teatrais da URGS, que criara em 1958.

Retomando o percurso do encenador Jacobbi, ainda em 1955, ele volta à *commedia dell'arte* em um espetáculo produzido pelo Teatro Popular de Arte: *Mirandolina*, de Goldoni.

A ação de *Mirandolina* (*La Locandiera*), comédia em três atos e seis quadros, se passa em Florença, no mesmo ano em que foi escrita, isto é, 1753. É a terceira montagem de texto com características de *commedia dell'arte* que Jacobbi dirige no Brasil, embora *Mirandolina* pertença a uma fase de transição que marca o início do realismo na Itália. O texto não é inédito nos palcos brasileiros: em 1940, Bibi Ferreira interpretara Mirandolina, no Rio de Janeiro, no Teatro Serrador. Seu pai, Procópio Ferreira, fizera o papel do Cavalheiro de Ripafratta.

Maria Della Costa e Sandro Polloni inauguram, em 1954, um novo edifício teatral na cidade de São Paulo, o Teatro Maria Della Costa, que sedia o seu Teatro Popular de Arte (TPA). As três primeiras peças da companhia são dirigidas por Gianni Ratto, cenógrafo no Piccolo Teatro de Milão, que é especialmente convidado por Maria e Sandro para dirigir no Brasil. Jacobbi, que dirigira a primeira peça do TPA, *A Estrada do Tabacco*, é o diretor de *Mirandolina*, da qual Ratto é o cenógrafo. Maria Della Costa interessa-se por *Mirandolina* quando vê a encenação de Luchino Visconti na Itália e encanta-se com a personagem-título. São dois dos maiores expoentes peninsulares em atividade no país que se associam na elaboração de um espetáculo único.

*Mirandolina*, 1955. Plano geral. Acervo: Ruggero Jacobbi.

*Mirandolina*, 1955. Maria Della Costa, Serafim Gonzalez, Amandio Silva Filho. Acervo: Ruggero Jacobbi.

*Mirandolina*, 1955. Serafim Gonzalez e Maria Della Costa. Acervo: Ruggero Jacobbi.

A dificuldade de Jacobbi em articular a teoria com a prática e fazer conviver dois tipos de experiência diferenciados em sua origem se faz presente. De um lado, o analista atento e arguto de processos históricos fundamentados em profunda pesquisa, de outro, o artista capaz de entregar-se à criação de maneira completa. Na luta interior entre a análise estética e a criação artística sai vitorioso o crítico, em prejuízo do diretor:

> Ruggero Jacobbi, como crítico e como encenador, adota, com freqüência, dois critérios diversos de julgamento: o estético e o político (no sentido mais largo e mais nobre do termo, sem nenhuma sombra de sectarismo). Ora, não se pode observar um objeto de dois ângulos ao mesmo tempo. Enquanto ele não resolver esta contradição, dando preeminência a um desses pontos de vista,estabelecendo uma hierarquia de valores, ficará numa posição mais ou menos difícil, sem saber a quem servir em primeiro lugar, se ao teatro ou se a sua concepção de arte interessada[25].

Essa circunstância, por si só bastante delicada, talvez seja agravada pela diferença de estilos de interpretação dos elencos. Se um dos fatores de enaltecimento da qualidade da montagem de *O Mentiroso* é o trabalho dos atores, capazes de fazer frutificar as indicações de Jacobbi, ou seja, de promover a transformação do conhecimento em arte, o mesmo não acontece com o elenco de *Mirandolina*.

O depoimento de Sérgio Britto nos ajuda a compreender um pouco melhor o que acontece: "Maria é linda, era lindíssima em 1953, tinha a feminilidade que o papel exigia, mexia-se bem em cena, ágil e elegante como Mirandolina pedia que fosse. Mas Maria não sentia prazer em estar na pele de Mirandolina. Era evidente. Ela não gostava desse personagem"[26]. Há, portanto, uma distância entre o fascínio da atriz pela personagem, ao assistir à montagem italiana, e sua colocação em prática sob a direção de Jacobbi. A linha de direção bastante clara de Jacobbi não encontra respaldo na interpretação. Sérgio Britto, que faz o papel do Marquês de Forlipópoli, não fica, igualmente, satisfeito com sua *performance*; considera não ter atingido a decadência e a velhice da personagem e atribui as críticas favoráveis que recebe à sua capacidade de compor formalmente uma personagem.

Fernanda Montenegro, que representa Deianira, a comediante que se passa por condessa – fazendo dupla com Wanda Kosmo, a comediante Hortênsia que se passa por marquesa –, tem seu trabalho bastante aplaudido pela crítica. Sérgio Britto comenta: "A Fernanda eu achava extraordinária. Inesquecível a cena do segundo ato quando ela começava a rir. A platéia ria com ela tanto que interrompia a ação.

25. Décio de Almeida Prado, "Mirandolina", *O Estado de S. Paulo*, Coluna Palcos e Circos, 17 jul. 1955, p. 10.

26. Sérgio Britto, *Fábrica de Ilusão*, Rio de Janeiro, Funarte/Salamandra, 1996, p. 59.

Esse riso, tão comunicativo, que perturbava, inclusive aos colegas de cena, era o trabalho de uma atriz"[27].

Há também, por parte do público, a expectativa de assistir a um espetáculo em que a tão apreciada *fórmula* da *commedia dell' arte* esteja presente. Afinal, o autor e o diretor são os mesmos das montagens anteriores. No entanto, a repetição é não só descabida como impossível de ser levada à frente com o texto *Mirandolina*. O espectador italiano de meados do século XVIII certamente teria motivos para encantar-se com o poético desmascaramento das personagens que, por mais de dois séculos, haviam permanecido aprisionadas em máscaras e tipos. A reforma goldoniana se dera de maneira gradativa e suave, no decurso de aproximadamente vinte anos. O processo de sair do estado larval tem um sentido revolucionário, e instaura as bases realistas do teatro italiano ao dotar a personagem de características psicológicas reais, mas não é apreciada pelo espectador brasileiro que, ainda fascinado pelo jogo das máscaras, sente-se, possivelmente, lesado quando elas são excluídas. Se o jogo cênico da improvisação é fator de enriquecimento do espetáculo, em face da larga experiência do cômico brasileiro nessa modalidade, o mesmo não se pode dizer da interpretação realista em *Mirandolina*.

A protagonista desse texto é descendente da linhagem da Colombina que, na obra de Goldoni, passa a ser denominada de Coralina, Esmeraldina e, por fim, Mirandolina. Essa personagem, que se torna representativa do período histórico que antecede a Revolução Francesa, é considerada por Jacobbi a maior personagem de toda a obra goldoniana. Ela encarna a figura da criada que, por seus encantos, é capaz de se alçar socialmente à condição de marquesa ou condessa mas que escolhe por marido alguém de sua classe social. E, se Arlequim é o eleito de Colombina, o criado Fabrício, em detrimento de marqueses e condes, é o escolhido por Mirandolina. Para Jacobbi, o processo de conscientização social de Goldoni se dá na prática da dramaturgia.

> Renova a *commedia dell'arte por dentro*, apenas para melhorá-la, para fazer um teatro mais atual, mais interessante e, de repente, se encontra diante de um teatro novo, que lhe saiu das mãos à força de prestar atenção às exigências secretas do público e à necessidade de uma arte menos convencional. Não lhe resta senão arrancar as últimas máscaras do rosto de seus palhaços: eles são, já, homens. Quer melhorar a figura de Pantaleão, de Colombina? Torná-las mais ricas, mais vivas? É forçado (mas não o sabe) a descer ao fundo da origem dessas figuras: ao *fantástico social* que elas encarnam. Assim, um belo dia, sai-lhe das mãos um Pantaleão que já é a própria burguesia às voltas com os antigos patrões, cada vez mais ridículos, cada vez mais supérfluos; ou uma Colombina que já é o povo, prestes a transformar-se numa nova burguesia, em luta com a primeira. [...] A sua arte continua maravilhosamente impura: cheia de fermentos morais, de implicações objetivas, de teatralismo acintoso e de uma obses-

27. *Idem*, p. 60.

são do real que não quer saber de transfigurações. Transfiguradora, como sempre, é a forma: mas é a forma de um conteúdo, não é uma veste: é o próprio corpo[28].

Jacobbi aponta o temor do confronto: "É que vivemos num tempo de falsos loucos, de alucinados por comodidade, de místicos por encomenda; num mundo que tem medo de saber, de ver, de viver"[29].

Em fins de 1955, no TBC, Jacobbi volta a encenar *Os Filhos de Eduardo*, de Marc-Gilbert Sauvajon. A remontagem, dentro da dinâmica de conquista e manutenção do público daquela companhia, embora traga algumas modificações cenográficas e de marcação, mantém a linha de comicidade da montagem original. O objetivo da remontagem é claro: fazer rir. Se em 1950 a estréia do espetáculo marcou o relaxamento da tensão originada pela montagem de *Entre Quatro Paredes*, de Sartre, em fins de 1955 *Os Filhos de Eduardo* voltam à cena para aliviar a grande inquietação causada pelo suicídio do presidente Getúlio Vargas.

A leveza e a comicidade do espetáculo agradam novamente à crítica e ao público. Sábato Magaldi considera que o objetivo de provocar o riso é alcançado no espetáculo que

[...] tem uma direção viva e leve de Ruggero Jacobbi e de Cacilda Becker, sem insistir em nenhum efeito, dosando bem a futilidade da história com um ritmo ligeiro, despreocupado, lançadas as falas cômicas como ao acaso. Numa montagem como essa, preparada em meia dúzia de ensaios [...], pode-se ver o espírito e a eficiência profissionais a que chegaram os atores do TBC[30].

Em 1956, *Lição de Botânica* é novamente encenada por Jacobbi. Integra o espetáculo misto de música, comédia e bailados que abre a Temporada Nacional de Arte do Teatro Municipal do Rio de Janeiro e inclui *Colombo*, oratório de Carlos Gomes, e *O Espantalho*, coreografia de Tatiana Leskova. Segundo Accioly Netto, a "versão encenada por Ruggero Jacobbi [...] encontra a justa medida, o clima exato onde *Lição de Botânica* deve ser desenvolvido, com a dose de malícia, o sabor ingênuo de suas cenas, e a ironia mansa que são característicos da literatura de Machado de Assis"[31].

O diretor italiano valoriza as questões brasileiras e ambienta perfeitamente a ação em um colonial solar carioca. Os atores conseguem transpor para as personagens os modismos que caracterizam a fechada sociedade da época. Mesmo tendo como ponto de partida um texto

28. "Atualidade de Goldoni", *O Estado de S. Paulo*, Suplemento Literário, Ano 2, n. 61, 21 dez. 1957, p. 5.

29. *Idem, ibidem*.

30. Sábato Magaldi, "Teatro em São Paulo", *Teatro Brasileiro*, n. 3, jan. 1956, p. 28.

31. A. Accioly Netto, "Teatro no Rio", recorte sem identificação (arquivo particular Ruggero Jacobbi).

em que são evidentes as fragilidades dramatúrgicas, Jacobbi atento à sua ingênua naturalidade cria um belo espetáculo.

Enfrentando momento de grande dificuldade financeira, Ruggero aceita o convite feito por Dercy Gonçalves para dirigir sua companhia em dois textos: *A Dama das Camélias*, paródia de Hermilo Borba Filho, e *A Sempreviva*, de Edy Guimarães. A estréia é no Pequeno Auditório do Teatro Cultura Artística, de São Paulo, em 20 de junho de 1956.

Margarita Schulmann, que foi mulher de Jacobbi, relata a falta de respeito da comediante Dercy Gonçalves em relação ao diretor:

> Agora, a fase negativa de Ruggero, em termos de dinheiro, foi quando ele teve que dirigir a Dercy. Foi quando ele conheceu a Daisy [Santana] e foi embora. A Dercy, que se tornou muito amiga da Carla [Civelli], do palco ela dizia o diabo do Ruggero. Todas as noites ela debochava do Ruggero e de suas pretensões como diretor de teatro em cena aberta[32].

O choque é grande entre o diretor e a comediante. Ela revela em uma entrevista realizada na época dos ensaios da peça e publicada logo após a sua estréia: "Não aprecio muito a leitura, porque não fui acostumada. Meu pensamento vacila muito, quando estou lendo. Por que hei de negar isso?"[33]. Dercy aposta em seu histrionismo, apoiada no ponto. O texto de Dumas, adaptado por Hermilo Borba Filho, sofre ainda alterações no palco:

> [...] todas as noites eu fazia algumas contribuições, é claro. [...] Pra começo de conversa, resolvi que não ia morrer em cena. Não gosto de morrer em peça, porra. A tosse de Marguerite transformei em "cafó, cafó, cafó". Brinquei dentro da história, mas fazia de verdade[34].

A insatisfação de Jacobbi, por sua vez, é registrada em uma crítica na qual, após definir a palavra provinciano como "aquela falsa atitude espiritual que leva os homens, de um lado, a não ver, ou não querer ver, além do próprio nariz, e de outro lado, a aceitar como ouro de lei tudo o que tenha sabor de exotismo, cosmopolitismo, extravagância formal etc.", faz referência direta à comediante: "ainda mais provinciano é quem decide, para mostrar seu improvisado refinamento que *A Dama das Camélias* é uma peça de circo"[35].

A peça é um enorme sucesso: as ondas de gargalhadas embalam os espectadores que lotam as suas mais de cem apresentações, reafir-

32. Entrevista à autora em 22 de janeiro de 1998.

33. "Dercy Gonçalves Tem Medo do Público", *Teatro Brasileiro*, 8 jul. 1956, p. 36.

34. "Depoimento de Dercy Gonçalves", Maria Adelaide Amaral, *Dercy de Cabo a Rabo*, Rio de Janeiro, Globo, 1994, p. 122.

35. "Os Provincianos", recorte sem identificação (Arquivo particular Ruggero Jacobbi).

mando o apreço de nossa platéia por obras desprovidas de um sentido cultural mais elevado.

Depois de enfrentar os desentendimentos artísticos com Dercy, Ruggero une-se novamente aos seus pares: volta a dirigir Sérgio Cardoso e sua esposa Nydia Lícia. Ele é padrinho de casamento do casal, cuja cerimônia se realizara no saguão de entrada do TBC, em 29 de maio de 1950, ou seja, no mês da estréia de *A Ronda dos Malandros*, peça na qual atuam. Os dois intérpretes deixam o TBC, em 1953, para integrar o elenco da Companhia Dramática Nacional, do Rio de Janeiro, vislumbrando, na segunda companhia oficial de teatro criada no Brasil, a possibilidade de alçar um almejado vôo, que seria inviável na estrutura do TBC. No entanto, aquela companhia encerra suas atividades em 1954.

O casal, que participara também da montagem de *A Filha de Iorio*, decide então formar a Companhia Nydia Lícia-Sérgio Cardoso, na qual Jacobbi dirige dois espetáculos. O primeiro, realizado em 1956, é *Quando as Paredes Falam*, (ou, em tradução literal, *A Farsa no Castelo*), texto em que o húngaro Ferenc Molnar expõe seu otimismo e sua confiança nas qualidades fundamentais do homem. Sobre Molnar, Jacobbi revela:

> Pertencia ao mundo elegante da Budapest romântica e suas aspirações resumiam-se, antes de mais nada, numa saudade irresistível do *bom mundo antigo*, isto é, da Europa de antes de 1914. Sentia, porém, a atmosfera de insegurança e decadência da sociedade a que pertencia e a que nunca deixou de pertencer; e procurava nela os restos de uma honestidade e dignidade antigas, ou limitava-se a observá-la com seu olhar desencantado, tecendo as tramas da sua graça de *chroniqueur* e de poeta[36].

O texto, em que as referências ao teatro integram o jogo de cena, traz como solução mais fácil a exacerbação de aspectos caricaturais. Os atores têm dificuldade em viver a sério seus papéis pois existe uma diferença etária entre eles e as personagens que fazem. É interessante ressaltar o comentário do crítico Sábato Magaldi sobre o ator principal: "Sérgio Cardoso [...] até incorpora traços físicos do ator Procópio, com o objetivo de estabelecer uma continuidade do nosso estilo cômico interpretativo, dentro de padrões sérios e dignos"[37].

A segunda montagem que Ruggero Jacobbi faz com a companhia Nydia Lícia-Sérgio Cardoso é *Henrique IV*, de Luigi Pirandello, um dos autores que atingem mais profundamente sua sensibilidade:

> O século tem quase sessenta anos, eu me aproximo dos quarenta, e Luigi Pirandello – um escritor nascido em 1863, morto antes da explosão da Segunda

36. *A Expressão Dramática*, São Paulo, Ministério da Educação e Cultura/Instituto Nacional do Livro, 1956, p. 96.

37. "Quando as Paredes Falam", *Teatro Brasileiro*, n. 9, p. 44, 9 set. 1956.

*Henrique IV*, 1957 (ensaio). Guilherme Corrêa, Alceu Antunes, Córdula Reis, Sérgio Cardoso; atrás: Wilson Santoni; na cadeira: Ruggero Jacobbi; do lado direito segurando a cadeira: Gustavo Pinheiro, Carlos Zara, Daniel Dorna; sentado: Álvaro Ciccotti; de pé, com a mão sobre a perna: Abelardo Escolano; sentados: Emanuele Corinaldi, Berta Zemel e Raymundo Duprat. Fotógrafo: Júlio Agostinelli. Arquivo Multimeios – Divisão de Pesquisas/CCSP.

Ruggero Jacobbi. Ensaio. Acervo: Ruggero Jacobbi.

Guerra Mundial, isto é, da experiência básica de minha geração – continua sendo para mim, não apenas o símbolo fiel de minha adolescência e da minha formação, como a figura capaz de resumir para a minha consciência o sentido e o drama de todo o século[38].

No artigo "Grandeza de Pirandello", refere-se à nascente comum do Bem e do Mal tanto no cosmo como no ser humano, sendo que nesse a fonte única impulsiona uma ruptura ética:

> Por isso Pirandello consegue sempre lembrar, aos fanáticos da estética, que a Arte é também ética; aos moralistas, que a Arte é também lógica; aos lógicos que a Arte é também lirismo; aos líricos que a Arte é também ação; aos práticos e aos políticos, que além de seus deveres essenciais para a humanidade, permanece um ponto obscuro e fatal, ao qual, um dia ou outro, talvez depois de realizados todos os mundos possíveis da Justiça, teremos que prestar atenção, para que a história não seja apenas seqüência de fatos, mas sim o lugar privilegiado da luta das consciências consigo mesmas: o campo de batalha da verdade de cada um[39].

No texto, um acidente – uma queda de cavalo – faz o personagem acreditar-se de fato o rei alemão de que estava fantasiado, mergulhando em uma completa sandice no que é coadjuvado por sua irmã, que se apraz em construir um cenário de castelo medieval e vestir os visitantes em trajes de época, alimentando, dessa forma, o delírio. Curado sem tratamento após doze anos e omitindo, por oito anos, sua nova condição, o personagem acaba por matar um rival de vinte anos antes, transformando sua condição de louco em contingência de liberdade. Nas palavras de Jacobbi:

> Em *Henrique IV* (1922), de Luigi Pirandello, é preciso que Belcredi seja morto para fornecer o contraponto à injustiça e à perseguição; mas para realizar esse ato, Henrique IV deve sair por um momento da história, ser de novo natureza, e depois fechar-se para sempre no seu paraíso histórico, que tem a máscara da loucura e é mais estéril do que uma morte. Nesse caso, a catástrofe material é só a antecipação da verdadeira catástrofe, que é toda interior, é a morte da alma[40].

Grande estudioso da obra pirandelliana, Jacobbi considera particularmente importante esse texto:

> Henrique IV era um imenso personagem: cortava o fôlego. Jamais Pirandello se identificara tanto com o mistério de uma interioridade humana. Nunca mais se identificará até esse ponto. Por isso, esse drama é poema: e esse poema é o único que mereceu do autor o nome de tragédia[41].

38. *O Espectador Apaixonado*, *op. cit.*, p. 45.
39. *A Expressão Dramática*, *op. cit.*, pp. 91-92.
40. "La Tradizione Tragica, VI Colloquio Letterario di Zagreb, Iugoslávia, 1973 (datilografado, Gabinetto Vieusseux).
41. "Estátua de Sangue", no programa da peça *Henrique IV*.

Jacobbi reafirma, mais uma vez, no programa da peça, seu conceito sobre a função do diretor de teatro: "Quanto a mim, creio que uma peça é feita de palavras. Cabe-nos humildemente, interpretá-las"[42]. Informa também sobre o procedimento direcional específico:

O meu maior trabalho foi a análise do texto para que os intérpretes tivessem uma noção exata do que Pirandello pretendeu dizer, coisa nem sempre fácil. Num certo sentido, já me daria por satisfeito se pudesse trocar em miúdo, para o povo, a filosofia pirandelliana[43].

Clóvis Garcia reconhece o mérito desse trabalho:

A concepção do espetáculo, acertada e conveniente às condições do elenco, o resultado obtido com os atores, a força dramática do texto transmitida ao público credenciam a presença de Ruggero Jacobbi como o eixo do espetáculo na sua realização plena[44].

A personagem-título é uma grande oportunidade para Sérgio Cardoso mostrar mais uma vez a qualidade de seu trabalho e, com ele, o intérprete recebe o Prêmio Governador do Estado de São Paulo e o Prêmio Sacy do jornal *O Estado de S. Paulo* como melhor ator de 1957. A parceria que se estabelece entre diretor e ator é uma das mais ricas do teatro brasileiro.

42. *Idem.*

43. Luiz Giovanini, "Dura Prova para Sérgio Cardoso o Papel Principal de Henrique IV", recorte sem identificação (arquivo particular Ruggero Jacobbi).

44. "Teatro em S. Paulo", recorte sem identificação (arquivo particular Ruggero Jacobbi).

# 10. Panorâmica 6 – Porto Alegre (1958-1959)

Em 1958, Jacobbi transfere-se para Porto Alegre, para tornar-se diretor e professor do Curso de Estudos Teatrais da Universidade do Rio Grande do Sul – URGS. Naquela cidade, funda com sua mulher naquele período, a atriz Daisy Santana, que participara do elenco da companhia de Dercy Gançalves, a Companhia Teatro do Sul, na qual dirige os espetáculos: *Don Juan*, de Guilherme Figueiredo, *A Falecida Mrs. Blake*, de William Morum e William Dinner, *O Outro Lado do Rio*, de sua autoria, e *O Leito Nupcial*, de Jan Hartog, todos apresentados no Teatro São Pedro, em 1959.

*Don Juan*, 1959. Daisy Santana e Fernando Villar. Acervo: Ruggero Jacobbi.

Ruggero Jacobbi e Cacilda Becker, em Porto Alegre, no final da década de 1950. Recorte de jornal. Acervo: Ruggero Jacobbi.

Walmor Chagas e Ruggero Jacobbi. Acervo: Linneu Dias.

# 11. Zoom n. 3 – Ensino do Teatro

A fundação do Curso de Estudos Teatrais da Faculdade de Filosofia do Rio Grande do Sul é a iniciativa de maior relevo protagonizada por Jacobbi no campo do ensino do teatro. Não se trata, no entanto, de sua primeira ação no sentido de sistematizar o ensino e o aprendizado da arte cênica.

Ruggero Jacobbi exercita-se como professor não apenas no âmbito do ensino formal, mas durante a elaboração do espetáculo teatral propriamente dito. Os ensinamentos transmitidos abrangem primordialmente temas específicos da dramaturgia, da estética e da história do teatro, sempre sustentados por uma sólida ética. Seu intuito permanente é informar seus parceiros e instrumentalizá-los por meio do conhecimento a tornarem-se artistas atuantes, capazes de identificar neles próprios os meandros da criação, apropriarem-se das suas descobertas, e expressá-las em arte, ultrapassando assim a condição de meros executantes, para assumirem a importância de sua presença sobre a cena.

Jacobbi exerce formalmente a atividade docente no Brasil em várias escolas e instituições culturais, dedicando-se sempre ao ensino de história do teatro, de dramaturgia, de estética e de direção teatral.

Em 1952, Jacobbi torna-se professor de Drama, no curso de Interpretação da Escola de Arte Dramática (EAD). Criada por Alfredo Mesquita, em 1948, ela será anexada à Universidade de São Paulo somente em 1969. O programa do curso, a ser ministrado, juntamente com G. Thomaz, a alunos do terceiro ano, é o seguinte: leitura, estudos e ensaios de cenas das peças *A Mulher sem Pecado*, de Nelson Rodrigues, *Núpcias de D. João Tenório*, de Paulo Gonçalves, *O Mentiroso*, de Goldoni, *O Macaco Peludo*, de O'Neill, *Esquina Perigosa*, de Priestley, e *A Marechal*, de Molnar; dados sobre a vida e a obra de Alfieri; leitura, pelo professor, de *Antígona*, de Alfieri; o surrealismo e o teatro; comentários sobre *Monsieur Boble*, de Schéadé; método de análise de um texto. Foram seus alunos: Floramy Pinheiro, Rosires Rodrigues, Armando Pedro, Emílio Fontana, J. Henrique de Carli, entre outros.

Apesar de certas divergências com Alfredo Mesquita, Jacobbi atribui grande importância à EAD dentro do panorama teatral brasileiro:

> Se alguém nos perguntar qual a instituição, em São Paulo, cuja morte acarretaria a frustração de nosso movimento teatral, responderia sem hesitar que é a Escola de Arte Dramática. Entre as muito louváveis ou mesmo excepcionais realizações do teatro paulista (ou seja, em outras palavras, do teatro brasileiro) esta é a única que se nos afigura organicamente necessária. Ela não é apenas insubstituível: ela é a garantia do nosso futuro. Sem o constante apelo à cultura, à paciência técnica, à exigência experimental que a EAD representa, nossa renovação teatral poderia facilmente encaminhar-se para um novo e mais alto tipo de profissionalismo acadêmico, de futilidade espetacular ou mesmo de improvisação. [...] Cabe à EAD a função de *memento mori*, a função do Outro dialético, a função do advogado do diabo. Sua existência é o nosso estímulo e a nossa imunização. É a garantia de que continuaremos a ser moços até o fim; gente de cultura e não, apenas, profissionais de teatro; revolucionários e não conservadores; cosmopolitas e não provincianos. [...] Ergue-se validamente uma instituição tão anônima, coletiva, antiindividualista e quase ascética [...], onde o aluno deixa praticamente o nome e o sobrenome fora da porta, e o professor abre mão de suas vaidades profissionais para voltar à atmosfera difícil e perigosa do experimentalismo[1].

Na EAD, Jacobbi dirige, em 1952, *Um Pedido de Casamento*, de Anton Tchékhov, que tem sua primeira apresentação no Sanatório Otávio de Freitas, em Recife, em 13 de julho de 1952. No elenco estão: Armando Pedro, Floramy Pinheiro e Eduardo Bueno.

Em 1953, Jacobbi abre o Ciclo de Conferências sobre Encenação dentro da programação de Cursos Extras da EAD, ficando sob seu encargo os dois primeiros temas. A primeira conferência, realizada em 13 de abril, é denominada "A Experiência Diretorial". Dela constam os seguintes tópicos: O diretor como intérprete; O diretor como criador; O teatro teatral e o teatro literário; Paralelo entre diretor tetral e diretor cinematográfico; O diretor diante do texto; O diretor diante dos aspectos plásticos do espetáculo; Ditadura e democracia no trabalho diretorial; O verdadeiro sentido de *Trabalho de equipe*; O diretor diante dos atores; Direção como psicologia e como *diplomacia*; O diretor diante do público. A segunda conferência, realizada em 20 de abril, é

1. *Dionysos*, Rio de Janeiro, MINC/ Fundacen, n. 29, dedicado à Escola de Arte Dramática, 1989, pp. 15-16.

denominada "Do Naturalismo aos Nossos Dias". Dela constam os seguintes tópicos: Antoine e o Teatro Livre; Os Meiningen, Adolphe Appia ou a revolução pela cenografia, Gordon Craig ou a abstração teatral; Stanislávsky e o método psicológico; Exemplos de *diretor criador*: Taírov, Meierhold, Bragaglia, Gaston Baty; A escola alemã: Reinhardt e Piscator; A escola francesa: Copeau, Dullin, Pitoëff, Jouvet, Barrault, Barsacq etc.; Estado atual da direção teatral na França, Inglaterra e Estados Unidos; O exemplo de Jean Vilar; A direção teatral no Brasil. O ciclo é realizado no teatrinho da EAD e estende-se até o início de junho, com a participação dos conferencistas Ziembinski, Luciano Salce e Adolfo Celi. Jacobbi integra também a banca examinadora dos exames públicos da EAD, em 1952 e em 1953.

Em 1952, Ruggero Jacobbi torna-se diretor do Centro de Estudos Cinematográficos, patrocinado pela Prefeitura Municipal de São Paulo, cujo presidente de honra é Alberto Cavalcanti. Nessa época é inaugurada nova sede social do centro, à Rua Conselheiro Crispiniano, com instalação completa para aulas, conferências e projeções.

São dois os cursos ali oferecidos, ambos com a duração de dois anos: o Curso Preparatório para Técnicos Cinematográficos e o Curso de Arte Dramática e Interpretação Cinematográfica. Além de diretor, Jacobbi é responsável pelo Curso de Arte Dramática cuja banca examinadora é presidida por Cacilda Becker. Integram também o corpo docente do curso José Renato e Antunes Filho.

Semanalmente são promovidos a exibição e o posterior debate de um filme. Inaugura a série *Paisà*, de Roberto Rossellini. O Centro realiza também conferências e debates sobre a situação do cinema no Brasil e no mundo. Seus alunos integram elencos de filmes produzidos na época, como *Uma Pulga na Balança*, do qual participa John Herbert, ou *Esquina da Ilusão*, longa-metragem dirigido por Jacobbi, na Vera Cruz. Algumas vezes aqueles alunos também trabalham como assistentes de direção e de produção.

Uma crônica, publicada em 1952, nos informa sobre a importância que Jacobbi atribui ao seu trabalho como professor:

> Pergunta-me o leitor do que que eu gosto mais, de teatro ou de cinema. O leitor certamente vai ficar decepcionado quando souber que o meu maior gosto no momento, relacionado com o teatro e o cinema, é o de dar aulas. As poucas coisas boas ou úteis que tenho feito no campo do espetáculo pertencem de algum modo à atividade didática. Comecei trabalhando num teatrinho universitário, isto é, como professor improvisado de outros moços da minha mesma idade. Depois, instintivamente, liguei-me a grupos de amadores, a iniciativas de vanguarda, outra experiência escolar, para mim e para os que eu dirigia. Como crítico, tenho uma irresistível tendência para o professoral. Não é pedantismo, é doença. Não compreendo como possa um crítico ficar no *gostei – não gostei*, mesmo que sustentado por refinada sensibilidade estética, e ignorar os problemas gerais, o lado ético e coletivo da atividade crítica, a ação – direta e polêmica – sobre o gosto e a cultura do público. O Teatro dos Doze (a mais bela aventura de minha vida) foi uma escola rápida, violenta e prática de teatro, tão eficiente que chegou a criar em certos

atores a inadaptabilidade a outros meios teatrais; em mim uma saudade que nada pode apagar. O tempo que passei na Escola de Arte Dramática foi dos mais ricos de experiências e resultados de toda a minha atividade teatral. Nunca senti muito a emoção das estréias, entretanto as noites de exame dos *meninos* sempre foram para mim um tormento – e muitas, muitas vezes, uma grande alegria. Quantas vezes a hora de aula (hora noturna de trabalho duro depois do trabalho duríssimo) foi para mim a única compensação contra o péssimo teatro, contra o péssimo cinema em que eu me encontrava a lutar – foi a hora do esquecimento de todas as ingratidões, de todas as incompreensões, a hora de voltar a acreditar no teatro! Ainda hoje, para não perder o hábito, continuo lecionando para o Centro de Estudos Cinematográficos, esta instituição única de idealismo, rigor artístico que nesses dias nos está proporcionando um acontecimento histórico, a mostra retrospectiva do cinema brasileiro em colaboração com o Museu de Arte Moderna. Tenho alunos de estética que pertencem ao curso de técnicos e ao Curso de Arte Dramática. É um centro na sua totalidade. E tem o meu curso de Arte Dramática, que agora ficará entregue por algum tempo a um antigo aluno meu (e mais ainda aluno de Alfredo Mesquita), culto, talentoso e paciente, José Renato, autor, diretor e intérprete que tem diante de si um futuro brilhantíssimo no teatro nacional. O curso já está dando resultado, superando mesmo as expectativas do centro e os compromissos assumidos com o público e as autoridades, os *meninos* trabalham. Os resultados serão bem cedo visíveis – e o maior deles será o último que coroará a obra, o Teatro Paulista do Estudante[2]. Enquanto isso eles ensaiam Salacrou e os coros de poetas modernos fazendo experiências práticas diante das câmeras. Alguns deles já apareceram em filmes nacionais e outros vão aparecer. Na hora em que me vejo obrigado a reduzir por algum tempo minha atividade didática para dedicar-me à direção de um filme[3], sinto o dever de agradecer aos meus grandes amigos do centro por me terem proporcionado mais essa satisfação. Meus caros Paulo, Saulo, Dirceu, Trigueirinho, Rosemary, não se deixem abater pelas dificuldades, não liguem para o que se passa fora de sua luta que poucos conhecem. Algum dia vocês terão a mesma satisfação que eu tenho todas as vezes que vejo um dos Doze ou da EAD no palco, algum dia vocês também vão saber por experiência própria que toda a arte moderna nasce em teatrinhos, em salinhas, em porões, em sótãos, em escolas, em clubes, em *centros*, longe dos medalhões, dos intrigantes, dos incompetentes e dos políticos[4].

O Conservatório Dramático e Musical é fundado por Gomes Cardim, em 1911, em São Paulo. Seu diretor em 1955, Wilson Rahal, reativa o curso de arte dramática daquela instituição, que ocupa um velho edifício da Avenida São João, e confia sua direção a Ruggero Jacobbi. Seu objetivo é fazer com que o Conservatório retorne às suas melhores tradições, contribuindo assim para a renovação do teatro brasileiro. O curso tem a duração prevista em três anos, sendo que os dois primeiros, de formação de atores, devem ser didáticos; neles são oferecidas as matérias: Interpretação, Estética (O que é arte; Análise e comparação entre as artes; História das Idéias Estéticas; Estética do Teatro, como texto e como espetáculo) e História do Teatro (Teatro Grego, Oriental e Medieval; Renascença ao Romantismo e Teatro Mo-

2. Fica evidente, nesse comentário, que Jacobbi idealiza o Teatro Paulista do Estudante três anos antes de sua efetiva criação em 1955.

3. O filme em questão é *Suzana e o Presidente*.

4. "Experiência Escolar", *Folha da Noite*, 3 dez. 1952.

derno e Contemporâneo), ministradas por Jacobbi; Elementos Básicos da Dança, por Laura Moret e Mímica, por Herbert Schubert.

No terceiro ano, de especialização, o aluno pode optar por: a) Interpretação: aulas de poesia, comédia, drama, técnica de voz e canto, espetáculos públicos sob a direção do professor; b) Direção, com programação específica; c) Literatura Teatral, para os alunos que tenham por objetivo escrever, traduzir ou adaptar peças.

O curso noturno tem previstas, aos sábados à tarde, conferências e debates. Do exame de admissão constam: interpretação de um texto (poesia ou teatro) escolhido pelo aluno; leitura de texto escolhido pela banca na hora do exame; perguntas sobre cultura geral. Uma banca examinadora composta por diretores, críticos, atores, autores, além dos professores titulares, fará a avaliação anual por meio de apresentação de cenas pelos alunos de primeiro ano e de peças em três atos pelos de segundo ano. A avaliação deve incluir, evidentemente, o aproveitamento do aluno nas disciplinas cursadas.

Em Porto Alegre, o período que antecede a implantação do Curso de Estudos Teatrais é marcado por um forte movimento teatral amador. Em 1942, Renato Viana funda a Escola Dramática do Rio Grande do Sul e cria o Teatro Anchieta, no qual os alunos formados por aquela escola fariam suas apresentações. Em 1944, surge o Teatro do Estudante, do qual participam Walmor Chagas, Guilherme Corrêa e José Lewgoy. O Teatro do Estudante é o primeiro grupo amador que desenvolve um trabalho conseqüente na cidade por aproximadamente uma década. Em 1946, Renato Viana volta ao sul e cria o Teatro do Povo, que anseia em transformar trabalhadores e operários em intérpretes e espectadores.

Em 1955, no entanto, não existe qualquer escola de teatro em atividade em Porto Alegre. Naquele ano, alternam-se em cartaz, na capital gaúcha, peças cariocas e paulistas em *tournées* pelo sul do país. Em 19 de abril de 1955 é fundado um grupo teatral vinculado – inclusive financeiramente – à União Estadual de Estudantes (UEE). O Teatro Universitário estréia em maio com a encenação de *O Marinheiro*, de Fernando Pessoa, realizada por Antonio Abujamra, que é diretor do Departamento de Teatro da UEE. Carlos Murtinho é o responsável pela montagem seguinte, da qual Fernando Peixoto, primeiro secretário do Teatro Universitário, participa como ator.

Naquele mesmo ano de 1955, o Clube de Cinema convida Ruggero Jacobbi para dar uma palestra sobre sua experiência como diretor nas companhias cinematográficas Vera Cruz e Maristela. Integrantes do Teatro Universitário convidam-no então para dar três palestras sobre teatro na Faculdade de Filosofia. Os temas escolhidos pelo palestrista são: "A Situação do Teatro no Brasil"; "A Expressão Dramática" e "A Função dos Amadores e dos Pequenos Teatros". O grande sucesso que alcança o ciclo de conferências – cujas platéias estão sempre lotadas – é sem dúvida elemento importante para a criação do Curso de Estudos Teatrais na Universidade do Rio Grande do Sul, em 1958, efetivada pelo reitor Elyseu Paglioli, que convida Jacobbi para assumir a direção. Além de diretor, ele se encarrega das disciplinas de Teoria e História do Teatro e Direção Teatral, é o responsável pelo Seminário de Direção Teatral, organiza o Seminário de Composição Dramática e colabora com a Faculdade de Arquitetura ministrando palestras sobre estética e arquitetura teatral.

Jacobbi desdobra o Curso de Estudos Teatrais em dois setores: o Curso de Cultura Teatral, destinado a professores, intelectuais, estudantes ou pessoas interessadas em conhecer e analisar os problemas do teatro, e o curso de Arte Dramática, destinado exclusivamente à formação de atores. Para seguir o curso de Cultura Teatral, que tem duração de dois anos, o aluno não necessita cumprir pré-requisitos: deve efetuar os pagamentos de matrícula de cento e vinte cruzeiros e de uma taxa escolar de setecentos cruzeiros. Já o curso de Arte Dramática, com duração prevista de três anos, exige aprovação em rigoroso exame de seleção e o pagamento de taxa escolar de apenas duzentos cruzeiros. Do corpo docente fazem parte: Angelo Ricci, Gerd Bornheim, Guilhermino César, João Francisco Ferreira, Madeleine Ruffier e Tony Seitz Petzhold. Em 1958, inscrevem-se cerca de sessenta alunos no Curso de Cultura Teatral e são admitidos trinta alunos no Curso de Arte Dramática.

O principal objetivo do Curso de Arte Dramática é profissionalizar o teatro gaúcho. O curso é noturno pois os alunos trabalham durante o dia. Jacobbi lamenta a escassez de tempo para o ensino de teatro e compara a situação gaúcha com a realidade da Accademia d'Arte Drammatica. Em Roma, as aulas têm início pela manhã, os alunos recebem almoço gratuito, permanecem até o final da tarde, são pagos pelo governo e proibidos de exercer qualquer outra atividade. Apesar da diferença, Jacobbi reconhece a importância da iniciativa, principalmente no sentido da descentralização do teatro brasileiro.

A aula inaugural do curso proferida por Jacobbi é publicada no Boletim Informativo da faculdade[5]. A filosofia teatral de Jacobbi está ali presente e justifica sua transcrição, anexada no final deste estudo.

O diretor dos espetáculos-exames de fim de ano é sempre Jacobbi. Ele privilegia a diversidade ao escolher os textos a serem encenados, para promover uma eclética vivência teórico-cênica dos alunos. Sua intenção é criar um estilo cênico adequado para as três categorias fundamentais da expressão dramática: a tragédia, a comédia e o drama.

5. Ver texto da aula inaugural *infra*, pp. 283-290.

*Egmont*, 1958 (ensaio). Ruggero Jacobbi dirigindo um aluno.
Acervo: Ruggero Jacobbi.

As montagens programadas como exame dos alunos do primeiro ano, em 1958, são as seguintes: *Egmont*, de Goethe, *O Novo Teatro*, de Rosso di San Secondo (que por exigência de alto pagamento de *a valoir* feita pela viúva do autor não é levada à cena), e *As Casadas Solteiras*, de Martins Pena. Segundo Fernando Peixoto:

> Ele diversificava, não só para a gente experimentar na prática, representar um tipo de dramaturgia inteiramente diferenciado através do curso, como também para centralizar a parte dos estudos teóricos nisso aí. Que ele desse uma História da Dramaturgia, digamos, quando a gente estava ensaiando uma peça grega, a gente mergulhava no teatro grego com uma profundidade muito maior e, em outros momentos, estava mergulhando no romantismo alemão, de repente, no Brasil. Isso era uma coisa em que ele acreditava muito, o Ruggero, nessa relação entre a prática e a teoria, e ele achava que o fato de você estar ensaiando uma peça propiciava um estudo sobre as implicações teóricas que estão na peça muito mais amplo do que se ficar tratando disso. E ele queria tirar proveito disso, por isso o repertório era escolhido assim, ele selecionava as peças dessa forma[6].

*Egmont* conta com a participação da Orquestra Universitária de Porto Alegre, sob a regência de Pablo Komlos, que executa músicas de Beethoven. A encenação situa-se entre as mais ricas, mais luxuosas e aparatosas vistas naqueles tempos em Porto Alegre. *Egmont* participa do II Festival Nacional de Teatros de Estudante, em Santos, em que recebe quatro prêmios: prêmio de viagem para o espetáculo, prêmio de ator para Wolney de Assis, prêmio de ator para Fernando Peixoto, prêmio de atriz para Dilma Fábregas. Sábato Magaldi assiste ao espetáculo durante o festival santista e observa:

> Embora prejudicado pela necessidade de adaptar-se ao palco do Coliseu, o *Egmont* dos estudantes gaúchos também se assinalou pelas virtudes. Ruggero Jacobbi conseguiu dar unidade à difícil armação do espetáculo, no qual sobressaíram Wolney de Assis, um dos melhores intérpretes do certame, Dilma Fábregas, Fernando Peixoto e Elisabeth Hartmann. Ouvimos críticas endereçadas à frieza tanto de *Egmont* como de *A Devoção à Cruz*. Parece-nos, antes, a procurada disciplina a que se submetem os melhores conjuntos profissionais do país, em contraposição a uma exuberante teatralidade que se vale de recursos mais primários[7].

Em 1959, sempre sob a perspectiva do ecletismo, são encenadas por Jacobbi as peças: *Electra*, de Sófocles, *O Corvo*, de Carlo Gozzi, em adaptação de sua autoria, e *Auto de Natal*, de autor anônimo português.

Em 1959, Jacobbi realiza o Seminário de Direção, que se constitui de doze aulas teóricas ministradas a seis alunos do segundo ano, observando o seguinte programa: *1)* a peça: atmosfera, estilo, ritmo; *2)* a distribuição de papéis; *3)* os ensaios de leitura; *4)* a marcação; *5)*

6. Entrevista à autora em 23 de fevereiro de 1998.
7. "Espetáculos de Santos", *O Estado de S. Paulo*, Suplemento Literário, Ano 3, n. 143, 8 ago. 1959, p. 5.

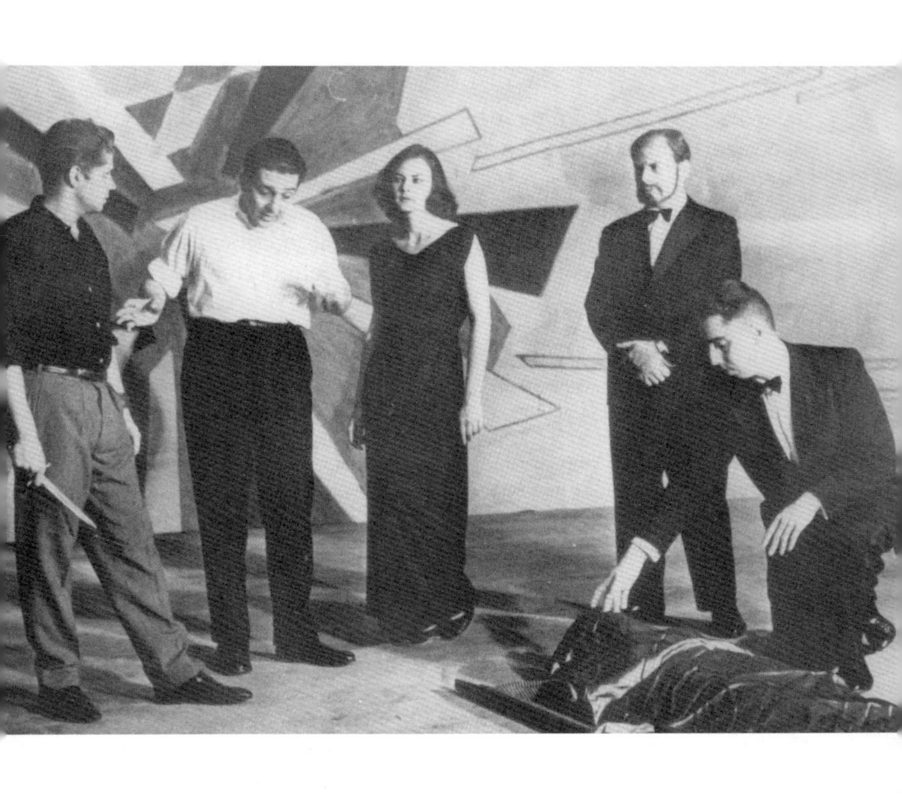

*Electra*, 1959. Ruggero Jacobbi entre Wolney de Assis e Elisabeth Hartmann. Acervo: Ruggero Jacobbi.

relações entre ator e diretor; *6)* relações entre cenógrafo e diretor; *7)* a execução da montagem; *8)* a iluminação; *9)* ensaios corridos e gerais; *10)* música e sonoplastia e *11)* relações com a crítica e com o público. Seus conceitos sobre direção teatral são explicitados na época da seguinte maneira: "Minha direção é uma operação crítica: só gosto de dirigir quando consigo sintetizar um fato de cultura com uma realização artística"[8]. E também:

> A direção é um fenômeno sintético que engloba várias atividades teatrais. Um entre outros dos que trabalham em teatro de repente vira diretor. É preciso ter uma compreensão sintética do teatro que vai permitir o fenômeno da direção. Esse é um fato estético muito complexo, necessitando uma vida espiritual, uma compreensão literária e artística, conhecimentos indispensáveis, uma participação social, responsabilidade do texto perante o público e uma série de convenções morais, sociais, estéticas, adultas e complexas. Ensaiadores há muitos (qualquer bom ator pode chegar a sê-lo) mas diretores há poucos[9].

Resultam daquele seminário os espetáculos: *Matar*, de Paulo Hecker Filho, direção de Fernando Peixoto, e *Lição de Botânica*, de Machado de Assis, direção de Armando Ferreira Filho, apresentados em outubro de 1959.

O Seminário de Composição Dramática é inaugurado por Augusto Boal e prossegue sob orientação de Sábato Magaldi. Nele inscrevem-se doze autores com um total de dezesseis peças analisadas.

A idéia de transformar a primeira turma de atores formados pelo curso em um grupo de teatro não chega a vingar. No entanto, a profissionalização é atingida por vários dos alunos, e grande parte deles se transfere para São Paulo e para o Rio de Janeiro, como Fernando Peixoto, Enio Gonçalves, Elizabeth Hartmann e Wolney de Assis. Linneu Dias, que trabalha naquela escola como assistente geral do diretor, terá igualmente atuação destacada no panorama teatral brasileiro.

Segundo informa matéria publicada no oitavo número da revista *Habitat*, *o* maior sonho de Jacobbi é

> [...] organizar em São Paulo uma universidade de teatro, destinada não à formação de atores (para a qual já existe uma escola especializada em São Paulo), mas sim à formação do público através de cursos de estética e história do teatro, planejados de maneira orgânica, de forma a favorecer o estudo do fenômeno teatral desde suas manifestações primitivas e folclóricas até suas expressões poéticas universais. Um instituto cultural único, até hoje, no mundo[10].

8. Entrevista a Claudio Heemann, "Se Fosse para Dirigir mais um Grupo Teatral Não Teria Vindo", *A Hora*, Porto Alegre, recorte de jornal sem data (arquivo particular Ruggero Jacobbi).

9. "Ruggero Jacobbi Fala sobre o Curso de Teatro, recorte de jornal sem identificação [1958?] (arquivo particular Ruggero Jacobbi).

10. Embora seja um recorte sem data, sua publicação antecede, evidentemente, a ida de Ruggero Jacobbi a Porto Alegre (arquivo Maria Thereza Vargas).

O Curso de Cultura Teatral realiza parcialmente aquele sonho, pois tem como propósito fundamental a constituição de uma platéia informada sobre a questão teatral em suas diferentes instâncias e, conseqüentemente, capaz de contribuir de modo positivo e efetivo para a evolução do teatro. Jacobbi publica em 1973, seu livro *Guida per lo Spettatore di Teatro*. Na atualidade, principalmente a partir do final dos anos de 1990, a formação específica do público tem merecido uma especial atenção dos estudiosos.

# 12. Panorâmica 7 – Porto Alegre (1960)

O trabalho desenvolvido por Jacobbi em Porto Alegre que, além da criação do Curso de Estudos Teatrais, inclui o curso de Estética ministrado na Faculdade de Arquitetura da Universidade do Rio Grande do Sul e a criação da Companhia Teatro do Sul, marca o fim das suas atividades no Brasil. Ele não chega a acompanhar a formatura da primeira turma do curso de teatro, pois embarca para a Itália no início do ano letivo de 1960, mais precisamente, em 6 de março de 1960.

Poucos meses antes de seu regresso, Franco Zampari acena com a possibilidade de entregar-lhe a direção artística do TBC que se encontra, no final dos anos de 1950, em uma grave crise. Jacobbi entusiasma-se com a idéia e põe-se imediatamente a trabalhar, selecionando textos. Convida Fernando Peixoto para ser seu assistente e elabora planos de ação. No entanto, no início de janeiro de 1960, ao saber que Zampari optara por Flávio Rangel para diretor do TBC em seu lugar, Ruggero considera pertinente a escolha feita pelo empresário italiano: "Chegou o momento de entregar o processo cultural, que é também o processo social aos brasileiros. Foi para isso que eu sempre ensinei e lutei. A bola está com vocês. É hora de voltar à Itália"[1].

Ruggero deixa o país porque está amargurado com o Brasil. Começa a sentir-se hostilizado. De um lado, é muito festejado como uma sumidade, uma pessoa importante, mas de outro, sofre severas críticas, principalmente por parte de jovens que começam a fazer teatro então

1. Fernando Peixoto, *Um Teatro Fora do Eixo*, *op. cit.*, p. 250.

e, politicamente, posicionam-se contra os estrangeiros. Os novos grupos de vanguarda que florescem, então, acusam-no de fazer um teatro tradicionalista: montar um texto de Guilherme Figueiredo, naquele momento, é considerada iniciativa totalmente descabida.

De certa forma ele sente que sua missão brasileira terminou. Seu prestígio passa a ser menor e faltam recursos econômicos para a realização de seus projetos. Na única viagem à Europa realizada por Jacobbi durante sua estada no Brasil, ele participa, em 1955, da Conferência da Paz, ao lado de Paschoal Carlos Magno. Na volta, sua presença naquela conferência é anonimamente denunciada. O DOPS – Departamento de Ordem Pública e Social – quer expulsá-lo do país. É feito, então, um abaixo-assinado encabeçado por grandes nomes do teatro brasileiro, como Cacilda Becker e Paulo Autran, entre outros. Seu destinatário é o presidente da República. Juscelino Kubitschek de Oliveira manda arquivar o processo de expulsão. Segundo Sérgio Britto, há um perigo premente que força sua saída do Brasil:

> Ele estava trabalhando em Porto Alegre quando fugiu. Fugiu porque estava sendo perseguido, iam pegá-lo como comunista. [...] A ditadura estava se armando. E estava se armando uma coisa perigosa: "o estrangeiro Ruggero Jacobbi, ligado ao Partido Comunista Italiano". [...] Ele fugiu de uma hora para outra. [...] Ruggero estava muito aflito na véspera do embarque, ele estava muito nervoso. Porque eu encontrei com ele, ele estava muito agitado: "– Não sei o que eu vou fazer, talvez eu tenha que sair daqui". Eu não entendi bem: " – Que que há, Ruggero?", "– Não, umas coisas aí, política", não sei o quê... No dia seguinte, o assistente dele me disse: "– O Ruggero fugiu essa noite. Ele ia ser preso, ele ia ser preso". Eu ouvi essas duas coisas dele: "umas coisas políticas" e "não sei se eu posso ficar". Ele estava muito agitado. Foi a única vez que eu encontrei Ruggero que eu não consegui conversar com ele com mais calma. Marcou muito pra mim essa noite. No dia seguinte, ele tinha ido embora[2].

Não existe, no entanto, um fato político preciso que determine sua saída do Brasil, embora pouco antes de tomar a decisão, ele seja chamado, em vários dias sucessivos, pelo DOPS, onde o interrogam sobre supostas atividades comunistas e subversivas. A perspectiva do nascimento de um filho parece ser decisiva para o regresso de Ruggero Jacobbi à Itália. Paola, filha de Daisy Santana, nasce em Milão, em 1960[3].

A consciência do dever cumprido o acompanha:

> Parto satisfeito de ver que os princípios que eu defendia sozinho há tantos anos passados, hoje se tornaram até lugares-comuns: afirmação do realismo contra os delírios místicos, criação de uma dramaturgia brasileira como matéria-prima indispensável do teatro, fundação de uma cultura nacional popular. Cabe aos jovens brasileiros realizar esse programa. Eles já estão começando, alguns com seriedade, outros improvisadamente. Mas o processo histórico é esse mesmo. Não tenham medo de errar. Um espetáculo errado será uma bandeira[4].

2. Sérgio Britto em entrevista à autora em 31 de janeiro de 1998.
3. Dez anos depois, com Mara, Ruggero tem mais uma filha: Laura.
4. Fernando Peixoto, *Um Teatro Fora do Eixo*, *op. cit.*, pp. 250-251.

Antes de partir, Jacobbi consulta seus antigos companheiros do grupo Diogene, de Milão, sobre as possibilidades de trabalho e recebe uma resposta positiva. Ele refere-se à sua tomada de decisão da seguinte maneira:

> Eu saí do Brasil por motivos meus e fui encorajado a sair pela resposta que recebi a uma carta minha. Eu mandei uma carta ao Piccolo de Milão, dirigido então por Grassi e Strehler. E me chegou uma resposta escrita e assinada pelo Grassi e, depois, mais duas linhas do Strehler. E, praticamente, a conversa era essa: "Caso eu resolvesse voltar para a Itália, haveria alguma coisa para se fazer em Milão?" E a resposta era: "Três éramos e três seremos". A frase do Grassi era exatamente essa. E, embaixo, Strehler: "De acordo. De pleno acordo. Giorgio"[5].

5. Ruggero Jacobbi em Maria de Lourdes Rabetti Gianella, pp. 334-335.

# 13. Panorâmica 8 – Itália (1960-1981)

De volta à Itália, Ruggero Jacobbi retoma sua atividade como crítico teatral de jornais e revistas: *Avanti!*, *Il Dramma*, *Paese Sera*, *Avanti!*, *Notizie Letterarie*, *D'Ars Agency*, *Il Dramma*, *Uomini e Libri*, *Tuttolibri*, *Ridotto*, *Revista do IDI* etc., entre 1961 e 1981, ano de seu falecimento.

Em 1961, torna-se diretor da Scuola d'Arte Drammatica del Piccolo Teatro della Città di Milano, cargo no qual permanece até 1965[1]. Com produção do Piccolo Teatro dirige três espetáculos que integram a Mostra Italiana n. 1, criada com o propósito de colocar em cena textos de jovens dramaturgos: *Il Re dagli Occhi di Conchiglia* (O Rei com Olhos de Concha), de Luigi Sarzano, em 1961, tendo como atores, entre outros, Gian Maria Volonté e Carlo Cataneo, *Una Corda per il Figlio di Abele* (Uma Corda para o Filho de Abel), de Anton Gaetano Parodi, também em 1961, e *I Burosauri* (*Os Burossauros*), de Silvano Ambrogi, em 1962, pela qual recebe o prêmio I.D.I. Saint Vincent de melhor direção.

Grande parte de seus estudos refere-se à literatura italiana do século XX: escreve enorme quantidade de ensaios e artigos sobre o tema que foram organizados por Anna Dolfi, no livro *L'Avventura del Novecento*, publicado em 1984, pela Garzanti. Sua obra poética é reunida em dez coletâneas publicadas, mas grande parte dela permanece

1. A escola hoje chama-se Civica Scuola Paolo Grassi e encontra-se desvinculada da estrutura do Piccolo Teatro.

inédita. Em 1974, recebe o Prêmio Vallombrosa de poesia por *Le Immagini del Mondo*.

Desenvolve intensa atividade de tradutor: do espanhol, do francês e do português. Visando à divulgação da literatura brasileira, traduz e publica, nos anos de 1960, a antologia *Lirici Brasiliani*. As traduções que Jacobbi faz de poemas de Murilo Mendes, seu caro amigo, estão reunidas nos volumes *Poesia* e *Le Metamorfosi*. Em 1971, recebe o Prêmio Internazionale Etna-Taormina pela publicação de *Poesia Libertà*, uma antologia poética de Mendes (1925-1970), na qual se encarrega da tradução, da introdução crítica, da nota biográfica e da bibliografia. Em 1973, publica a antologia *Poesia Brasiliana del Novecento*, com poemas de Manuel Bandeira, Mário de Andrade, Cassiano Ricardo, Jorge de Lima, Edgard Braga, Raul Bopp, Dante Milano, Murilo Mendes, Cecília Meireles, Carlos Drummond de Andrade, Henriqueta Lisboa, Augusto Frederico Schmidt, entre outros.

Verte para o italiano algumas peças brasileiras e diversos de seus textos teatrais são publicados: *O Outro Lado do Rio* (*L'altra Riva del Fiume*, 1962), *Il Porto degli Addii* (1965), *Il Cobra alle Caviglie* (1969) e *Edipo Senza Sfinge* (1973).

Escreve monografias sobre Faulkner, Hemingway e Ibsen. Verte para o italiano Rimbaud, Maeterlinck, Garcia Lorca, Benavente, Molière e Lope de Vega.

Em 1973, obtém o Prêmio Silvio D'Amico pelo seu livro teórico *Teatro da Ieri a Domani*.

Trabalha como relator e posteriormente torna-se presidente da Reunião Anual do *Istituto del Dramma Italiano*, em Saint-Vicent, entre 1962 e 1981. Por diversas vezes, atua também como relator nas reuniões da Bienal de Veneza e da Fundação Cini. Representa a Itália, juntamente com Orazio Costa, na Reunião da Unesco, em Bucarest, em 1965, sobre o ensino de Arte Dramática. Jacobbi organiza vários congressos e reuniões sobre teatro em diversas cidades italianas e profere inúmeras conferências sobre Teatro Italiano em diversas cidades do mundo, em Institutos Italianos de Cultura.

A convite do Teatro Experimental do Porto (TEP), Jacobbi vai a Portugal para dirigir *A Estalajadeira* (*La Locandiera*), de Goldoni, que montara no Brasil com o título de *Mirandolina*. Em 20 de setembro de 1966, é expulso daquele país, conforme atesta documento da Polícia Internacional e de Defesa do Estado (PIDE), localizado em seu arquivo, no Gabinete Vieusseux de Florença. A instrução determina que ele abandone o país em 48 horas.

Jacobbi escreve todos os verbetes de teatro brasileiro, da letra C à letra Z, na *Enciclopedia dello Spettacolo* e os verbetes de teatro brasileiro e hispano-americano na *Enciclopedia Universo*.

Ele dirige cerca de vinte espetáculos teatrais, dentre os quais dois com textos brasileiros. Trabalha na RAI-TV (Radio e Televisão Italia-

Ruggero Jacobbi, em conferência na Itália, s/d. A seu lado, Murilo Mendes.
Acervo: Ruggero Jacobbi.

na), adaptando e dirigindo textos da dramaturgia mundial. Ruggero também realiza a leitura de poemas seus em restaurantes romanos em meados dos anos de 1970.

Jacobbi integra o Conselho Diretivo do *Istituto del Dramma Italiano*, (I.D.I.), a *Associazione di Critici Letterari*, o conselho nacional da *Associazione Nazionale Direttori Istituti e Scuole D'Arte* (ANDISA), torna-se redator da *Rivista Italiana di Drammaturgia*, membro fundador da *Associazione Nazionale Critici Teatrali*, Presidente da *Società Italiana Autori Drammatici*. Entre 1973 e 1981, atua como Professor de História do Teatro e diretor da *Accademia Nazionale d'Arte Drammatica Silvio D'Amico*.

A última atividade docente que Jacobbi desempenha é como Professor Catedrático de Literatura Brasileira na *Università Magistero Romana*.

Ruggero Jacobbi assim se reporta ao trabalho que desenvolve em uma de suas últimas entrevistas:

> Há poucos meses, eu deixei a direção da Academia de Arte Dramática, uma vez que incompatível com a minha condição de professor universitário. Eu sou catedrático de Literatura Brasileira – um dos quatro que existem por aqui –, e sou presidente da Sociedade Italiana de Autores Dramáticos. Essas duas coisas não me deixam muito tempo para pensar em outras atividades públicas, quer dizer, eu dirijo alguns espetáculos no verão, espetáculos ao ar livre, ou faço alguma coisa para rádio e para a televisão. Mas, essencialmente, eu faço, em casa, o meu trabalho de escritor[2].

Ruggero Jacobbi morre dia 19 de junho de 1981, aos 61 anos, no Policlínico Gemelli, em Roma.

2. Programa de televisão *Aventura do Teatro Paulista*.

Ruggero Jacobbi. Aula. Acervo: Ruggero Jacobbi.

# 14. Plano Geral

## TEÓRICO E HISTORIADOR DE TEATRO

Os estudos sobre a teoria, a história e a estética do teatro constituem parte importante da obra de Jacobbi. Sua extensa bibliografia teatral inclui livros publicados em português e outros em que a arte brasileira ocupa lugar de destaque. Algumas das obras mais importantes no âmbito do teatro, são aqui brevemente comentadas, como sugestão de mapeamento cronológico de seus estudos.

*A Expressão Dramática*. São Paulo, Ministério da Educação e Cultura/Instituto Nacional do Livro, 1956.

É o primeiro livro publicado por Jacobbi no Brasil, quase cinco anos antes de *Teatro in Brasile*. Seu autor organiza-o nos tópicos "Estudos", "Crônicas", "Fragmentos", "Os Mestres do Dilúvio", "Caderno Secreto" e "Horizontes do Teatro". "Estudos" é uma reunião de artigos sobre a história do teatro mundial. Nas "Crônicas" há referências a grandes artistas da cena européia. Os "Fragmentos" tratam de questões estéticas pontuais, como descreve o autor no subtítulo: "Sobre alguns Tipos de Expressão Dramática". O *ballet*, a declamação, o melodrama, a pantomima, o teatro de arena, a peça policial são alguns dos tipos contemplados. Os "Mestres do Dilúvio" são, mais especificamente, Schéadé e Beckett. Os "Cadernos Secretos" trazem anotações sobre pessoas e situações. Finalmente, em "Horizontes do Teatro", Jacobbi revela um pensador positivista da escola italiana, Giuseppe Ferrari, que discorre sobre a arte, a poesia e o teatro.

*Goethe, Schiller, Gonçalves Dias*. Porto Alegre, edições da Faculdade de Filosofia, Universidade do Rio Grande do Sul, 1958.

O estudo sobre Goethe inclui dois artigos: "Notas sobre o Mito de *Faust*" e "*Iphigenie auf Tauris*", nos quais o mito e a tragédia são analisados. *Iphigenie auf Tauris*, "canto imortal da pureza feminina e das virtudes heróicas" foi encenada, por Schiller, em 1802. A análise, feita em 1955, certamente influencia o dramaturgo Jacobbi a escrever a peça *Ifigênia*, em 1960. No artigo "O Teatro de Schiller", Jacobbi faz uma distinção entre o poema lírico e o poema trágico. Analisa os textos *Os Salteadores*, *Don Carlos*, *Kabale und Liebe*, *A Noiva de Messina*, *Donzela de Orléans* e *Maria Stuart*, tendo como referencial a filosofia e o ambiente sociopolítico da Alemanha do século XIX. O teatro de Gonçalves Dias, segunda e maior parte dessa obra, é constituída por subcapítulos nos quais Jacobbi analisa as peças *Patkull*, *Beatriz Cenci*, *Boabdill* e *Leonor de Mendonça*. O autor analisa também o prólogo de *Leonor de Mendonça* e destaca os valores dessa peça. O estudo sobre a obra dramatúrgica de Gonçalves Dias reafirma a importância conferida por Jacobbi àquele autor brasileiro, cujas qualidades enaltece, destacando-o como grande dramaturgo até então ainda não reconhecido. Os artigos recolhidos nessa publicação haviam sido originalmente publicados no Suplemento Literário do jornal *O Estado de S. Paulo*.

Sábato Magaldi comenta o livro da seguinte maneira:

> Já estava o ensaísta ligado à historiografia teatral brasileira com o ótimo estudo sobre Gonçalves Dias [...] que além de ser o melhor sobre o autor de *Beatriz Cenci*, teve a virtude de iniciar o processo de revalorização do dramaturgo[1].

*Immagine del Brasile*, Roma, Teatro Club / Gênova, Columbianum / Centro Europa – América Latina, 1960.

Nesse opúsculo, Ruggero Jacobbi faz uma análise do Brasil por meio de sua pintura, arquitetura, teatro, dança, música, literatura e cinema. Analisa também os costumes e a religiosidade do povo brasileiro. Cada um dos temas é ilustrado pontualmente com obras da melhor qualidade. É o testemunho sensibilíssimo de um pesquisador do país que, movido pela idealização própria dos poetas, faz uma declaração de amor ao Brasil que comove e, com sua visão abrangente de observador agudo, seleciona aspectos da realidade e da cultura brasileiras, sintetizando o anseio de nacionalidade que vigora naquele momento.

Consta do livro um artigo intitulado "Aventura do Espetáculo". Nele o autor historia o teatro brasileiro por meio dos seus grandes realizadores; inicia a análise citando a atuação de Dulcina de Morais

1. Sábato Magaldi, *Panorama do Teatro Brasileiro*, Rio de Janeiro, MEC/DAC/Funarte/Sit, 2ª ed., s/d, p. 273.

e Álvaro Moreira, e chega aos primórdios do Teatro de Arena. Vale lembrar que também esse opúsculo foi publicado anteriormente ao livro *Teatro in Brasile*, oferecendo evidentes subsídios para aquele estudo.

No apêndice, "Vozes Italianas", Jacobbi elenca os diretores italianos que tiveram atuação destacada no panorama teatral dos anos de 1940 e 1950 no Brasil.

*Teatro in Brasile*. Bologna, Cappelli, 1961. (Coleção Documenti di Teatro, coordenada por Paolo Grassi e Giorgio Guazzotti, n. 18).

É um dos primeiros livros a analisar em profundidade a história do teatro brasileiro. Editado na Itália, um ano após o retorno de Jacobbi à sua terra natal, até hoje, infelizmente, não foi traduzido para o português. Na "Introdução", ao lançar seu olhar para o país e a cultura brasileira em geral, o autor destaca a importância de artistas como Aleijadinho, Di Cavalcanti, Heitor-Villa Lobos, Machado de Assis, Olavo Bilac, Cruz e Sousa, Euclides da Cunha, Oswald de Andrade e Mário de Andrade, entre muitos outros.

No segundo capítulo, o autor passa a relatar a história do teatro brasileiro a partir da descoberta do Brasil pelos navegadores portugueses. A análise é riquíssima, pois não se atém à manifestação teatral, mas estende-se às condições sociopolíticas em que ela se verifica e os meios de produção pelos quais se concretiza. O livro de Jacobbi tem a qualidade de analisar, além da dramaturgia propriamente dita, os principais agentes constituidores de um teatro brasileiro, como os atores, os grupos, os cenógrafos e os animadores culturais. A análise parte de José de Anchieta e prossegue até Ariano Suassuna. No "Apêndice", há um pequeno dicionário de autores brasileiros e uma breve cronologia do teatro italiano no Brasil.

Sábato Magaldi, no *Panorama do Teatro Brasileiro*, lançado em 1962, faz referência a esse livro de Jacobbi:

> Surgiu recentemente na Itália (acabou-se de imprimir em maio de 1961) *Teatro in Brasile*, de Ruggero Jacobbi. Sabe-se que o Autor está muito vinculado ao teatro brasileiro, tendo aqui trabalhado como encenador, professor e crítico, desde 1946. Conhece ele, assim, por experiência própria, todo o movimento de renovação por que passou o nosso palco, a começar de Os Comediantes. Talvez pelo desejo de integrar-se no Brasil, Ruggero Jacobbi debruçou-se sobre o nosso passado literário e teatral, e a conseqüência desse interesse é esse admirável ensaio, a mais completa e aguda síntese crítica sobre a atividade cênica nacional. [...] A análise histórica do teatro é inteligente e ampla, ressaltando-se as observações sobre Martins Pena e Gonçalves Dias. [...] É preciso publicar *Teatro in Brasile* em português, para que se enriqueça o nosso ensaísmo literário[2].

2. *Idem, ibidem.*

*O Espectador Apaixonado*. Porto Alegre, publicações do curso de Arte Dramática, Faculdade de Filosofia do Rio Grande do Sul, 1962.

Nessa edição estão reunidos ensaios diversos de Jacobbi. A publicação data de 1962, dois anos após o retorno de Jacobbi à Itália, portanto.

Sempre norteando-se pela literatura dramática, Jacobbi relaciona obras de diferentes períodos, ampliando as suas possibilidades de compreensão, sejam elas filosóficas ou, particularmente, a respeito de uma determinada personagem. Em cada um desses ensaios, Jacobbi conceitua o drama, segundo abordagens diferenciadas.

Dentre os dramaturgos analisados estão Goethe, Musset, O'Neill, Goldoni, Pirandello, Machado de Assis, Oswald de Andrade, Shakespeare, Betti e Strindberg.

Na crônica que fecha o livro Jacobbi faz uma homenagem emocionada a seus grandes mestres incentivadores: Bontempelli e Bragaglia.

*Teatro da Ieri a Domani*. Firenze, La Nuova Italia, 1972.

Alguns dos artigos incluídos nesse livro, "Sobre as Razões não Formais do Teatro", "Necessidade da Palavra" e "Por uma Interpretação Global do Teatro Moderno", referem-se ao fenômeno teatral. Neles, Jacobbi apresenta exemplos da dramaturgia universal, principalmente do teatro italiano. Há alguns estudos de caráter acentuadamente histórico, como "Dramaturgia e Convenções entre as Duas Guerras e Diagrama das Vanguardas".

Integram também o livro ensaios sobre os autores Pirandello, Rosso di San Secondo e Ugo Betti. No artigo "Do Planejamento Teatral", Jacobbi analisa a relação teatro-estado, a partir de alguns projetos culturais, dentre os quais as propostas de Silvio d'Amico para o incremento da atividade teatral na Itália. No artigo "Bragaglia, Artista e Profeta" mais uma vez Jacobbi rende homenagem ao seu mestre.

O livro recebeu o Prêmio Silvio D'Amico, em 1973.

*Guida per lo Spettatore di Teatro*. Messina, Firenze, G. D'Anna, 1973. (Tangenti: proposte e verifiche culturali per le scuole superiori, n. 26)

O livro é escrito por encomenda do Ministero della Pubblica Istruzione para professores de escolas médias e superiores, para os quais Jacobbi ministra também cursos e seminários.

Inicialmente concebido com o nome de *Guida all'Arte Drammatica*, o livro tem duas partes. A primeira, intitulada "Teoria e Técnica do Espetáculo", é subdividida em quatro itens: Do Teatro; Do Dramaturgo; Do Texto; Do Diretor; e Do Ator, nos quais Jacobbi analisa os elementos constituintes do fenômeno teatral, como a criação dramática, o público, a linguagem dramática, as personagens, a farsa, a comédia, o drama, o diretor, a encenação, a interpretação do ator etc. Utilizando uma linguagem bastante acessível, revela com grande profundidade os meandros de cada um desses elementos da arte teatral.

Na seqüência, analisa, por meio de diversos períodos da história do teatro, o percurso entre o texto escrito e a realização cênica e a maneira como se dá a relação entre o espetáculo e o público. Nesse livro, Jacobbi sintetiza seu conhecimento, apontando as características essenciais de cada período ou de cada dramaturgo citado.

Na segunda parte, intitulada "Confrontos", a seleção de trechos de escritos de autores, atores, dramaturgos, críticos, cronistas, diretores sobre sua experiência teatral, configura um amplo debate de idéias. Entre outros, estão reunidos escritos do próprio autor, de Bragaglia, Craig, Copeau, Strehler, Vilar, Barrault, D'Amico e Grotówski.

*Le Rondini di Spoleto*. Samedan, Suíça, Munt Press, 1977.

Trata-se da reunião de ensaios escritos entre 1961 e 1975 publicados em diversas revistas especializadas e jornais italianos; são reflexões de base filosófica e transcrições de intervenções em encontros sobre teatro. Na "Introdução", Jacobbi explica que não alterou os originais e que as repetições neles por acaso contidas são o testemunho da constância de suas convicções ou, como a elas se refere: "obstinações". Seus conceitos basilares são ali apresentados.

O livro é dividido em três partes, ou três razões. Na primeira, "Razão Pura", são visitados temas relativos à elaboração do espetáculo, ao trabalho do ator e do dramaturgo, tendo como princípio o pensamento dialético. Na segunda, "Razão Poética", estão reunidos ensaios que têm como centro de discussão a dramaturgia, entendida em seu sentido mais amplo, como expressão de uma coletividade. Embora estejam presentes nomes como Barba, Grotówski e Strindberg, nesses ensaios a tônica é fundamentalmente italiana: Pirandello e Rosso di San Secondo destacando-se sempre no panorama apresentado, que abrange mesmo a neovanguarda peninsular. Na terceira, "Razão Prática", dois ensaios refletem a percepção da realidade teatral italiana, quer por meio da crise de sua instituição maior, ou seja, os teatros estáveis, quer da renovação que as escolas de teatro podem significar. No ensaio mais importante da obra: "As Teses de Saint Vincent", Jacobbi formula quinze teses e oito perguntas sobre o teatro moderno.

No "Apêndice", além da crônica que dá título ao livro, são reunidas, sem um critério de seleção identificável, que não o da preferência do seu autor, críticas/crônicas de cinco espetáculos e também dois artigos que abordam a situação do teatro no período abrangido.

*L'Avventura del Novecento – Le Chiavi di Lettura Storiche, Filosofiche e Critiche di uno Straordinario Testimone e Protagonista del Novecento Europeo*. Milano, Garzanti, 1984 (Saggi Blu).

A publicação póstuma reúne escritos de Jacobbi sobre os principais autores da literatura italiana do nosso século. Seu subtítulo – As Chaves de Leitura Históricas, Filosóficas, Críticas de uma Extraordinária Testemunha e Protagonista do Século XX Europeu – nos dá a dimensão da importância que Jacobbi assume como crítico literário quando retorna à Itália. Embora seja um extenso compêndio compreendendo a obra crítica de Jacobbi relativa especificamente à literatura, são feitos comentários pontuais sobre movimentos e dramaturgos que podem lançar luzes sobre algumas facetas do pensamento do autor. O livro é aberto por um breve depoimento de Mario Luzi sobre Jacobbi e por um prefácio, de autoria de Anna Dolfi, também organizadora do volume, sobre as qualidades de Jacobbi, principalmente relativas à sua visão sobre o século XX.

## CRÍTICO NO BRASIL

Durante o período em que permanece no Brasil, e mesmo por algum tempo depois de seu retorno à Itália, Ruggero Jacobbi colabora com diversas revistas brasileiras especializadas em teatro. *Dionysos*, *Revista de Estudos Teatrais e Teatro Brasileiro* são as principais. Em 1947, ele é crítico de cinema no jornal carioca *Diário da Noite*, no início dos anos de 1950, é o responsável pela coluna Teatro do jornal *Última Hora* e, entre 1952 e 1956, assina a coluna diária "Espetáculo" do jornal *Folha da Noite*, de São Paulo. Autodenomina-se cronista, embora as matérias jornalísticas de sua autoria incluam críticas, informações sobre teatro no Brasil e no mundo.

Cerca de setenta artigos sobre teatro e literatura – principalmente italiana – de sua autoria são publicados no Suplemento Literário de *O Estado de S. Paulo*, no período de 20 de outubro de 1956 a 1º de dezembro de 1962.

É grande também a quantidade de artigos sobre autores e peças publicados em programas de espetáculos de teatro brasileiros, dirigidos ou não por ele.

## DRAMATURGO

No Arquivo do Gabinetto Vieusseux foi localizada uma peça inacabada, *Ofelia e il Mercante*, um ato de Ruggero Jacobbi, escrito entre 1940 e1950, que merece menção por trazer alguns elementos recorrentes em sua obra: a retomada de temas e personagens clássicos e de elementos estéticos dos experimentos do começo do século. Personagens shakespearianas como Ofélia, Hamlet e o Espectro, contracenam com outros de forte inspiração simbolista: a morte branca, a morte negra, o coro branco e o coro negro. A descrição da cena nos remete a um gosto vanguardista: no meio da cena negra, uma grande escadaria cinza, aos pés da qual se dispõem os dois coros. As doze páginas datilografadas que restaram têm modificações feitas à mão. Não há referência à peça em nenhum outro documento localizado.

A incursão de Jacobbi pela dramaturgia é esporádica e tem início, de fato, em 1943, quando seu texto *Casa Volmer* é lançado, com o nome de *Almas Perdidas*, pela Companhia de Maria Melato, em Trieste. Apesar de ser representado também em outras cidades italianas, Jacobbi só reconhece certa qualidade nesse texto em 1959.

Dois textos que integram sua obra dramatúrgica são escritos originalmente em português: *O Outro Lado do Rio* e *Ifigênia*.

*O Outro Lado do Rio* é escrito visando à encenação pela Companhia Teatro do Sul, em 1959. Em 1962, traduzida para o italiano pelo autor, a peça é publicada pela revista *Filmcritica*. O texto reflete uma situação do pós-guerra quando diversos guerrilheiros da liberdade se tornaram bandidos. A ação se passa em 1948, em um lugar não identificado da Europa cujos habitantes viveram a ocupação estrangeira, a guerra de libertação nacional e a passagem da ditadura à democracia. Em uma casa isolada, à beira de um rio que delimita a fronteira entre dois países, mora Palmer, artista plástico de quarenta anos que participou da guerra e manca da perna direita em virtude de um ferimento. Na sala da casa, que serve de *atelier* de pintura, há desordem. Palmer está pintando o outro lado do rio, quando chega Eva Storm, uma atriz de cinema, sua amiga, à procura de um amigo comum: Max Arno, herói da Resistência, que está desaparecido desde que foi acusado de ter assassinado o Senador Miller. Bill, William Hunter, jornalista do *New York Post*, chega à casa também à procura de Max, oferecendo a Palmer uma boa soma em dinheiro, em troca de revelações sobre Max que esse possa lhe fazer. Eva, que se esconde quando Bill chega, é descoberta por ele no quarto de Palmer, e convence-o a conversar com o jornalista. Chega, então, Marta, ex-esposa e mãe de dois filhos de Max. Por fim, chega Max, ferido em um braço e tendo na outra mão um revólver. Encontra apenas Marta e Palmer na sala e assusta-se com a repentina entrada de Eva e Bill, que dispara uma foto imediatamente. No início do segundo ato, Bill e Max escutam a gravação da parte da entrevista por eles já realizada. Marta, indignada, quer desgravar a fita, invocando certas reponsabilidades de pai. Max reage, acusando-a de pretender educar seus filhos à imagem do avô materno que é Ministro do Interior. Ela pede-lhe que se entregue à polícia, para depois poderem refazer a família. Max chama Eva e ridiculariza os anseios – particularmente os sexuais – de Marta, que se retira indignada. Max está aguardando a chegada do barco de um contrabandista, seu amigo, para escapar. Ouvem-se os apitos de barcos da polícia, enquanto Max e Eva se retiram para passar talvez a sua última noite de amor, depois de dois anos sem se verem. Depois de uma conversa com Bill, em que se reportam ao acordo já estabelecido com o contrabandista Canaro, Palmer aconselha Max a esperar na floresta que chegue o horário estabelecido para a fuga: cinco horas, pois lá será mais fácil escapar de um cerco policial, se esse for feito. Max comenta a vontade de Marta de que ele se entregue. Despreocupa-se quanto a seu próprio futuro, decidindo aceitar o que lhe possa acontecer. Eva, não encontrando Max, fala a Palmer sobre o seu amor e sua admiração por aquele homem que pode ou não ser um assassino. Palmer acaba por revelar a Eva e a Bill que Max não retornará mais. De repente, Max retorna: teve medo do escuro e decide terminar a entrevista a Bill. Revela suas agruras na luta política: o ideal de obter o reconhecimento dentro de um movimento legal ou de um partido político tornava-se cada vez mais distante e seu grupo passara a aspirar a sobrevivência. O seu prestígio como líder não era suficiente para impedir que os integrantes do grupo aceitassem as propostas bem remuneradas de vinganças pessoais. O grupo está nesse impasse quando sai publicado um discurso em que Miller fala mal de Max. Ele procura-o e, no meio da conversa, tendo indentificado no senador todas as figuras bem postas e ricas contra as quais empreende sua luta, num impulso repentino, mata-o. Os seus comparsas retalham o corpo. Após a confissão, Max percebe que Bill não deixara o gravador ligado. Exige que o ligue. Despede-se de Eva e sai. Chega Marta, apavorada, procurando por ele. Informa que a polícia está espalhada por toda a floresta. Ouvem-se tiros. Max retorna ferido e, antes de morrer, apóia-se no gravador que reproduz a citação feita por ele enquanto a luz chega ao máximo, iluminando o rosto transfigurado de Eva.

Cada uma das personagens apresenta seu ponto de vista e tem sua parte de razão. As indicações didascálicas e o diálogo filiam-se ao realismo e, embora não possa ser considerado um grande texto dramático, nele estão presentes elementos que nos revelam muito do autor. A personagem Palmer, de cerca de quarenta anos, como seu autor, participara igualmente da resistência. Está no limite de dois países, e observa sempre a outra margem. O tema da luta armada da esquerda que tenta resistir a todo o custo aos novos esquemas "democráticos" que se impõem na reconstrução pós-guerra é um dos temas centrais do texto, embora a tristeza das personagens por seus fracassos e suas dificuldades de relacionamento dê à peça certa nuança de drama psicológico. No entanto, o desconsolo é geral. Nenhuma das personagens encontra uma boa saída para sua existência diante da situação. Palmer retirou-se para um lugar isolado; Eva sente-se frustrada como atriz de cinema quando compara seu trabalho com o de suas colegas no palco; seu sonho de amor junto a Max desaparece com ele. Marta, perdida entre um pai ministro e um marido revolucionário, acredita que a reconstituição, mesmo que artificial, de uma família possa ser a solução para a continuidade de sua vida. Falha também. Como preconiza Brecht, em sua concepção dialética do teatro, aqui também não há heróis. São todos vítimas de uma realidade atroz. E mesmo o sonho de mudar a sociedade, vivido por Max até a exaustão, revela-se inútil e a amargura do anti-herói diante do sonho desfeito é ainda mais profunda quando percebe que seus companheiros de luta, seus seguidores, transformaram-se de grupo político em quadrilha de bandidos, cujos instintos beiram a selvageria, pois se Max, em um acesso incontrolável de indignação, é capaz de matar, os outros retalham o corpo em um ato de vandalismo gratuito.

Diante do quadro tenebroso que é pintado por Jacobbi, em contraponto com a plácida paisagem do quadro de Palmer, resta a nostalgia de uma pureza que renasce na evocação poética de uma lembrança infantil. O último quadro, particularmente, tem um forte componente simbolista, acentuado pelas indicações didascálicas relativas ao uso da luz que num crescendo acompanha a curva dramática da cena, que a aproxima inclusive do final de *A Ronda dos Malandros*.

Jacobbi não tem ambição de tornar-se autor. Na maioria das vezes, escreve por alguma necessidade premente, como os diálogos de seus filmes, as adaptações de textos de autores como Balzac, Dostoiévski, Machado de Assis ou de biografias para a televisão.

Em *Ifigênia*, de 1960, Jacobbi retoma a personagem grega de Eurípides, de Racine e de Goethe, elaborando uma peça em versos na qual o estudioso da história do teatro, o poeta e o dramaturgo se fundem. A sacerdotisa Ifigênia, incumbida de sacrificar o estrangeiro e derramar seu sangue no altar para liberar o rei Thoas da destruição que o persegue, acaba por reconhecer no prisioneiro grego seu irmão Orestes a quem perdoa – juntamente com as Fúrias que constituem o coro – pelo crime cometido, facultando a sua volta para Argos. A peça é publicada, em 1960, em quatro números consecutivos da revista *Anhembi*.

Quando retorna à Itália, Jacobbi escreve seis peças. *Il Porto degli Addii* (O Porto dos Adeuses), escrita em 1965, é publicada pela revista italiana *Ridotto* em 1967 e transmitida pela Rádio Suíça Italiana. *La duchessa di Urbino* (A Duquesa de Urbino), inspirada em Lope de Vega, é representada no Teatro Romano de Ostia Antica, e, em 1967, é apresentada em *tournée*, com direção do autor. *Deserto d'Amore* é publicada pela revista italiana *Ridotto* também em 1967. *I Sogni di Madrid* (Os Sonhos de Madri), escrita em 1969, permanece inédita.

*I Sogni di Madrid* é uma comédia à moda antiga em dois tempos e quatro quadros. A ação se passa em Madri, na atualidade, e entre os personagens estão Don Ramiro Mirana y Fuentes, presidente de um imaginário Cataguay; Floriano Marquez, mordomo e atendente; Don Miguel Mirana y Fuentes, playboy internacional; Marilena XV, rainha de Slavonia; a Princesa Anna de Laertenburg e a Princezinha Ingeborg, sua filha.

O *plot* revela a opção política do autor e sua afinidade com questões latino-americanas. Don Ramiro foi deposto pelo general Saavedra e está exilado em Madri. Entre os muitos encontros fortuitos são feitas críticas aos podres poderes e ao abuso de poder: os presidentes do Cataguay roubam, as rainhas exigem relações amorosas. A peça, de muitas palavras e pouca ação, revela também a origem literária do autor. Depois de ler muitos livros, Inge torna-se socialista e seu amado, Miguel, que se lembra de um esquecido diploma em Economia na Sorbonne, transforma-se também. É o milagre do amor que parece autorizar o autor a desrespeitar todo o critério de verossimilhança.

O povo se rebela contra Saavedra, o novo ditador do Cataguay, e o enforca, juntamente com toda a junta militar. Há uma outra forca com o nome de Don Ramiro. Sobre cada enforcado está a foto de Che Guevara.

*Il Cobra alle Caviglie* (A Cobra nos Tornozelos) é publicada pela revista italiana *Dramma* em 1969. É o resultado do desafio proposto pelo diretor Edoardo Torricella para Jacobbi escrever uma peça *nonsense*. A peça integra a primeira parte do espetáculo *Nonsenso Aperto e Chiuso* (*Nonsense* Aberto e Fechado) apresentado no Teatro alla Ringhiera, em Roma. Trata-se de um exemplo contundente da inutilidade do esforço humano.

*Edipo senza Sfinge* (*Édipo sem Esfinge*), escrita em 1973 e encenada pelo Teatro delle Arti, de Roma, no mesmo ano, é publicada pela revista *Ridotto* em 1982. No seu texto de maior projeção, Jacobbi inspira-se no *Édipo*, de Corneille, escrito em 1659.

*Edipo senza Sfinge* é o texto que mais se aproxima da poesia e da visão filosófica jacobbianas; nele estão presentes momentos de síntese, de aprofundamento e de dispersão.

A sinopse de *Edipo senza Sfinge* é a seguinte: Dirce, filha de Laio e de Jocasta, e o herói Teseu amam-se e querem casar-se. No entanto, Dirce está prometida a Emone, filho de Creonte. Jocasta é favorável à união de Dirce e Teseu, pois acredita que não se pode mudar o rumo do amor. Édipo é contra a união, pois já empenhara sua palavra. Convocado, Tirésias informa que o oráculo não lhes dá mais ouvidos desde que Jocasta quis interromper o curso dos fatos, mandando matar seu filho mais velho, após sua predição de que ele iria matar o pai e casar com a mãe. Jocasta acredita que a recusa do oráculo se deve à impunidade do assassino de Laio. Há uma discussão entre Édipo e Dirce, na qual a enteada acusa o rei de ter usurpado o trono que deveria ser seu.

Após a discussão, Dirce, sozinha, ouve o ruído de trovões, pressente alguma desgraça e revela aceitar a vontade de Laio, mesmo que essa seja sua própria morte. Dirce revela a Teseu o objetivo de imolar-se para salvar a cidade, obedecendo assim ao oráculo, que informa que só com o sangue de alguém da família o povo de Tebas será poupado da peste. Jocasta tenta demovê-la da funesta idéia. Édipo toma conhecimento de que o filho de Jocasta e Laio, que deveria ter sido morto, não o fora. Teseu, ao saber que o filho de Jocasta vive, indaga-se se não será ele próprio esse filho. Em conversa com Jocasta percebe, no entanto, que se fosse ele o filho teria assassinado Laio, crime que ele sabe que não cometeu.

No segundo ato, a presença de Forbas provoca em Édipo a revelação de que é o assassino de seu pai. Por um lapso de tempo, Édipo ainda crê ser Teseu o verdadeiro filho de Jocasta, o que impossibilita, portanto, o casamento dele com Dirce. A chegada do Homem de Corinto virá revelar que Édipo é o filho de Jocasta. Édipo decide que irá viver, porém cego, por não ser digno sequer da paz que a morte proporciona. Jocasta, em versos, maldiz sua sorte e invoca a morte. Ao morrer realiza seu próprio desejo de pureza, ao lembrar-se de Dirce e de seu futuro casamento, e não mencionar sequer o nome Édipo, seu filho, seu esposo. É Dirce quem narra, emocionada, o fim de Jocasta.

Édipo, ensangüentado, lamenta, em versos, sua fortuna. No final os versos são titubeantes, as palavras são parcialmente pronunciadas. Após a cegueira que Édipo se inflige, ficando em um estado entre a vida e a antecipação da morte, Tebas volta a ter paz, liberta da peste que a assolava.

É interessante perceber que, embora Jacobbi faça algumas alterações no original sofocliano, inspiradas na versão de Corneille, não altera o fundamento da fábula grega.

A proposta de encenação formulada nas rubricas da peça refere-se à construção semântica da linguagem cênica que vai somar-se ao enunciado textual e, conseqüentemente, modificar a recepção desse pelo espectador. A atualização da fábula em cena é expressa pelo autor, inicialmente, ao nomear o texto não como tragédia, drama, comédia ou farsa, mas como representação, com a intenção de aproximar o máximo possível o leitor da cena, ou o diretor em potencial do espetáculo a ser concretizado. Jacobbi transforma também os atos em tempos, as cenas em episódios e inclui citações antes de cada cena-episódio. *Édipo sem Esfinge* é, portanto, uma representação em dois tempos, dezoito episódios e dezoito citações.

As indicações disdascálicas revelam a poética de Ruggero Jacobbi encenador, encargo que ele soma com o de autor na montagem de 1973, efetivando a fusão preconizada por diretores-teóricos do início do século. Raras vezes o diálogo entre texto e espetáculo é enunciado com tanto equilíbrio. O professor Jacobbi parece traduzir na prática a palavra grega didascália: ensino, reafirmando sua vocação de diretor maiêutico.

Com relação ao tempo, podemos perceber que as indicações, desde o início, desafiam o leitor-encenador a situar a ação em um período pretérito, em uma projeção futura e, o que talvez seja ainda mais instigante, em tempo algum. A rubrica inicial é: “Em uma Tebas sem tempo, talvez antiqüíssima, talvez futura, às voltas com o flagelo da peste”.

Apesar de referir-se à cidade de Tebas, onde historicamente se passa a ação, Jacobbi descreve o espaço cênico como um lugar neutro, mas cheio de sombras e de sinuosidades, onde estão dois grandes cavalos brancos feitos de madeira e uma espécie de ringue no centro delimitado por cordas. Os atores usam máscaras em algumas cenas.

Se os cavalos de madeira remetem nossa imaginação para o cavalo de Tróia, parte indissociável da história grega, o ringue nos lembra imediatamente o teatro brechtiano e as máscaras funcionam como emblemas-síntese da teatralidade no tempo.

O diretor de cena está presente durante todo o espetáculo. Há entre as cenas-episódios um momento que é chamado de *relax*, durante o qual os atores descansam brevemente, fumando, sentando-se, enxugando o suor, trocando o figurino, se necessário. Esse momento é uma forte referência ao intervalo entre os *rounds* de uma luta de boxe. O diretor de cena, como o juiz que determina a continuidade da luta, autoriza a entrada da gravação sonora constituída sempre de uma música seguida de uma citação gravada em voz masculina que abre cada um dos episódios.

Ao iniciar o espetáculo, todos os atores estão em cena e se preparam: colocam os figurinos, lêem, experimentam as máscaras, mas não falam. O diretor de cena verifica o bom funcionamento dos equipamentos como gravador, refletores etc. É uma cena evidentemente construída a partir do procedimento metalingüístico.

As falas, em rimas brancas, têm uma forte inspiração poética. As rubricas contidas no corpo do texto se restringem a entradas e saídas de personagens e a uma ou outra ação específica. Não há qualquer indicação sobre a interpretação do ator. Na última cena, no entanto, as palavras escandidas ou entrecortadas em sua grafia fazem alusão a um estado de sofreguidão da personagem Édipo.

A primeira referência ao uso de máscara situa-se no final da primeira cena, quando Teseu coloca a máscara, sobe ao cavalo e sai. Poderíamos quase associar seu uso ao de um chapéu, ou seja, a máscara não é usada durante a cena, mas à saída da personagem de cena. Poderíamos também pensar que enquanto conversa com sua amada, Dirce, Teseu dispensa o uso habitual da máscara e só a coloca ao despedir-se dela, o que a transformaria em uma máscara social. Em uma cena subseqüente, Teseu e Édipo descem dos cavalos e tiram as máscaras. Seu uso, portanto, estaria associado ao ato de montar a cavalo. Diferentemente do que propõe Jacobbi, no teatro de máscaras o gesto de colocá-las ou tirá-las é geralmente evitado em público, por quebrar sua magia. Jacobbi, portanto, dessacraliza seu uso.

A ação desenvolvida durante o *relax* não é descrita pelo autor. A indicação da entrada da trilha sonora é dada por uma única palavra: Música. As citações são numeradas.

O tempo presente é indicado por um figurino moderno que veste a personagem Dirce, no início do quinto episódio. Ao final da cena, ela cobre esse figurino com um casacão. Além de proteger e esconder, o casaco pode significar a eliminação da referência temporal. É anunciado na mesma rubrica final do episódio o início do rito noturno. O casaco torna-se, portanto, o paramento para o ritual. Depreende-se que o *relax* seguinte acontece com o som de tambores e flautas, assim como o início do sexto episódio, que é aberto com a frase: "O que são esses tambores e essas flautas?" em um exemplo característico da rubrica na tragédia grega, em que as indicações didascálicas são incluídas no próprio enunciado textual.

Apenas antes da sétima citação, Jacobbi faz uma indicação de cena: a entrada lenta de todas as personagens mascaradas é concomitante à citação de *Totem e Tabu*, de Freud, que se refere à imagem enigmática que pede para ser decifrada.

No início do segundo ato/tempo, embora o cenário seja o mesmo, ele tem agora evidentes sinais de esfacelamento. Os refletores piscam em vários pontos, antes de encontrarem a luz certa. O gravador também é testado, girando estridentemente ao contrário, ou em velocidade alterada. O autor esclarece que as palavras "entra" e "sai" indicam a subida e descida do ringue, e que os atores estão sempre presentes, às margens da cena, exceto em casos excepcionais. Imagina-se que essa indicação, embora conste do início do segundo tempo, se refira à mecânica de cena de toda a peça. Por meio dessa indicação, tanto o jogo quanto o distanciamento brechtiano ficam mais claros. Os termos tempos, como na partida de futebol, e os *relax* existentes na luta de boxe, já haviam antecipado essa aproximação que também sugere – embora não venha explicitada – uma maneira de interpretar.

O uso da máscara só é indicado novamente na cena quatorze, quando "Jocasta, mascarada, avança lentamente sob um raio de luar" e na cena dezesseis, quando Édipo "sai do escuro com a máscara coberta de sangue".

As citações não se restringem a épocas, movimentos, nem tampouco à ficção ou à teoria. Elas antecipam os conteúdos dos episódios e funcionam como subpartituras que podem ser compartilhadas tanto pelos atores como pelo público, criando um substrato comum. O roteiro de citações configura uma possibilidade de leitura conteudística do texto.

A observação de um espectador, o escritor italiano Piero Bigongiari, detém-se particularmente na relação autor-diretor:

> Assisti uma vez também a uma sua peça que foi levada aqui em Florença, o *Edipo senza Sfinge*. O que era extraordinário era que ele nos apresentava uma coisa sua de diretor, colocava o seu ativismo no interior da ação poética, havia esse fato vital além do juízo puramente estético sobre certos textos, o emergir a partir deles de uma colocação em obra, de uma *actio continua*, secreta, o que valoriza aquilo que poderia parecer de outro modo ligado a uma poética. Sim, às vezes existe também uma ligação, uma poéti-

ca decisiva, porquanto ele, na sua participação, na encenação do que estava fazendo, existia não só aquilo que é próprio do teatro, isto é, o ver, aquele *theáumae*, mas havia certamente um querer te fazer compreender que participavas de uma ação talvez difícil de acontecer, mas que ele como diretor extraía das próprias dificuldades textuais. Era ainda na sua didática um pequeno louco destemido às voltas com a mesma heteronímia das coisas e dos eventos na sua possível *agibilidade* cênica"[3].

Jacobbi, em artigo que antecede a publicação de uma de suas peças, revela que sempre teve grande dificuldade em considerar-se um dramaturgo e define-se como "dramapurgo", pois talvez "o melhor desse trabalho consista em purgar a si mesmo e aos outros através do gesto dramático"[4].

## TRADUTOR

Um trabalho que Jacobbi desenvolve com constância e assiduidade durantę toda a sua vida é a tradução.

No Brasil, dentro de seu propósito de tornar conhecida a dramaturgia italiana, traduz e adapta *Il Bugiardo* (*O Mentiroso*), de Carlo Goldoni, que dirige, em 1949, no TBC. Juntamente com Maurício Barroso e Carla Civelli, traduz e adapta, embora oficialmente seu nome não conste da tradução, *The Beggar's Opera* de John Gay, como *A Ronda dos Malandros*, que dirige, em 1950, no TBC. O texto de Sergio Tofano, *Buenaventura nel Paese dei Pappagalli*, traduzido por Jacobbi como *A Ilha dos Papagaios*, é montado pelo Teatro Popular de Arte, no Teatro Maria Della Costa, em 1955, sob direção de Gianni Ratto, com Fernanda Montenegro.

A tradução de sua autoria e de Luiz Giovanini de *O Sedutor*, de Diego Fabbri, é montada no TBC, com direção de Eugênio Kusnet, em 1956. E quatro outras suas traduções são montadas também no TBC: *A Rainha e os Rebeldes*, de Ugo Betti, sob a direção de Maurice Vaneau, em 1957, *Vestir os Nus*, de um dos seus autores preferidos, Luigi Pirandello, sob a direção de Alberto D'Aversa, em 1958 e *Quando se Morre de Amor*, de Giovanni Patroni Griffi, sob a direção também de Alberto D'Aversa, em 1959. Já no Rio Grande do Sul, traduz e adapta *O Corvo*, de Carlo Gozzi, que dirige com os alunos do curso de Arte Dramática, em 1959.

Na Itália, depois de 1960, Jacobbi verte para o italiano diversas peças brasileiras: *A Raposa e as Uvas*, de Guilherme Figueiredo, *O Pagador de Promessas* (*Il Pellegrino del Nordest*), de Dias Gomes, que dirige e apresenta na 27ª edição da Festa del Teatro, em julho de

3. Piero Bigongiari, 21 de fevereiro de 1997, *apud* Francesca Polidori, Tese di Laurea (Gabinetto Vieusseux).

4. "Il Cobra alle Caviglie", em *Il Dramma*, n. 13, out. 1969, p. 82.

1973, nas escadarias do Duomo de San Miniato, cidade da Toscana, localizada entre Florença e Pisa, *Revolução na América do Sul* (*Rivoluzione alla Sudamericana*), de Augusto Boal. Os textos *L.S.D.* e *O Contrato Azul*, de Pedro Bloch, traduzidos e reunidos sob o nome de *Racconti di Copacabana*, são também apresentados por Jacobbi em Roma, no *Teatro alla Ringhiera*, com a companhia *Teatro Libero*, em 1970.

Ruggero Jacobbi em filmagem no Brasil. Acervo: Ruggero Jacobbi.

# 15. Montagem Paralela

## CINEMA

Merece menção o trabalho desenvolvido nos campos do cinema, da televisão e da ópera, para que o pretendido delineamento da atuação de Ruggero Jacobbi no Brasil ganhe relevo. Sua atividade como crítico literário e poeta, no entanto, deve ser objeto de estudos de outra natureza em face da complexidade e especificidade desses universos.

O cinema é a primeira arte a que se dedica Jacobbi. Após cursar o *Centro Sperimentale di Cinematografia* em 1938-1839, começa a trabalhar como roteirista e assistente de direção de filmes de curta-metragem, como *Cuori nella Tormenta* (Corações na Tormenta), direção de Carlo Campogalliani, produção de Atesia Film, em 1940, e *Margherita fra i Tre* (Margarida entre os Três), direção de Ivo Perilli, produção Dino de Laurentis, em 1941. Dois anos depois, em 1943, dirige *La Clinica dei Quadri* (A Clínica dos Quadros), de Giuseppe Lazzari, produção do Istituto Luce, de Roma. É roteirista, em 1945, de *Il Sole Sorge Ancora* (O Sol Surge Ainda), direção de Aldo Vergano, do qual participa também como ator, na única referência de um trabalho seu como intérprete: é o chefe de estação napolitano que ajuda os *partigiani* dentre os quais está Gillo Pontecorvo.

Sua incursão pela cinematografia brasileira inclui a direção do documentário em curta metragem *Sinfonia Carioca*, produzido pela Gemini Films, do Rio de Janeiro, em 1951.

Em São Paulo, na Cinematográfica Maristela, de Mario Audrá Jr., Jacobbi dirige os filmes de longa-metragem *Presença de Anita*, em 1951, e *Suzana e o Presidente*, de Gino de Sanctis, em 1952.

Jacobbi é também roteirista de *Presença de Anita*, realizado a partir do romance homônimo de Mario Donato, grande sucesso na época. A edição do filme é realizada por sua mulher naquele período, Carla Civelli, e a produção é de seu cunhado, Mario Civelli. No elenco estão, entre outros, Antonietta Morineau, Orlando Villar, Vera Nunes, Armando Couto, Henriette Morineau, Elísio de Albuquerque e Jaime Barcelos. O filme, cujo tema central é a paixão de um pintor maduro por uma jovem adolescente bela e endiabrada, é marcado por um tom excessivamente teatral e sofre forte interferência da censura; seu resultado é decepcionante.

Na Companhia Cinematográfica Vera Cruz, de Franco Zampari, Jacobbi é co-roteirista do filme *Caiçara*, juntamente com Affonso Schmidt e Gustavo Nonnemberg. Trata-se da primeira produção da Vera Cruz; o filme tem direção de Adolfo Celi e cenários de Aldo Calvo. No elenco estão Eliane Lage, Abílio Pereira de Almeida, Carlos Vergueiro, Mário Sérgio, Adolfo Celi e Célia Biar. A produção é impecável, comparável à do bom cinema italiano da época.

Em 1953, também na Companhia Cinematográfica Vera Cruz, Jacobbi dirige *Esquina da Ilusão*, que tem roteiro original de sua autoria. Do elenco participam Alberto Rushel e Ilka Soares. É, possivelmente, sua experiência cinematográfica que atinge maior repercussão, uma vez que o filme é distribuído pela Columbia Pictures, apresentado no Festival de Cannes e tem uma de suas cópias adquirida pela Cinemateca do Museu de Arte Moderna de Nova Iorque.

Os resultados obtidos por Jacobbi na realização de cinema são considerados muito limitados pela crítica brasileira. Essa opinião é corroborada por ele mesmo: "Estava procurando um trabalho de síntese, um trabalho que encerrasse, mesmo materialmente, aqueles vários pontos de vista; o plástico, o dinâmico, o musical, o coletivo; pareceu-me encontrar isso no cinema. Foi curta e desesperada a incursão pelo cinema. Dele saí com a certeza de ter errado o caminho. Porque se para escrever eu era um homem de ação, para a ação eu ficava, desesperadamente, um homem de letras. Foi esta a primeira certeza"[1]. Raramente tem-se notícia de um realizador capaz de imprimir tamanha sinceridade em uma autocrítica.

Sua contribuição em termos de análise e informação sobre o cinema é importante, uma vez que Jacobbi é o responsável pela crítica cinematográfica do jornal carioca *Diário da Noite*, em 1947, e em 1952 é o diretor do Centro de Estudos Cinematográficos, de São Paulo.

1. "A Direção: Texto e Espetáculo", *Revista de Estudos Teatrais*, n. 1, art. cit., s/p.

Visita ao Estúdio da Companhia Cinematográfica Vera Cruz, durante filmagem de *Família Lero-Lero*, 1953. Ruggero Jacobbi entre Elísio de Albuquerque e Victor Merinov. De colete, Walter D'Avila e, de braços cruzados, Raymundo Magalhães Junior. Acervo: Ruggero Jacobbi.

*Mirandolina*, 1955. Maria Della Costa, em transmissão da TV Paulista - Organizações Victor Costa. Acervo: Ruggero Jacobbi.

## TELEVISÃO

A televisão no Brasil tem início em 1950. É portanto, um meio de comunicação muito recentemente instaurado quando Jacobbi começa a trabalhar no país. Ele é, entre 1952 e 1954, o diretor da TV Paulista, Canal 5, que irá posteriormente integrar a Rede Globo de Televisão. Além de tratar-se, evidentemente, de um trabalho remunerado, Jacobbi vislumbra na televisão a possibilidade de difusão, para um número maior de pessoas, de obras teatrais e literárias, as quais se encarrega de adaptar especialmente para aquele veículo, além de produzir e dirigir. É importante lembrar também que, naquele momento, não existindo o videoteipe, toda a programação é exibida ao vivo, o que aproxima a transmissão televisiva da efemeridade própria do palco.

Na TV Tupi de São Paulo, então Canal 3, Jacobbi produz e dirige, nos anos de 1954 e 1955, o *Grande Teatro Tupi*, em que são encenadas ao vivo obras de Goldoni, Alfieri, Pirandello, Magalhães Jr., Joracy Camargo, Thornton Wilder etc. No ano seguinte, 1956, transfere-se para o Canal 7, TV Record, também de São Paulo, em que exerce as funções de produtor e diretor do *Grande Teatro Record*, com obras de Gonçalves Dias, Jean Anouilh, Ugo Betti, Abílio Pereira de Almeida, Martins Pena etc. Em 1957, acrescenta às funções de produtor e diretor a de autor, uma vez que efetivamente reescreve textos Balzac, Dostoiévski, Poe, Claudel, Mérimée etc., transformando-os em roteiros televisivos para o programa *Eterno Feminino*, da TV Paulista, Canal 5. As transmissões ao vivo são realizadas, portanto, em três cidades diferentes: São Paulo, Rio de Janeiro e Belo Horizonte. Nessa programação, merece destaque a apresentação de *Leonor de Mendonça*, de Gonçalves Dias, com a participação de Cleyde Yáconis e Leonardo Vilar.

Ruggero Jacobbi também produz e dirige o *Teatro Cacilda Becker* no qual são apresentados textos de Alexandre Dumas Filho, Tchékhov, Ibsen, Benavente, Daphne du Maurier etc., deslocando-se com o elenco de São Paulo para o Rio de Janeiro e para Belo Horizonte, para as transmissões feitas pelas TV Paulista, TV Record, TV Rio e TV Minas, entre 1954 e 1956.

Sobre o Teatro Cacilda Becker, Jacobbi declara:

> Fiz com Cacilda um ciclo imenso de transmissões televisivas. Esses programas, que constituíam o Teatro Cacilda Becker, chegaram a ser realizados, em dado momento, em três estações simultaneamente: uma no Rio, uma em Belo Horizonte e outra em São Paulo – esta última, a Record. Era ao vivo, como se fazia na época. Para cada peça, precisava-se de três semanas de ensaio: dado o repertório importante e difícil que se fazia, eu precisava de três semanas de ensaio. Poder-se-ia também fazer a peça em uma semana ou menos, porém, em nosso caso, queríamos ver se era possível ter três semanas de ensaio, inclusive porque o ensaio era feito depois da meia-noite, quando os atores já tinham ensaiado ou representado no teatro e vinham trabalhar na televisão. [...] O Teatro

*Leonor de Mendonça*, 1957. Cleyde Yáconis. TV Paulista.
Acervo: Ruggero Jacobbi.

Cacilda Becker na televisão, então, fazia isso: uma peça estreava no Rio, depois era repetida em Belo Horizonte e depois em São Paulo. Outra estreava em São Paulo, depois era repetida no Rio e em Belo Horizonte. Quer dizer, cada peça era repetida três vezes em três segundas-feiras, em três cidades diferentes, sendo que nós tínhamos a possibilidade de ensaiar então três semanas. [...] Acho que encontrei Cacilda já formada pela própria experiência em várias companhias e, sobretudo, através do contato que teve com Ziembinski e da colaboração dia-a-dia com o Celi. Não acredito ter contribuído para a formação teatral de Cacilda: ela já estava pronta quando intervim. Admito ter contribuído com certas perspectivas culturais, com certas escolhas de repertório, com certas idéias sobre teatro que podem ter chegado até Cacilda por meu intermédio. A escolha do repertório para a televisão, por exemplo, era extremamente difícil porque era feita com rigor: nós queríamos manter um nível artístico importante. A tal ponto que, eu me lembro, numa segunda-feira estreamos em São Paulo, na Record, *Tio Vânia*, de Tchékhov, no Rio, *A Pequena Cidade*, de Thornton Wilder e, em Belo Horizonte, *Antígona*, de Alfieri. Naturalmente, como protagonista feminina eu tinha Cacilda, a outra era Cleyde Yáconis e a terceira acho que Nydia Lícia[2].

Embora o propósito da difusão para um público mais numeroso das obras teatrais fosse positivo, a representação teatral, transmitida por um meio de comunicação que não seja o contato direto com a platéia, torna-se uma linguagem híbrida e perde sua força expressiva.

## ÓPERA

A ópera preferida de Jacobbi é também a primeira a ser encenada por ele no Brasil e a que se multiplica em maior número de montagens: *Don Giovanni*, de Mozart, é apresentada, em 1956, no Teatro Municipal do Rio de Janeiro e, posteriormente, em Buenos Aires, São Paulo e Cidade do México, para onde Jacobbi viaja em uma de suas raras viagens ao exterior, durante o período de sua permanência no Brasil. Para o diretor, Mozart soluciona o problema das relações entre a palavra e a música "no sentido de uma ampla supremacia e liberdade do elemento musical". E analisa a familiaridade do compositor com o palco:

Mozart foi, teatralmente, um compositor italiano. Basta reler o epistolário e ver o trabalho contínuo de adaptação do texto à música, dessa à qualidade das vozes e de todo o conjunto ao efeito cênico. [...] Todo o trabalho de Mozart, lírico supremo, tende àquele enriquecimento, àquela dialetização do lirismo subjetivo, que é a expressão dramática. [...] Mozart reconhecia no teatro sua vocação final; e nele também tal aspiração tingia-se, instintivamente, de uma cor ética e *religiosa*, como acontece às consciências que escolhem o teatro. Tal escolha é sempre um destino histórico, pontual [...] o direito soberano da música reside nisso, que ela *realiza* a palavra além do sentido lógico; em sua verdade imediata, emocional – e isso sempre, até no mais humilde dos

2. Entrevista concedida por Ruggero Jacobbi a Júlio Lerner, em Roma, em 10 de março de 1981, *apud* Nanci Fernandes e Maria Thereza Vargas, *Uma Atriz: Cacilda Becker*, *op. cit.*, pp. 133 ss.

recitativos. É a *inflexão* definitiva da personagem e de sua disposição psicológica. O drama transmite o elemento lógico através de uma vibração emocional; o drama musicado transmite a vida emocional servindo-se de uma armação lógica, que é o seu sistema nervoso[3].

A preocupação de Jacobbi em investigar as diferentes possibilidades de *mise en scène* do texto teatral estende-se, portanto, ao plano operístico, em que a relação palavra-música é um dos seus principais eixos de reflexão.

No Teatro Municipal de São Paulo, em 1957, ele dirige *Madame Butterfly*, de Giacomo Puccini. No mesmo ano, leva à cena *Werther*, de Massenet, no Teatro Municipal do Rio de Janeiro. No Teatro Francisco Nunes de Belo Horizonte, monta *Carmen*, de Bizet, em 1958. Jacobbi é também o responsável pela primeira apresentação mundial de *Anita Garibaldi*, de Heinz Geyer, realizada no Teatro Municipal de São Paulo, em 1959.

É ainda produtor e diretor do programa de televisão Teatro da Ópera, na TV Rio, entre 1957 e 1958, com adaptações de melodramas de Verdi, Puccini, Mozart etc.

Sua atividade de diretor de ópera restringe-se à América do Sul; não se tem notícia de qualquer ópera por ele dirigida na Itália antes ou depois de sua estada no Brasil.

3. "Mozart e o Drama Musical", *O Estado de S. Paulo*, Suplemento Literário, ano I, n. 3, 20 out. 1956, p. 6.

# 16. Fade-out

O aprendizado informal de teatro feito por Jacobbi em seu período de formação na Itália, no início do Fascismo, determina uma peculiar aproximação com a cena e posteriormente o exercício do *métier* de diretor. Seus estudos sobre o espetáculo condicionado e o espetáculo absoluto traduzem preocupações centrais relativas à transposição do texto literário para o palco. A tão propalada aproximação entre literatura e teatro ou, mais precisamente, entre texto literário e espetáculo, segundo o grande expoente da renovação do teatro italiano, Silvio d'Amico, visa conferir dignidade cultural ao teatro, cujo desprestígio provém da disseminação de um tipo de fazer teatral no qual o espetáculo tem fundamentalmente o valor de mercadoria que é comercializada em diversos países do mundo, principalmente latino-americanos. Nesses países, entre os quais o Brasil se inclui, a escassa informação propicia a aceitação incondicional de produtos, mesmo aqueles de qualidade duvidosa.

A renovação pretendida pela cena italiana tem como meta inicial a estabilização das companhias para proporcionar a melhor elaboração do espetáculo. A fixação das companhias é feita em pequenos teatros. As normas processuais são fixadas visando implementar a atividade teatral de modo geral e a otimizar sua evolução. Ao Estado é cobrada uma participação efetiva de aporte econômico e aos dramaturgos uma produção condizente com a nova maneira de fazer teatro. O eixo em torno do qual se articula essa mudança radical no espetáculo é o diretor, um indivíduo dotado de inteligência e preparo cultural tais que lhe possibilitem a efetivação do equilíbrio, das proporções e da harmonia em cena, qualidades essas apontadas também por Silvio d'Amico como essenciais na formulação do novo teatro. Os atributos necessários ao diretor e os resultados a serem por ele atingidos coincidem muitas vezes com os mencionados pela crítica brasileira ao analisar várias encenações realizadas por Jacobbi no Brasil.

O objetivo fundamental de sua geração, em termos de teatro, sua força motriz, é a criação de condições ideais e práticas para garantir a existência do espetáculo moderno. Os jovens italianos dos anos de 1930 e início dos anos de 1940 almejam interagir com a sociedade por meio do teatro. O essencial para eles é a intencionalidade do ato teatral e sua valorização enquanto acontecimento autônomo. O teatro de diretor deve alterar o modo de produção e não promover a epifania do espírito.

Também as idéias de Copeau de abandonar o teatro convencional, oficial e mesmo o chamado teatro de arte – um falso teatro, um teatro sem destinação e uma caixa de vaidades – têm muitos adeptos que anseiam por ultrapassar as fronteiras demarcadas na relação viciada palco-platéia em que imperam o exibicionismo do ator e o deleite inconseqüente do espectador. A intenção do diretor francês é satisfazer o público sem aviltar-se; sem, portanto, satisfazer as *necessidades sem virtude* da platéia.

Jacobbi está sintonizado com essas questões que dominam os teatrantes do período entre-guerras: a direção teatral é uma atividade bastante incipiente e ao mesmo tempo o centro das preocupações daqueles que pretendem instaurar o novo teatro. Principalmente os jovens que atuam nos *teatriguf*, como Jacobbi, elegem a questão da direção como eixo das longas conversas que pontuam o movimento teatral fascista, muitas vezes de maneira até mais acentuada do que a prática da cena propriamente dita. O objetivo que os move, em última instância, é transformar o teatro em arte conseqüente e capaz de expressar as inquietações existenciais do homem. A atividade teatral é considerada um ato de resistência cultural que tem por objetivo tornar o homem melhor. Segundo Jacobbi, o teatro verdadeiro será aquele que cada um conseguir extrair do seu mundo, de uma verdadeira coletividade, de gente que compartilha preocupações e pensamentos. Ativista político de esquerda, preso durante a Resistência, Ruggero, terminada a guerra, é um dos responsáveis pela primeira companhia dramática oficial da Itália democrática organizada pelo Comitê de Liberação Nacional e dirige o primeiro espetáculo realizado no pós-guerra especialmente para trabalhadores, produzido pelos socialistas milaneses; posiciona-se, no entanto, contrariamente às bases em que se anuncia a reconstrução italiana. O tipo de comportamento assumido por Jacobbi no decorrer de toda a sua vida traz marcas profundas dessa vivência; adepto do pensamento marxista – revisitado por Breton – empenha-se em iniciativas capazes de ampliar os raios de difusão da arte e da cultura, sempre guiado pelo princípio da liberdade.

O simbolismo dos herméticos italianos, a estética onírica preconizada pelos imaginistas instigam o homem de letras Jacobbi a estruturar a crítica literária como gênero poético, a assumi-la como operação criadora. Ao tornar-se diretor de teatro, aos 21 anos, Jacobbi porta consigo esses conceitos, fazendo-os migrar para o ofício da direção, que é para ele a interpretação do texto em cena. Desde seu espetáculo de estréia, suas qualidades de comentador inteligente, que revela no espetáculo a essência, muitas vezes insuspeitada, do texto, são ressaltadas pela crítica.

Jacobbi considera que o teatro é literatura pública – literatura em voz alta – com a qual todos os homens, e não apenas os literatos, podem manter contato. O teatro, sob esse ângulo, é uma forma de democratizar a literatura e ampliar seu alcance. Esse conceito assemelha-se à idéia de Silvio d'Amico de promover a aproximação entre o teatro e a literatura, para dignificar culturalmente a arte cênica, herdada por sua vez, muito provavelmente, de Jacques Copeau.

Diante da polêmica D'Amico – Bragaglia, que origina as terminologias espetáculo condicionado e espetáculo absoluto, Jacobbi considera que o mais importante não é optar por um ou por outro procedimento diretorial, mas atingir o superamento de ambos por meio um teatro global, que fortaleça os ligames entre teatro e sociedade, entre atividade artística e realidade do homem.

Embora busque evitar deixar marcas de seu trabalho direcional em espetáculos, uma vez que considera a melhor direção aquela que não se vê, certos traços simbolistas e expressionistas – principalmente relativos ao uso da luz e à direção dos atores – são apontados pela crítica como características constantes de suas encenações.

Sempre buscando o equilíbrio entre texto e espetáculo, Jacobbi seleciona peças estrangeiras que toquem a alma brasileira ou brasileiras nas quais valores universais estejam presentes. Em lugar de ignorar a produção dramatúrgica nacional pela ausência – apontada, inclusive, por seu conterrâneo Celi – de uma boa carpintaria teatral, pesquisa em bibliotecas públicas para conhecer a literatura dramática brasileira e localizar nela textos de qualidade. Seu esforço é recompensado quando identifica, por exemplo, valores insofismáveis na obra dramatúrgica de Gonçalves Dias e reitera a vocação daquele poeta para a cena como meio de compartilhar o seu pensamento em "encontro ritual de uma sociedade, e não simples deleitação de leitores solitários"[1].

O aprofundado conhecimento intelectual faculta a Jacobbi o entendimento e a conseqüente transmissão da fábula textual que se revela em sutis nuanças decorrentes da análise aprofundada da obra e do universo do autor. No entanto, esse processo próprio da atividade crí-

1. *Goethe, Schiller, Gonçalves Dias*, Porto Alegre, edições da faculdade de Filosofia da Universidade do Rio Grande do Sul, 1958, p. 78.

tica que se ancora no pensamento racional obsta, em certos casos, o surgimento de *trouvailles* cênicas que se originam na intuição e se configuram no exercício da prática. A intenção é talvez para ele mais importante do que a execução; conceber um espetáculo lhe dá possivelmente mais prazer do que colocá-lo em cena.

A escolha de Goldoni, em peças escritas a partir da *commedia dell'arte*, feita por Jacobbi no intuito de, por meio do prosaísmo da comédia, conquistar o público brasileiro, colabora igualmente para que o espetáculo se emancipe do texto e ganhe vigor teatral, uma vez que a *commedia dell'arte*, pela própria ausência de um registro dramatúrgico em sua gênese, transfere o eixo da análise histórica e crítica para o jogo cênico e possibilita o aprofundamento das questões do palco, sinalizando ao diretor um caminho de encenação centrado no trabalho do ator. A escolha da comédia é também feita para aproximar os espectadores da cena e dessacralizar a chancela de texto clássico, sem, no entanto, eliminá-la.

A abordagem histórica e estética do fenômeno teatral permite que Jacobbi coloque o espectador em contato com a essência do texto e, mesmo quando a montagem deve provocar o riso, jamais a deixa adentrar os caminhos fáceis da solução grosseira; ao contrário, sua sofisticação conduz o espetáculo por meandros que revelam o humor sutil do texto. Segundo Jacobbi,

> [...] uma das grandes tarefas do crítico dramático (e, insistimos, a operação crítica mais concreta será sempre a própria encenação das peças) é, justamente, a revelação dos surpreendentes valores psicológicos e estilísticos escondidos em certas peças de *boulevard*, ou, de outro lado, o reconhecimento de novos, árduos e revolucionários valores teatrais, em obras concebidas obedecendo apenas a uma vocação literária[2].

Em termos gerais, o plano de ação de Jacobbi é conferir ao teatro – enquanto manifestação artística – a condição de interferir na realidade. Se a sofisticação de europeu é grande, existe também a capacidade de abandoná-la em circunstâncias em que escasseiam os recursos econômicos, e desdobrar-se em funções às quais não é afeito, como as de cenógrafo e figurinista, que assume em prol da premente viabilização de um projeto de montagem que dê continuidade ao fluxo produtivo do teatro nacional.

Para impulsionar o teatro brasileiro em sua ascese evolutiva, Jacobbi define um repertório que alterna gêneros, estilos e nacionalidades dentro do objetivo de ampliar progressivamente o espectro de fruição do público. Ao espectador é facultado, assim, dinamizar seu potencial de apreensão do real. Os textos de diferentes nacionalidades são selecionados em função de suas qualidades literárias e do vislum-

2. *O Espectador Apaixonado*, *op. cit.*, pp. 61-62.

bre de seu alcance popular. A intenção de Jacobbi é orientar o conhecimento da arte da cena por parte dos realizadores e do público brasileiros pela amostragem de peças exemplares.

A transmissão do conhecimento pela dramaturgia em cena é complementada por palestras dadas por Jacobbi nos teatros, antes do início dos espetáculos, e em instituições culturais e educacionais. Uma vez que ele possui o dom da palavra, essas palestras se tornam eventos culturais que atraem grande número de interessados. Existe, de fato, a mobilização de indivíduos atraídos pelo fascínio de aquisição de cultura. O teatro deixa de ser apenas a apresentação pontual do espetáculo: ultrapassa os limites do palco para integrar a atemporalidade do universo cultural. Por meio de artigos e críticas publicados em jornais e revistas – reunidos posteriormente em livros –, entrevistas e programas de rádio, ele difunde seu saber.

Guiado por sua alma de poeta, Ruggero apreende de maneira original a realidade brasileira. Ele funde seu conhecimento europeu com a brasilidade por ele assimilada em constantes estudos bibliográficos e na observação acurada do país e de suas personagens. O processo modifica-o interiormente e da mescla de culturas Jacobbi cria novos matizes na teoria e na prática. Deve ser chocante para os brasileiros do final dos anos de 1940 verem-se reportados em cena, mesmo que em *flashs* rápidos, na Veneza goldoniana, por exemplo.

Ele mergulha em um mundo que não é o seu mas ao qual se integra de modo tão intenso que, ao referir-se a questões brasileiras, escreve: *nós*, fazendo supor: *nós, os brasileiros*, numa prova cabal de sua autoinclusão em nossa realidade.

O tempo de permanência em nosso país favorece o conhecimento percuciente da problemática do cidadão da América Latina em face do saber europeu:

> [...] nenhum sul-americano inteligente e patriota tem vontade de renegar todo o esforço de atualização, de assimilação, de revisão crítica da cultura européia que constitui justamente a sua história, a sua libertação, a sua conquista de independência, a sua descoberta dos próprios métodos através dos quais possa recuperar sua originalidade[3].

Diante da ausência de uma escola brasileira de direção teatral, o teatro nacional busca atualizar-se por meio de modelos existentes. Nesse sentido, o modelo italiano, por ser mais próximo do ator e do espectador brasileiros, funciona melhor do que o modelo francês do Dr. Alfredo Mesquita, que serve como base da formação dos atores da EAD, cujo forte componente de abstração exige um esforço maior de adequação. Nas palavras de Jacobbi:

3. "Le tesi di Saint Vincent" (1972), *Le Rondini di Spoleto*, *op. cit.*, pp. 151-152.

O que havia impedido, por exemplo, o Alfredo Mesquita [...] de chegar a uma linguagem, não só nova para o Brasil, mas transmissível, comunicável, é que ele trabalhava sobre um modelo francês, viciado, de vanguarda, completamente absurdo, incompreensível, abstrato para o ator brasileiro[4].

Crítico literário e estudioso da literatura brasileira, Jacobbi pesquisa a produção dos escritores nacionais e encontra algumas peças teatrais, resultado da incursão pontual daqueles literatos pelo campo do teatro.

Os estudos que Jacobbi realiza sobre a obra Gonçalves Dias convertem-se em diversos ensaios sobre aquela produção dramatúrgica – considerados por Sábato Magaldi como os melhores artigos escritos sobre Dias – e na inclusão de *Leonor de Mendonça* na programação em cartaz no TBC. Embora analise de modo mais sucinto a dramaturgia de Oswald de Andrade, nela detecta a preocupação do poeta em escapar das amarras da carpintaria teatral para deixar-se dominar pela liberdade de invenção: "Oswald coloca-se, imediatamente, por uma espécie de ato mágico, em um espaço puro, onde todo gesto é possível, e todo jogo nasce limpo"[5]. Ele ressalta o mérito do modernista em "considerar a literatura como algo inextricavelmente ligado ao mundo dos homens onde até as abstrações mais desarvoradas surgem da presença do artista dentro da história positiva, ao lado da luta e da ação"[6]. A intenção de Ruggero de encenar peças de Andrade torna-se promessa a ser cumprida, "pois já se tornou sagrada desde que Oswald passou a viver, rir, brigar e resmungar em algum paraíso de anjos antropófagos"[7], *e* acaba por realizar-se indiretamente: a encenação de *O Rei da Vela* é efetivada por José Celso Martinez Corrêa, a quem o texto é indicado por Luís Carlos Maciel a partir da indicação que lhe é feita, por sua vez, por Ruggero Jacobbi.

Dentre outras obras de poetas e romancistas escritas para o teatro, Ruggero dirige, por duas vezes, a primeira peça escrita por Guilherme Figueiredo: *Lady Godiva*, com Procópio Ferreira, em 1948, e com Madalena Nicol, em 1951. Em 1959, monta outro texto de Figueiredo, *Don Juan*, com a Companhia Teatro do Sul.

De Machado de Assis, com o Teatro Íntimo Nicette Bruno, Jacobbi encena *Lição de Botânica*, em 1953. A segunda montagem desse texto é por ele realizada em 1956, tendo Eva Wilma no elenco.

Jacobbi dirige diversos espetáculos com textos de dramaturgos brasileiros. Em 1952, o texto de Martins Pena: *O Inglês Maquinista* é incluído em espetáculo composto por textos curtos de Pirandello, Tchékhov e Strindberg, em uma clara valorização do autor nacional, e

4. Maria de Lourdes R. Gianella, *op. cit.*, p. 327.
5. *O Espectador Apaixonado*, *op. cit.*, p. 62.
6. *Idem*, p. 63.
7. *Idem*, *ibidem*.

*As Casadas Solteiras*, do mesmo autor, é representada pelos alunos do curso de teatro da Universidade do Rio Grande do Sul, sob sua direção, em 1958. Dirige também *O Primo da Califórnia*, de Joaquim Manuel de Macedo, em 1953, com o Teatro Íntimo Nicette Bruno e *A Sempreviva*, de Edy Guimarães, com a Companhia Dercy Gonçalves, em 1956. No mesmo ano e com a mesma companhia, dirige *A Dama das Camélias*, paródia de Hermilo Borba Filho.

Jacobbi incentiva jovens alunos a constituírem o Teatro Paulista do Estudante, grupo que irá trazer a discussão sobre o nacional-popular para a cena, ao fundir-se com o Teatro de Arena. Sempre no intuito de fortalecer a dramaturgia brasileira, ele participa intensamente do Seminário de Dramaturgia promovido pelo Arena e, no Rio Grande do Sul, organiza um seminário naqueles moldes com o intuito de implementar a produção gaúcha.

Ao escrever *O Outro Lado do Rio*, Jacobbi transforma sua exortação em ato: torna-se ele mesmo um autor nacional. Embora a temática seja européia, a encenação que faz dessa peça com a Companhia Teatro do Sul, em 1959, e a publicação de um outro texto seu, também originalmente escrito em português, *Ifigênia*, autorizam a inclusão do seu nome na dramaturgia brasileira.

Jacobbi realiza um único experimento no Brasil em que toma o texto como pretexto para a encenação; não se trata de um procedimento intencionalmente escolhido, mas uma estratégia adotada na tentativa de ultrapassar interdições. Apresentar Brecht aos brasileiros pela primeira vez, assim como apresentara Goldoni, impulsiona-o para a montagem de *Ópera dos Três Vinténs*[8]. Partir do texto de John Gay significa retomar o mesmo processo de criação do dramaturgo alemão, tendo igualmente como parâmetro a crítica social. A encenação de *A Ronda dos Malandros* traduz de modo exemplar o conceito de experimentalismo, originário do *teatro de exceção* dos italianos. Os figurinos e a música, por exemplo, atomizam a ação no tempo e no espaço. Os cartazes brechtianos pela primeira vez colocados no palco brasileiro acentuam a estranheza da montagem. A crítica social é aguçada e ainda mais vinculada ao universo nacional pela inserção da litania simbolista de Cruz e Souza, cuja evidente pertinência de escolha decorre das pesquisas do encenador no campo poético-literário. A afinidade do diretor com as teorias de esquerda faz com que o poema seja pronunciado pelo ator com o gesto-símbolo do marxismo: o punho cerrado. O parentesco daquela forma poética com a ladainha sugere provavelmente o cunho fortemente religioso que a cena acaba por assumir, contaminada pelo simbolismo poético. Os cortes efetuados no texto derrubam o eixo da contestação proposta pelos

8. A Escola de Arte Dramática, realizaria a montagem de *A Exceção e a Regra*, de Brecht, em 1951, sob a direção de Alfredo Mesquita.

adaptadores com apoio no paralelo entre a flagrante falência moral das instituições sociais e familiares. Os cortes atingem, evidentemente, o punho fechado, e a ação da censura acaba por contaminar a direção administrativa do TBC que corta, por sua vez, a temporada em cartaz do espetáculo e, conseqüentemente, a permanência de seu diretor como participante do quadro de funcionários. Jacobbi paga um preço alto por essa interferência na realidade brasileira. Possivelmente ficaria agradavelmente surpreso se lhe antecipassem que a repercussão da polêmica gerada por seu ato ultrapassaria o ano 2000.

Expurgado, mesmo que temporariamente, do TBC, ao qual retornaria dois anos depois, mas sem o prestígio anterior, Jacobbi perde a garantia de realizar espetáculos com uma produção cuidada, então exclusividade daquela companhia teatral, para encampar projetos de montagens que define como série B, ou seja, aqueles que não contam com o apoio financeiro substancioso de Franco Zampari, o único grande produtor teatral da época. Premido pelas circunstâncias econômicas, Jacobbi assume trabalhos nos quais, à semelhança daqueles realizados por Bragaglia, os instigantes objetivos expressos em artigos, publicados geralmente nos programas das peças, não chegam a se concretizar em cena. A não-consecução desses objetivos vincula-se também à imaturidade dos atores emergentes com os quais passa a trabalhar freqüentemente e que não possuem o talento de Sérgio Cardoso ou de Cacilda Becker, manifesto desde o início de suas carreiras. Essa limitação é agravada pela complexidade temática dos textos escolhidos, que exigiria a interpretação de atores capacitados pela formação profissional a traduzi-la cenicamente. Os atores, dentro de esquemas produtivos precários, marcados pela urgência, não conseguem, de fato, promover a transformação do ensinamento teórico em expressão artística. Os conhecimentos – recém-adquiridos na maioria dos casos – não chegam a passar pelo processo de maturação, dentro do ator, capaz de transfigurá-los em ação.

Essa lacuna poderia ser, de algum modo, compensada pela *performance* propriamente dita dos intérpretes. No entanto, Jacobbi não detém – por sua própria formação – o conhecimento aprofundado dessa arte, para orientá-los na alquimia. A transmutação do conhecimento racional em expressão sensível acontece em Jacobbi, fundamentalmente, no discurso crítico e poético. Ao emulsionar liberdade e ética em sua vivência pessoal, "rede inextricável das contradições ideais e práticas"[9], Jacobbi define um modo de apreender a realidade e com ela interagir, ao conectar poeticamente seus aspectos subjetivos e objetivos ou individuais e coletivos.

Se pensamos na relação literatura-teatro, tanto no sentido de dignificação cultural da arte do palco pleiteado por Silvio d'Amico,

9. *O Espectador Apaixonado*, *op. cit.*, p. 45.

como no sentido jacobbiano de difusão da obra literária para um maior número de pessoas, podemos identificar várias iniciativas realizadas por Jacobbi no Brasil que aproximam os universos literário e cênico, tanto em termos da reflexão crítica como da análise das peças escritas por literatos.

Interroga-se didaticamente Jacobbi:

> – Que pedimos nós à ficção? A lenta e segura passagem da crônica de nossos dias a um tempo maior, a uma perspectiva que já é a História – única imagem do Absoluto ao nosso alcance, "feita de nós, viva em nós e nada fora de nós". Esta revelação é, sempre, um passo que o escritor ousa dar, além dos limites da sensação e do momento: é uma fundação de ordem moral.

E reitera a diferenciação entre a ficção e a arte do palco:

> – Que pedimos ao teatro? O ritual da consciência, a celebração pública de nossa condição, que é dialética, conflito, choque sangrento pela própria natureza. Da indignação ética, que move e suscita o jogo da farsa, subimos até a acareação do homem com a própria morte e o próprio futuro, no espaço rarefeito da tragédia[10].

Jacobbi considera que a essência do ensino do teatro na escola é que as pessoas vêem alguém lutar, resistir na liberdade, fazendo algo aparentemente desnecessário. Ele considera o aprendizado decorrente desse testemunho mais verdadeiro do que a transmissão – por meio do teatro – de conteúdos estabelecidos.

A criação de uma escola de teatro no Rio Grande do Sul o atrai especialmente no sentido da descentralização do teatro brasileiro, uma vez que a atividade teatral em nosso país se restringe basicamente ao eixo Rio-São Paulo. Seu principal objetivo é formar atores capazes de interpretar tragédias, comédias e dramas, para que participem de montagens de grandes textos da literatura dramática em suas diferentes categorias, sempre dentro do propósito de ampliar o máximo possível o raio de fruição do espectador. O procedimento favorece os estudos de história do teatro, pois a cada montagem o autor e sua época são examinados a fundo. Para incentivar novos autores, o curso é complementado por um seminário de composição dramática, em que a produção local é analisada por grandes conhecedores de teatro. Outra maneira de incrementar o teatro gaúcho é a formação de diretores; no seminário de direção, Jacobbi procura orientar alguns alunos para que assumam essa função de maneira diferenciada. Mas não se trata apenas de uma escola de formação de atores, uma vez que Jacobbi pretende também formar espectadores e, pela primeira – e talvez única – vez no Brasil, constitui-se um curso de teatro que não visa à profissionalização. O interessado em estudar e conhecer melhor a linguagem da

10. *Idem*, p. 47.

cena pode encontrar esse ensinamento sistematizado no curso de Cultura Teatral. Dentro da estratégia de difusão cultural está a apresentação dos espetáculos em bairros afastados da cidade, e em outras localidades do país. Percebe-se em sua iniciativa a preocupação de criar um verdadeiro pólo cultural no sul, que não chega a se configurar, uma vez que Jacobbi retorna à Itália, mas a difusão acaba por se dar, por meio de vários de seus alunos que desenvolvem uma atividade constante no teatro brasileiro.

Jacobbi crê na liberdade em sua potencialização máxima conceitual, ou seja, na liberdade de espírito. É um anti-dogmático, um *irregolare*, como a ele se referem críticos e historiadores italianos, ou seja, aquele que diverge das normas ou dos costumes comumente aceitos ou repeitados. Em português, um alternativo ou um anômalo. Paga alto preço por sua fidelidade aos princípios libertários dentro de uma sociedade que se divide em nichos culturais e neles se articula forçando seus integrantes a fazerem concessões que esfacelam muitas vezes sua integridade individual. Ruggero Jacobbi não contemporiza ao expressar suas convicções; recusa-se a observar regras que visem à ascensão pessoal em patamares profissionais, tanto da arte cênica, quanto da crítica. Dedica-se a obras que não visam à recompensa financeira, como trabalhar, durante toda a vida, com grupos iniciantes de teatro, ou traduzir, por três décadas o livro *Invenção de Orfeu*, do poeta brasileiro Jorge de Lima, editado postumamente.

O fascínio do desbravamento, da iniciativa primeva, o absorve absolutamente. O ato de semear é seu principal movente. O posterior cultivo e a colheita não integram necessariamente seu universo de interesse. Tal circunstância reflete-se inclusive em seu legado; a expressa intenção de organizar sua própria obra não chega a se efetivar.

# 17. Tempo Real

1920 – Nascimento em Veneza. Dia 21 de fevereiro.

1936-1946 – Crítico de arte, de teatro e de cinema em revistas e semanários italianos: *Letteratura, Circoli, Corrente, Cinema, Bianco e Nero, Il Tempo, Posizione, Signum, Domenica, Ricostruzione, L'Unità, Il Politecnico, La Settimana, Film d'oggi.*

1938-1939 – Estudos no Centro Sperimentale di Cinematografia.

1940-1941 – Estudos na Faculdade de Letras, de Roma.

1940 – Roteiro e assistência de direção do filme *Cuori Nella Tormenta*, de Carlo Campogalliani. Atesia Film.

1941 – Direção de *Musica di Foglie Morte*, de Rosso di San Secondo, e *Giornata nel tempo*, de Ernesto Trecani. Teatro Comunale, Teramo. Direção de *La Strada dei Re*, de Giovani Gigliozzi. Teatro Quirino, Roma. Roteiro e assistência de direção do filme *Margherita Fra i Tre*, de Ivo Perilli. Produção: Dino de Laurentis.

1942 – Direção de *Minnie la Candida*, de Bontempelli. Teatro dell'Università, Roma. Colabora com Anton Giulio Bragaglia. Direção de: *Sergio e suo padre*, de Lucio Chiavarelli, *Il giorno dei morti*, de James Joyce, e *La Donna Romantica e il Medico Omeopatico*, de Riccardo de Castelvecchio. Teatro delle Arti, Roma. Casa-se com Lilly Brocchi.

1943 – Direção de *Autostrada*, de Ernesto Caballo, no Teatro Quirino, Roma. Direção do filme documentário *La*

*Clinica dei Quadri*, de Giuseppe Lazzari. Produção do Istituto Luce, Roma. Escreve o texto teatral: *Casa Volmer / Almas Perdidas*.

1943-1944 – Participa da Resistência contra os nazi-fascistas, como Voluntário da Liberdade. É preso.

1944 – Direção de *La Guardia al Reno*, de Lilian Helmann. Teatro Quirino, Roma.

1945 – Direção de *Alle Stelle*, de Leonid Andreiev. Palazzo Litta, Milão. Roteiro e partipação como intérprete do filme *Il Sole Sorge Ancora*, direção de Aldo Vergano. Produção: ANPI.

1945-1946 – Participação no Grupo Diogene.

1946 – Direção de *La Voce nella Tempesta* (adaptação de *O Morro dos Ventos Uivantes*), de Emily Brontë. Castello Sforzesco, Milão. Viagem para o Brasil no dia 24 de dezembro, como diretor da Companhia Diana Torrieri.

1946-1947 – Direção de: *Vestir os Nus*, de Luigi Pirandello, *Pega Fogo*, de Jules Renard, e *La Moglie Ideale*, de Marco Praga. Teatro Municipal do Rio de Janeiro e Teatro Municipal de São Paulo.

1947 – Direção de *Estrada do Tabaco*, de Erskine Caldwell e Jack Kirkland. Teatro Popular de Arte. Teatro Fênix, Rio de Janeiro. Crítico de Cinema no jornal *Diário da Noite*, Rio de Janeiro.

1948 – Direção de *Tereza Raquin*, de Émile Zola. Teatro Fênix, Rio de Janeiro. Direção de: *O Grande Fantasma*, de Eduardo de Filippo, *Lady Godiva*, de Guilherme Figueiredo, *Lar, Doce Lar* (*Twin Beds*), de Margaret Mayo. Teatro Serrador, Rio de Janeiro. Direção de *De Braços Dados*, de Armando Moock. Teatro Fênix, Rio de Janeiro.

Final dos anos de 1940 e anos de 1950 – Colaboração nas revistas brasileiras: *Teatro Brasileiro, Estudos Brasileiros, Dionysos, A Cena Muda, Teatro* e *Senhor*. Mantém um romance com Carla Civelli.

1949 – Direção, cenografia e figurinos de *Arlequim, Servidor de Dois Amos*, de Carlo Goldoni, e direção de: *Tragédia em New York*, de Maxwell Anderson, *Simbita e o Dragão*, peça infantil de Lúcia Benedetti e *Sonho de uma Noite de Verão*, de Shakespeare. Teatro Ginástico, Rio de Janeiro. Direção de: *Ele*, de Alfred Savoir e *O Mentiroso*, de Carlo Goldoni. Teatro Brasileiro de Comédia, São Paulo. Início de seu romance com Margarita Schulmann.

1949-1951 – Crítico de teatro no jornal *Última Hora*, São Paulo.

1950 – Direção, juntamente com Cacilda Becker, de *Os Filhos de Eduardo*, de Marc-Gilbert Sauvajon, e direção de *A Ronda dos Malandros*, de John Gay. Teatro Brasileiro de Comédia, São Paulo. Saída do TBC.

1951 – Fundação da Companhia Madalena Nicol. Direção de *Eletra e os Fantasmas*, de Eugene O'Neill, *Lady Godiva*, de Guilherme Figueiredo, *A Voz Humana*, de Jean Cocteau, e *Antes do Café*, de Eugene O'Neill. Teatro Royal, São Paulo. Direção do filme-documentário *Sinfonia Carioca*. Produção: Gemini Films, Rio de Janeiro. Direção do filme de longa-metragem *Presença de Anita*, adaptado do romance de Mario Donato. Produção: Companhia Maristela, São Paulo. Seu casamento com Lilly Brocchi é anulado na Itália. Casa-se oficialmente com Carla Civelli, mas segue vivendo com Margarita Schulmann.

1952 – Retorno ao TBC. Direção de *O Mentiroso*, de Carlo Goldoni. Remontagem. Teatro Brasileiro de Comédia, São Paulo. Direção de *À Saída*, de Luigi Pirandello, *O Inglês Maquinista*, de Martins Pena, *O Urso*, de Tchékov, *Noturno* e *A Mais Forte*, ambas de August Strindberg. Teatro Cultura Artística, São Paulo. Direção de *Senhorita Minha Mãe*, de Louis Verneuil. Teatro de Alumínio, São Paulo. Professor de Drama, no curso de Interpretação da Escola de Arte Dramática, São Paulo. Direção de *Um Pedido de Casamento*, de Anton Tchékov, com alunos da EAD, São Paulo. Direção do Centro de Estudos Cinematográficos, de São Paulo e responsável pelo Curso de Arte Dramática daquele Centro. Direção do longa-metragem *Suzana e o Presidente*. Produção: Companhia Maristela, São Paulo. Separa-se de Margarita Schulmann e volta a viver com Carla Civelli.

1952-1954 – Diretor da TV Paulista (Canal 5), São Paulo.

1952-1956 – Crítico de teatro no jornal *Folha da Noite*, São Paulo.

1953 – Direção de: *Treze à Mesa*, de Marc-Gilbert Sauvajon, e *A Desconhecida de Arras*, de Armand Salacrou. Teatro Brasileiro de Comédia, São Paulo. Direção de *Brasil Romântico* – espetáculo integrado pelas peças *Lição de Botânica*, de Machado de Assis e *O Primo da Califórnia*, de Joaquim Manuel de Macedo.Teatro de Alumínio, São Paulo. Roteiro e direção do longa-metragem *Esquina da Ilusão*. Produção: Companhia Cinematográfica Vera Cruz, São Paulo.

1954 – Direção de *A Filha de Iorio*, de Gabriele d'Annunzio. Teatro Cultura Artística, São Paulo.

1954-1955 – Produção e direção do *Grande Teatro Tupi* (Canal 3), São Paulo. Apresentação de obras de Goldoni, Alfieri, Pirandello, Magalhães Júnior, Joracy Camargo, Thornton Wilder etc.

1954-1956 – Produção e direção do *Teleteatro Cacilda Becker* em três estações de TV, no Rio de Janeiro, em São Paulo e em Belo Horizonte. Apresentação de textos de Alexandre Dumas Filho, Tchékov, Ibsen, Benavente, Daphne du Maurier etc.

1955 – Direção, juntamente com Cacilda Becker, de: *Os Filhos de Eduardo*, de Marc-Gilbert Sauvajon. Remontagem. Teatro Brasileiro de Comédia, São Paulo. Direção de *Mirandolina*, de Carlo Goldoni. Teatro Maria Della Costa, São Paulo. Diretor e professor de Interpretação e História do Teatro do Conservatório Dramático e Musical da Cidade de São Paulo. Fundação do Teatro Paulista do Estudante. Viagem à Itália. Participação na Conferência da Paz. Retorno ao Brasil. É ameaçado de expulsão do país pelo DOPS.

1956 – Direção de *Lição de Botânica*, de Machado de Assis. Teatro Municipal, Rio de Janeiro. Direção de: *A Dama das Camélias*, paródia de Hermilo Borba Filho, e *A Sempreviva*, de Edy Guimarães. Teatro Cultura Artística, São Paulo. Direção de *Quando as Paredes Falam*, de Ferenc Molnar. Teatro Bela Vista, São Paulo. Direção da ópera *Don Giovanni*, de Mozart. Teatro Municipal do Rio de Janeiro. Apresentada também em Buenos Aires, São Paulo e Cidade do México. Produção e direção do *Grande Teatro Record* (canal 7), São Paulo. Apresentação de obras de Gonçalves Dias, Jean Anouilh, Ugo Betti, Abílio Pereira de Almeida, Martins Pena e outros. Publicação de seu livro: *A Expressão Dramática*. Início do romance com Daisy Santana.

1956-1962 – Crítico e ensaísta no Suplemento Literário do jornal *O Estado de S. Paulo*.

1957 – Direção de *Henrique IV*, de Luigi Pirandello. Teatro Bela Vista, São Paulo. Direção da ópera *Madame Butterfly*, de Giacomo Puccini. Teatro Municipal de São Paulo. Direção da ópera *Werther*, de J. Massenet. Teatro Municipal do Rio de Janeiro. Produção e direção do programa *Eterno Feminino*, TV Paulista (canal 5), São Paulo, e depois no Rio de Janeiro e Belo Horizonte. Adaptação de textos de Balzac, Dostoiévski, Poe, Claudel, Mérimée e outros.

1957-1958 – Produção e direção do Programa *Teatro da Ópera*, TV Rio, Rio de Janeiro. Obras de Verdi, Puccini, Mozart, Cilea etc.

1958-1959 – Fundação do Curso de Estudos Teatrais da Faculdade de Filosofia da Universidade do Rio Grande do Sul, Porto Alegre. Diretor, professor de Teoria e de História do Teatro e organizador do Seminário de Composição Dramática do Curso de Estudos Teatrais da Faculdade de Filosofia da URGS. Crítico de teatro do jornal *Correio do Povo*, Porto Alegre.

1958 – Direção de: *Egmont*, de J. Wolfgang Goethe, *O Novo Teatro*, de Rosso di San Secondo, direção e cenografia de *As Casadas Solteiras*, de Martins Pena. Teatro São Pedro, Porto Alegre. Direção da ópera *Carmen*, de A. Bizet. Teatro Francisco Nunes, Belo Horizonte. Publicação de seu livro: *Goethe, Schiller, Gonçalves Dias*.

1959 – Direção de: *Eletra*, de Sófocles e *O Corvo*, de Carlo Gozzi. Auditório da URGS, Porto Alegre. Direção de *Auto de Natal*, de Anônimo Português. Parque da Redenção, Porto Alegre. Escreve o texto teatral *O Outro Lado do Rio*. Fundação, juntamente com Daisy Santana, da Companhia Teatro do Sul. Direção de: *Don Juan*, de Guilherme Figueiredo, *A Falecida Mrs. Blake*, de William Morum e William Dinner, *O Outro Lado do Rio*, de sua autoria, e *O Leito Nupcial*, de Jan Hartog. Teatro São Pedro, Porto Alegre. Direção da ópera *Anita Garibaldi*, de Heinz Geyer. Teatro Municipal de São Paulo. Professor de Estética da Faculdade de Arquitetura da URGS, Porto Alegre.

1960 – Retorno à Itália. Dia 6 de março. Publicação de seu texto teatral *Ifigênia* no Brasil. Nascimento de Paola, sua filha com Daisy Santana, em Milão.

1961 – Roteiro e assistência de direção do filme *L'Ammutinamento*, de Silvio Amadio. Produção Agliani. Publicação de seu livro: *Teatro in Brasile*.

1961-1965 – Diretor da Scuola d'Arte Drammatica do Piccolo Teatro, Milão. Professor de Teoria e de História do Teatro na Scuola d'Arte Drammatica do Piccolo Teatro, Milão.

1961-1981 – Colaboração em revistas e jornais italianos: *Avanti!*, *Notizie Letterarie*, *Paese Sera* , *Paese Sera-Libri*, *D'Ars Agency*, *Il Dramma*, *Uomini e Libri*, *Tuttolibri*, *Ridotto*, *Revista do IDI* e outros.

1962 – Direção de: *Il Re dagli Occhi di Conchiglia*, de Luigi Sarzano e de *Una Corda Per il Figlio di Abele*, de Anton Gaetano Parodi. Piccolo Teatro, Milão. Publicação de seu livro *O Espectador Apaixonado* e do texto teatral *L'Altra Riva del Fiume* (*O Outro Lado do Rio*).

1962-1981 – Relator e depois presidente do Convegno Annuale dell'Istituto del Dramma Italiano, Saint Vincent.

1963 – Direção de *I Burosauri*, de Silvano Ambrogi. Piccolo Teatro, Milão. Direção de *La Breccia*, de Guardamagna e Codecasa. Teatro Stabile, Trieste. Prêmio I.D.I. Saint Vincent, Melhor Direção, pelo espetáculo *I Burosauri*.

1964 – Direção de *Il Piacere dell'Onestà*, de Luigi Pirandello. Teatro Quirino, Roma.

1965 – Direção de: *L'Innamorata*, de Marco Praga, e *Evaristo*, de Franco Molè. Ridotto dell'Eliseo, Roma. Separa-se de Daisy Santana. Delegado italiano, juntamente com Orazio Costa, no encontro promovido pela UNESCO, sobre o ensino da arte dramática, Bucareste.

1966 – Transfere-se de Milão para Roma. Casa-se com Mara Jacobbi. Direção de *La Commedia degli Errori*, de Shakespeare. Teatro di Ostia Antica, Roma. Viagem a Portugal. Direção de *La Locandiera*, de Carlo Goldoni. Teatro Experimental, Porto. É expulso de Portugal.

1967 – Direção de *La Maschera e il Volto*, de L. Chiarelli. Teatro Nuovo, Milão. Direção de *La Duchessa di Urbino*, de Lope de Vega. Teatro di Ostia Antica, Roma. Direção de *La Ragazza di Stoccolma*, de Alfonso Leto. Teatro Sant'Erasmo, Milão. Publicação de seus textos teatrais: *Il Porto degli Addii* e *Deserto d'Amore*.

1968 – Direção de *La Raganella*, de G. Dyer. Teatro delle Muse, Roma.

1969 – Direção de *Canicola*, de Rosso di San Secondo. Pescara. Escreve a peça *I Sogni di Madrid*. Publicação de seu texto teatral: *Il Cobra alle Caviglie*.

1970 – Direção de *Un Cielo di Cavallette*, de Alfredo Balducci. Teatro di Via Piacenza, Roma. Nascimento de Laura, sua filha com Mara.

1971 – Direção de *La Malquerida*, de Jacinto Benavente. Com Diana Torrieri. Cortile del Castello, Fano. Direção de *Racconti di Copacabana* (*L.S.D.* e *O Contrato Azul*), de Pedro Bloch. Teatro alla Ringhiera, Roma.

1972 – Direção de *Edipo senza Sfinge*, de sua autoria. Teatro delle Arti, Roma. Publicação de seu livro: *Teatro da Ieri a Domani*.

1973 – Direção de *Il Pellegrino del Nordest* (*O Pagador de Promessas*), de Dias Gomes. Istituto del Dramma Popolare, San Miniato. Seu livro *Teatro da Ieri a Domani* recebe o Prêmio Silvio d'Amico. Publicação de seu livro: *Guida per lo Spettatore di Teatro*.

1973-1981– Diretor da Accademia Nazionale d'Arte Drammatica "Silvio d'Amico", Roma.

1974 – Direção de *Paolo Paoli*, de A. Adamov. Teatro di Via Vittoria, Roma. Com alunos da Accademia Nazionale d'Arte Drammatica.

1977 – Publicação de seu livro: *Le Rondini di Spoleto*. Morre, no Rio de Janeiro, Carla Civelli.

1978 – Direção de *Sagra del Signore della Neve*, de Luigi Pirandello. Piazzale Caos, Agrigento.

1979 – Direção de *Lazzaro*, de Luigi Pirandello. Piazzale Caos, Agrigento.

1981 – Professor Catedrático de Literatura Brasileira na Universidade Magistero Romana. Presidente da Sociedade Italiana de Autores Dramáticos, Roma. Morte. Dia 19 de junho, em Roma.

# 18. Fichas Técnicas dos Espetáculos Dirigidos por Ruggero Jacobbi no Brasil

*Estrada do Tabaco* (*Tobacco Road*)
Autores: Erskine Caldwell e Jack Kirkland
Tradução: Raymundo Magalhães Jr.
Direção: Ruggero Jacobbi
Produção: Teatro Popular de Arte
Cenário: Lazlo Meitner
Assistente de direção: Waldir Moura
Local: Teatro Fênix (Rio de Janeiro)
Estréia: março de 1947
Elenco: Maria Della Costa (Pearl Lester), Itália Fausta (Ada Lester), Sandro Polloni (Lov Bensey), Sadi Cabral (Jeeter Lester), Joseph Guerreiro (Dude Lester), Aurora Labella (Ellie May), Yara Isabel (Bessie), Waldir Moura (Peabody), Cyrano (Cap. Tim), Pery Falcão (Payne)

*Tereza Raquin* (*Thérèse Raquin*)
Autor: Émile Zola
Adaptação: Itália Fausta
Direção: Ruggero Jacobbi
Produção: Teatro Popular de Arte
Cenários: Lazlo Meitner
Local: Teatro Fênix (Rio de Janeiro)
Estréia: julho de 1948
Elenco: Maria Della Costa (Tereza Raquin), Sandro Polloni (Lourenço), Joseph Guerreiro (Acendedor de lampião), Sadi Cabral (Camilo),

Itália Fausta (Senhora Raquin), Aurora Labella (Suzana), Peri Falcão (Michaud), Idílio Costa (Grivet)

*O Grande Fantasma* (*Questi Fantasmi*)
Aparições terrificantes em três atos.
Autor: Eduardo de Filippo
Tradução: Renato Alvim e Mário da Silva
Direção: Ruggero Jacobbi
Produção: Companhia de Comédias Procópio
Local: Teatro Serrador (Rio de Janeiro)
Estréia: 1948
Elenco / As almas (por ordem de entrada em cena):
Carlos Duval (Rafael – Alma negra), Salú Carvalho (1° Carregador – Alma condenada), Mario Figueiredo (2° Carregador – Alma condenada), Renato Restier (Gastão Califano – Alma livre), Procópio Ferreira (Pascoal Lojacono – Alma penada), Não aparece nunca (Professor Santana – Alma inútil), Belmira de Almeida (Carmela – Alma danada), Thereza Lane (Maria – Alma perdida), Rodolfo Arena (Alfredo Maragliano – Alma irrequieta), Alma Flora (Armida – Alma triste), Walter Pinheiro (Xavier Califano – Alma inútil), Marina Couto (Madalena Califano – Alma inútil), Mozart Regis (Artur – Alma inocente), Stella Pinheiro (Sílvia – Alma inocente)
Ação: Nápoles, atualidade

*Lady Godiva*
Autor: Guilherme Figueiredo
Direção e cenários: Ruggero Jacobbi
Produção: Companhia de Comédias Procópio
Execução de cenários: Lino Fernandes
Música original: Rafael Batista (diretor da orquestra da Casa do Estudante)
Estréia: 13 de setembro de 1948
Elenco: Procópio Ferreira (Henrique), Alma Flora (Maria), Rodolfo Arena (Arnaldo)
Ponto: Edson A. Athayde

*Lar, Doce Lar* (*Twin Beds*)
Autora: Margaret Mayo
Direção: Ruggero Jacobbi
Produção: Companhia de Comédias Procópio
Local: Teatro Serrador (Rio de Janeiro)
Estréia: 1948

*De Braços Dados* (*Del Brazo y por la Calle*)
Drama em três atos.

Autor: Armando Moock
Tradução: Geysa Boscoli
Direção e cenário: Ruggero Jacobbi
Execução de cenário: Vitorino Koelho
Chefe eletricista: Manoel Dias da Costa
Contra-regra: Peter Petersen
Local: Teatro Fênix
Estréia: 1948
Elenco: Rodolfo Mayer (Alberto), Zezé Fonseca (Maria)
A ação transcorre em Buenos Aires, em qualquer dia da atualidade, começando às oito horas da noite e terminando pela madrugada.

*Arlequim, Servidor de Dois Amos* (*Il Servitore di Due Padroni*)
Autor: Carlo Goldoni
Tradução: Carla Civelli
Diretor, cenógrafo e figurinista: Ruggero Jacobbi
Produção: Teatro dos Doze
Execução de cenários: Antonio de Souza
Música: Renzo Massarani
Sonoplastia: Antonio Ventura
Locais: Teatro Ginástico (Rio de Janeiro) e apresentações na Sede do Fluminense F.C. do Rio de Janeiro. Apresentações em São Paulo, como a primeira montagem da Sociedade Paulista de Teatro, subvencionada pela Prefeitura da Cidade de São Paulo, no Teatro Municipal, Teatro São Paulo e Teatro Brás Politeama, em 1951.
Estréia: 9 março de 1949
Elenco: Jaime Barcelos (Pantaleão dos Bisonhos), Zilah Maria (Rosaura, sua filha), Elísio de Albuquerque (Doutor Lombardi), Luiz Linhares (Silvio, seu filho), Beyla Genauer (Beatriz Rusponi), Sérgio Britto (Florindo Aretusi), Wilson Grey (Briguela, hoteleiro), Rejane Ribeiro (Esmeraldina, criada de Pantaleão), Sérgio Cardoso (Arlequim, criado de Beatriz e de Florindo), Tarciso Zanotta (Criado-carregador do hotel de Briguela)

*Tragédia em New York* (*Winterset*)
Autor: Maxwell Anderson
Tradução: Raymundo Magalhães Jr.
Direção: Ruggero Jacobbi
Produção: Teatro dos Doze
Cenários: Aldo Calvo
Execução de cenários: Antonio de Souza
Pinturas de cenários: Jorge de Souza
Caracterização: José Jansen
Local: Teatro Ginástico (Rio de Janeiro)
Estréia: 1949

Elenco: Sérgio Cardoso (Mio Romagna), Sérgio Britto (Barth Esdras), Luiz Linhares (Juiz Gaunt), Elísio de Albuquerque (Shadow), Rejane Ribeiro (Moça da rua), Beyla Genauer (Miriam), Jaime Barcelos (Esdras), Wilson Grey (Vagabundo Tampinha), Renato Restier (Trock Estrella), Antonio Ventura (Policial), Zilah Maria, Tarciso Zanotta, Carla Civelli, Paulo Cabral, Pedro Petersen

*Simbita e o Dragão*
Peça infantil
Autora: Lúcia Benedetti
Direção: Ruggero Jacobbi
Produção: Teatro dos Doze
Cenógrafo, figurinista: Sérgio Cardoso
Local: Teatro Ginástico e Sede do Fluminense Futebol Clube (Rio de Janeiro)
Estréia: 22 de maio de 1949
Elenco: Sérgio Cardoso (Simbita, o marinheiro), Sérgio Britto (Pirata da Perna de Pau), Rejane Ribeiro (Rainha Roxa do fundo do mar), Jaime Barcelos (Dragão)

*Sonho de uma Noite de Verão* (*Midsummer night's dream*)
Autor: William Shakespeare
Adaptação: Sérgio Britto
Direção: Ruggero Jacobbi
Produção: Teatro do Estudante / Festival Shakespeare
Cenários e figurinos: Nilson Pena
Música: Mendelsohn
Local: Teatro Fênix (Rio de Janeiro)
Apresentação em benefício das escolas da professora Zilma Coelho Pinto (Cachoeiro de Itapemirim / Espírito Santo)
Estréia: 22 de julho de 1949
Elenco: Vagareza, Jaime Barcelos (Canelas/Bottom), Miriam Pires, Valda Menezes (Puck), Gilda Neri, Neri Soares, Cícero Nadais (Gaitinhas, travesti), Wilson Ribaldo, Aida de Oliveira, Carlos Augusto (Demétrio), Hamilton Augusto (Lisandro), Regina Coeli, Vera Rosa, Tereza Rivera, Nair Vastimila, Paulo dos Reis (figura da corte), Dayse Del Negri (figura da corte), Luiz Gregório (figura da corte), Dirceu de Almeida (figura da corte), Augusto Lage (Pedro Marmelo), Ariston de Almeida

*Ele* (*Lui*)
Autor: Alfred Savoir
Tradutor: Raymundo Magalhães Jr.
Direção: Ruggero Jacobbi
Produção: Teatro Brasileiro de Comédia

Cenógrafo e figurinista masculino: Aldo Calvo
Figurinista feminino: Beatriz Biar
Contra-regra: Maury Lopes
Local: TBC
Estréia: 10 de outubro de 1949
Elenco (por ordem de entrada em cena): Nelson Ernesto Coelho (*Barman* do Grande Hotel), Carlos Vergueiro (Ascensorista), A.C. Carvalho (Matard, proprietário do hotel), Ruy Affonso Machado (Professor Coq, presidente do Congresso), Elizabeth Henreid (Inválida, sua filha), Waldemar Wey (Comandante Trafalgar), Gini Brentani ( Miss Scoville), Maurício Barroso (Ele), Célia Biar (Princesa), Maury Lopes (Chasseur), Milton Ribeiro (Ping, pugilista), Victor Merinov (Cozinheiro), Geraldo Pacheco Jordão (Médico psiquiatra)

*O Mentiroso* (*Il Bugiardo*)
Autor: Carlo Goldoni
Tradutor, adaptador e diretor: Ruggero Jacobbi
Produção: Teatro Brasileiro de Comédia
Músicas: Pietro Mascagni e Ermano Wolf Ferrari
Cenógrafo e figurinista: Aldo Calvo
Execução de cenários: Arquimedes Ribeiro
Maquilagem e cabeleiras: Leontij Tymoszczenko
Diretor de cena: Pedro Petersen
Contra-regra: Sebastião Ribeiro
Local: TBC
Estréia: 23 de novembro de 1949
Elenco: Sebastião Ribeiro (gondoleiro), Zilda Hamburger (uma cantora), Zilah Maria (Rosaura), Elizabeth Henreid (Beatriz), Ruy Affonso Machado (Florindo), Renato Consorte (Polichinelo), Sérgio Cardoso (Lélio), Carlos Vergueiro (Arlequim), Célia Biar (Colombina), Maurício Barroso (Otávio), Waldemar Wey (Dr. Balanção), C. Carvalho (Pantaleão dos Bisonhos), Nelson Ernesto Coelho (um rapaz), Maury Lopes (um cocheiro), José Expedito de Castro (um mensageiro)

*Os Filhos de Eduardo* (*Les enfants d'Edouard*)
Autor: Marc-Gilbert Sauvajon
Tradutores: Renato Alvim e Mário da Silva
Diretores: Cacilda Becker e Ruggero Jacobbi
Produção: Teatro Brasileiro de Comédia
Cenógrafo: Túlio Costa
Figurinista: Beatriz Biar
Maquilagem e cabeleira: Victor Merinov
Local: TBC
Estréia: 14 de março de 1950
Elenco: Freddi Kleemann (Bruno Davert Stuart), Ruy Affonso (Walter

Davert Stuart), Célia Biar (Jeanne), Glauco de Divitis (Molineaux), Cacilda Becker (Denise Davert Stuart), Nydia Lícia (Marina Davert Stuart), A.C. Carvalho (Roberto Duchemin), Waldemar Wey (Sir Michel), Sérgio Cardoso (Jan Latzaresko), Maurício Barroso (Dominique Revol), Marina Freire (Madame Duchemin), Elisabeth Henreid (Helène Duchemin)

*A Ronda dos Malandros* (*The Beggar's Opera*)
Autor: John Gay
Tradutores e adaptadores: Carla Civelli e Maurício Barroso
Diretor: Ruggero Jacobbi
Produção: Teatro Brasileiro de Comédia
Músicas: Duke Ellington, Stan Kenton e Enrico Simonetti (especialmente compostas, com letras de Ruggero Jacobbi: Mulher de ninguém e J'avais un coq ) e outros.
Assistente de direção: Ruy Affonso
Cenógrafo e figurinista: Túlio Costa
Execução de trajes femininos: Rosa Giordani
Execução de trajes masculinos: A. Soares de Oliveira
Local:TBC
Estréia: 17 de maio de 1950
Elenco: Maurício Barroso (Walter Tristeza), Zilda Hamburger (Dolores), Waldemar Wey (Johnny Aranha), A.C. Carvalho (Pó de Mosquito), Fredi Kleemann (Mão de Luva), Milton Ribeiro (Billy Chaveco), Ricardo Campos (Tommy Coringa), Marina Freire (Madame Aranha), Cacilda Becker (Polly), Ruy Affonso (Bob Casanova), Marisa Marcos (Jenny Pimenta), Holanda Maria (Betty Preguiça), Elizabeth Henreid (Mimi, a princesa), Zilah Maria (Rosalind), Rachel Moacyr (Lady Diana), Sérgio Cardoso (MacHeath) Glauco de Divitis (Joe Ferrolho), Nydia Lícia (Lucy), Frank Hollander (1o. guarda), Ildo Pássaro (2o. guarda), Maury Lopes (carrasco), Victor Merinov (mensageiro)

*Electra e os Fantasmas* (*Mourning becomes Electra*)
Trilogia trágica em 3 partes e 14 quadros
Autor: Eugene O'Neill
Tradução: Raymundo Magalhães Jr. e Carla Civelli
Direção e produção: Ruggero Jacobbi
Assistente de direção: Carla Civelli
Cenários e firgurinos: Túlio Costa
Local: Teatro Royal
Estréia: 22 de agosto de 1950
Elenco (por ordem de entrada em cena): Elísio de Albuquerque (Seth), Myriam Carmen (Cristina Mannon), Madalena Nicol (Lavínia Mannon), Rejane Ribeiro (Hazel Niles), Luiz Linhares (Peter Niles) Tito Fleury (Adam Brant), Sérgio Britto (Ezra Mannon e Ori Mannon)

*Lady Godiva*
Três atos sem intervalos
Autor: Guilherme Figueiredo
Direção, cenários e produção: Ruggero Jacobbi
Assistente de Direção: Carla Civelli
Figurinos: Rosa Giordano
Local: Teatro Royal
Estréia: Setembro de 1950
Elenco: Zilah Maria (Maria), Luiz Linhares (Henrique), Sérgio Britto (Arnaldo)
(Peça apresentada com *A Voz Humana* em espetáculo único)

*A Voz Humana* (*La Voix Humaine*)
Autor: Jean Cocteau
Tradução: Bandeira Duarte
Direção, cenários e produção: Ruggero Jacobbi
Assistente de Direção: Carla Civelli
Figurinos: Rosa Giordano
Local: Teatro Royal
Elenco: Madalena Nicol
(Peça apresentada com *Lady Godiva* em espetáculo único)

*Pedacinho de Gente* (*Scampolo*)
Três atos.
Autor: Dario Nicodemi
Tradução: Gastão Pereira da Silva
Direção: Ruggero Jacobbi
Produtor: Carlos Alberto de Oliveira
Local: Pequeno Auditório do Teatro Cultura Artística
Estréia: 13 de janeiro de 1952
Elenco: Vera Nunes (Pedacinho de gente), Liana Duval (Emília Bernini), Dina Lisboa (Franca), Léo Vilar (Tito Sacchi), Jackson de Souza (Júlio Bernini), Daniel Azevedo (Sr. Cesare), Ricardo Campos (Egisto), Honorio Martinez (O desconhecido)
Nota no programa: O diretor Ruggero Jacobbi e os atores Vera Nunes, Liana Duval, Jackson de Souza e Ricardo Campos pertencem ao *cast* permanente da Rádio e Televisão Paulista – Canal 5.

Remontagem de *O Mentiroso*
Reestréia: 30 de abril de 1952
Elenco: Sebastião Ribeiro (gondoleiro), Nydia Lícia (uma cantora), Zilah Maria (Rosaura), Elizabeth Henreid (Beatriz), Ruy Affonso Machado (Florindo), Benedito Corsi (Polichinelo), Sérgio Cardoso (Lélio), Carlos Vergueiro (Arlequim), Célia Biar (Colombina), Mau-

rício Barroso (Otávio), Waldemar Wey (Dr. Balanção), Luís Calderaro (Pantaleão dos Bisonhos), Rubens Costa (um rapaz), Pedro Petersen (um cocheiro), Walter Ribeiro (um mensageiro)

*Um Pedido de Casamento*
Autor: Anton Tchékhov
Direção: Ruggero Jacobbi
Produção: Escola de Arte Dramática (São Paulo)
Local: Sanatório Otávio de Freitas (Recife)
Estréia: 13 de julho de 1952
Elenco: Armando Pedro (Ciubocov), Floramy Pinheiro (Natália), Eduardo Bueno (Lomov)

*Senhorita Minha Mãe* (*Mademoiselle ma Mère*)
Autor: Louis Verneuil
Local :Teatro de Alumínio de São Paulo
Estréia: agosto 1952

*Treze à Mesa* (*Treize à table*)
Autor: Marc-Gilbert Sauvajon
Tradutores: Bandeira Duarte e Renato Alvim
Direção: Ruggero Jacobbi
Produção: Teatro Brasileiro de Comédia
Assistente de direção: Antunes Filho
Cenógrafo: Mauro Francini
Painéis decorativos: Clara Hetenyi
Execução de cenários: Arquimedes Ribeiro
Figurinista: Rina Fogliotti
Iluminador: Conrado João Fortuna
Maquilagem e cabeleiras: Leontij Tymoszcenko
Diretor de cena: Pedro Peteresen
Contra-regra: Sebastião Ribeiro
Local: TBC
Estréia: 26 de julho de1953
Elenco: Paulo Autran (Antoine Vilardier), Luiz Linhares (Frederico, o mordomo), Célia Biar (Madeleine Vilardier), Waldemar Wey (Dr. Pelousart), Cleyde Yáconis (Consuelo Koukowsko), Monah Delacy (Verônica Chambon), Benedito Corsi (Dupaillon)

*A Desconhecida de Arras* (*L'Inconnue d'Arras*)
Autor:Armand Salacrou
Diretor: Ruggero Jacobbi
Produção: Teatro Brasileiro de Comédia / Teatro de Vanguarda Ruggero Jacobbi
Cenógrafo: Mauro Francini.

Execução de cenários: Arquimedes Ribeiro
Iluminador: Aníbal Guimarães
Diretor de cena: Pedro Petersen
Contra-regra: Sebastião Ribeiro
Local: TBC
Estréia: 1° de agosto de 1953
Elenco (por ordem de entrada em cena): Xandó Batista (Ulisses), Eny Autran (Yolanda), Italo Rossi (Nicolas), Wanda Hammel (Mme. Venot) Diná Mezzomo (Madalena), Monah Delacy ( A Desconhecida), Francisco Arisa (O diretor/ o mendigo), Felipe Wagner (o pai), Joseph Guerreiro (o avô), Rubens Costa (Max 20), Walmor Chagas (Max 37), Lea Camargo (Nieta), Alberto Maduar (o garçon)

*Brasil Romântico*
Espetáculo integrado pelas peças *Lição de Botânica* e *O Primo da Califórnia.*
Direção: Ruggero Jacobbi
Produção: Empresa Brasileira de Teatro Ltda.
Elenco Permanente do Teatro Íntimo Nicette Bruno
Cenários e figurinos: Paulo Becker
Execução de cenários: Dante Lombardi
Execução de figurinos: Pascoal Bruno
Estréia: 1953

*Lição de Botânica*
Autor: Machado de Assis
Elenco: Nicette Bruno (Helena), Eleonor Bruno (Leonor Gouveia), Paulo Goulart (Barão Sigismundo de Kernolberg), Kleber Macedo (Cecília)

*O Primo da Califórnia*
Autor: Joaquim Manuel de Macedo
Elenco: Nicette Bruno (Celestina), Paulo Goulart (Adriano), Elísio de Albuquerque (Pantaleão), Guilherme Correia (Felisberto), Walmor Chagas (Ernesto), Rubens Costa (Eduardo), Kleber Macedo (Sra. Beatriz)

*A Filha de Iorio* (*La Figlia di Iorio*)
Tragédia pastoral em 3 atos
Autor: Gabriele D'Annunzio
Tradução: Maria Jacintha
Direção: Ruggero Jacobbi
Produção: Raul Guastini
Comitê Patrocinador: Comm. Emidio Falchi (Presidente do Círculo Italiano), Dr. Odoardo Carsughi (Presidente da Câmara de Comércio

Italo-Brasileira), Comm. Francisco Pettinati (Presidente de "Le Muse Italiche"), Comm. Vicente Amato Sobrinho (Presidente do Consórcio Editorial Fanfulla)
Sob os auspícios da Comissão do IV Centenário
Participação do Coral Paulistano (gentilmente cedido pela Secretaria Municipal de Educação e Cultura / Secretário Prof. Valerio Giuli)
Cenógrafo e figurinista: Aldo Calvo
Execução dos cenários: Francisco Giacchieri
Execução de figurinos: Maria Ferrara
Assistente de Direção: Nydia Lícia
Contra-regra: Raimundo Duprat
Direção de cena: Mario G. Locatelli
Música de Claudio Santoro
Regência do coral: Maestro Arquerons
Chefe maquinista: Jarbas Loto
Chefe eletricista: José Lo Leggio
Construção de objetos de cena: Oscar Navarro
Local: Teatro Cultura Artística (Grande Auditório)
Estréia: 4 de setembro de 1954
Elenco (por entrada em cena): Nydia Lícia (Ornella), Marly Bueno (Favetta), Dany Darcel (Splendore), Dina Lisboa (Candia della Leonessa), Sérgio Cardoso (Aligi), Paula Leia (Vienda di Giave), Aracy Cardoso (Teódula di Cinzio), Wanda Kosmo (Monica Della Cogna), Raquel Forner (Maria Cora), Maria Celia (La Cinerella), Labiby Madi (Anna di Bova), Edith Lorena (Felávia Sésara), Sidneia Rossi (La Catalana delle Tre Bisacce), Julieta Sut (Maria di Giave), Cacilda Becker (Mila di Codra), Carlos Zara (Primeiro Ceifador), Luiz Pinho (Segundo Ceifador), Ibanez Filho (Terceiro Ceifador), Taran Dach (Quarto Ceifador), José Vitiello (Quinto Ceifador), Jorge Chaia (Lazaro di Roio), Leonardo Vilar (Cosma), Wanda Kosmo (Anna Onna), José Lima (Malde), Taran Dach (Primeiro Pastor), Raimundo Duprat (Segundo Pastor), José Vitiello (O Endemoniado), Ibanez Filho (Fermo di Nerfa), Luiz Pinho (Ienne dell'Eta), Sidneia Rossi (Primeira Carpideira), Helena Vial (Segunda Carpideira), Flávia Santos (Terceira Carpideira), Iris Bovino (Quarta Carpideira), Carlos Zara (Iona di Midia), Joamar Jaquetti, José Lima, Tales de Oliveira, Manuel Cardoso, Virgilio Isoldi, Carlos Jaquetti (Homens do Povo), Nieta Junqueira, Nagibe Medeiros, Rosalina Granja, Ilse Auler, Vera Bovino (Mulheres do Povo), N.N. (Os Companheiros da Morte), Jaime Caetano (Portador da Cruz)

*Mirandolina* (*La Locandiera*)
Comédia em três atos e seis quadros
Autor: Carlo Goldoni
Tradução: Itália Fausta (e Ruggero Jacobbi)

Produção: Sandro (Polloni) / Teatro Popular de Arte
Direção Ruggero Jacobbi
Cenários: Gianni Ratto
Músicas: Antonio Vivaldi
Figurinos: Luciana Petrucelli
Assistente de direção: Fernando Torres
Cenários realizados por: Luciana Petrucelli e Franco Giacchieri
Guarda-roupa executado por: Danpiere
Montagem: Barros
Eletricista: Angelo Urosa
Local: Teatro Maria Della Costa
Estréia: 1955
Elenco (por ordem de entrada em cena): Fábio Sabag (Primeiro Servidor), Serafim Gonzales (Fabrício), Amandio Silva Fo. (Segundo Servidor), Sérgio Britto (Marquês de Forlipópoli), Elísio de Albuquerque (Conde de Albafiorita), Milton Morais (Cavaleiro de Ripafratta), Maria Della Costa (Mirandolina), Wanda Kosmo (Hortensia), Fernanda Montenegro (Deianira)
Ação: Florença, 1753

Remontagem de *Os Filhos de Eduardo*
Reestréia: 1955
Alterações na ficha técnica:
Assistente de direção: Armando Pascoal
Cenógrafo: Mauro Francini
Execução de cenários: Arquimedes Ribeiro
Figurinista: Odilon Nogueira
Maquiador: Leontij Tymoszczenko
Eletricista: Aparecido André
Diretor de cena: Sebastião Ribeiro
Elenco: Guilherme Corrêa (Bruno Davert Stuart), Leonardo Vilar (Walter Davert Stuart), Léa Surian (Joana), Jorge Chaia (Molineaux), Cacilda Becker (Denise Davert Stuart), Sylvia Orthoff (Marina Davert Stuart), Luiz Linhares (Roberto Duchemin), Fredi Kleemann (Sir Michael), Ziembinski (Ian Latzareski), Walmor Chagas (Dominique Revol), Marina Freire (Sra. Duchemin), Rita Shadrack (Helena Duchemin)

*Lição de Botânica*
Comédia em um ato
Autor: Machado de Assis
Direção: Ruggero Jacobbi
Local: Teatro Municipal do Rio de Janeiro
Estréia: 27 de março de 1956
Elenco: Vera Nunes (Helena), Maurício Barroso (Barão Sigismundo de Kernolberg), Luísa Barreto Leite (Leonor Gouveia), Eva Wilma (Cecília)

*A Dama das Camélias*
Autor: Hermilo Borba Filho (paródia da peça de A. Dumas Filho)
Direção: Ruggero Jacobbi
Cenário: Irenio Maia
Realização do cenário: Luciano Gregory
Figurinos e execuções: Osvaldo Mota
Ponto: Jaime P. Luna
Carpintaria: Francisco dos Santos
Contra-regra: Luiz Almeida
Eletricista: Rafael Bifulco
Local: Teatro Cultura Artística (Pequeno Auditório)
Estréia: 20 de junho de 1956
Elenco: Kleber Macedo (Nanine), Waldemar Rocha (Barão de Varville), Helena Martins (Nichette), Dercy Gonçalves (Margarida Gauthier), Daisy Santana (Olímpia), Domingos Terras (Gaudêncio), Lourdes Bergmann (Prudência), Walter Teixeira (Gastão), Dary Reis (Armando Duval), Lindberg Leite (O Sr. Duval), Renato Consorte (Mr. Smith)

*Quando as Paredes Falam* (*Spiel im Schloss*)
Comédia em três atos
Autor: Ferenc Molnar
Tradução: Paulo Barrabás
Direção: Ruggero Jacobbi
Produção: Companhia Nydia Lícia-Sérgio Cardoso
Cenógrafo: João Maria dos Santos
Execução de cenário de Jarbas Lotto e Francisco Giacchieri
Trajes masculinos: A Exposição – D. José
Decoração de cena: Móveis Teperman
Móveis de estilo: gentileza de Rafael Mayer
Assistente de direção e direção de cena: Márcio Moreira
Local: Teatro Bela Vista (São Paulo) e Teatro Maison de France (Rio de Janeiro)
Estréia: 1956
Elenco (por ordem de entrada em cena): Jorge Fischer Júnior (Adam), Sérgio Cardoso (Turay), Emanuele Corinaldi (Gal), Nydia Lícia (Annie), Carlos Zara (Almady), Gustavo Pinheiro (O mordomo), Guilherme Corrêa (O secretário)

*Henrique IV* (*Enrico IV*)
Tragédia em três atos
Autor: Luigi Pirandello
Tradução: Brutus Pedreira
Direção: Ruggero Jacobbi
Produção: Companhia Nydia Lícia-Sérgio Cardoso

Cenógrafo e figurinista: Aldo Calvo
Local: Teatro Bela Vista
Estréia: 1957
Elenco (por ordem de entrada em cena): Wilson Santoni (Primeiro pagem), Abelardo Escolano (Segundo pagem), Guilherme Corrêa (Landolfo), Alceu Nunes (Ariardo), Alvaro Ciccotti (Ordufo), Gustavo Pinheiro (Bertoldo), Daniel Dorna (Giovanni), Raimundo Duprat (O Marquês Carlo di Nolli), Carlos Zara (O Barão Tito Belcredi), Emanuele Corinaldi (O doutor Genoni), Córdula Reis (A marquesa Matilda Spina), Berta Zemel (Frida), Sérgio Cardoso (Henrique IV)
A ação se passa em um palacete solitário no interior da Umbria

*Egmont*
Tragédia em duas partes (13 quadros)
Autor: J. Wolfgang Goethe
Tradução: Hamilcar Turelli
Direção: Ruggero Jacobbi
Produção: Curso de Arte Dramática da Faculdade de Filosofia da URGS
Cenários e figurinos: Nelson Boeira Faedrich
Assistente de direção: Fernando Peixoto
Bailarina solista: Jane Blauth
Coreografia: Tony Seitz Petzhold
Execução de figurinos: Matilde Godoy
Músicas de Ludwig Van Beethoven
Execução musical: Orquestra Universitária
Regente da orquestra: Maestro Pablo Komlos
Local: Teatro São Pedro de Porto Alegre / Apresentações no II Festival Nacional de Teatros de Estudante, em Santos, em 1959.
Estréia: 1o. de julho de 1958
Elenco (por ordem de entrada em cena): João Carlos Caldasso ( (Buyck e Gomes), Alberto de los Santos (Jeffer), Armando Ferreira Filho (Ruysum e Saboeiro), Marcos Klein (Soest), Alba Faedrich, Nair Miorin Paiva, Elisabeth Hartmann (Margarida de Parma), Luiz Carlos de Magalhães (Maquiavel), Ivete Brandalise, Amélia Bittencourt, Dilma Fabregas (Clarinha), Noé Sandino Vieira (Brackenburg), Rhéa Sylvia Frasca, Miriam Kassov, M. de Lourdes Anagnostopoulos (Mãe de Clarinha), Glênio Peres (Vansen), Wolney de Assis, Marcello Bittencourt (Conde Egmont), Claudio Heemann (Guilherme de Orange), Luthero da Silva (Duque de Alba), Aysser Bobaduy (Silva) Fernando Peixoto (Fernando)
A peça foi publicada em 1788.
A ação se passa em Bruxelas.

*O Marido Confundido* (*George Dandin*)
Autor: Molière

Tradução: Alexandre Gusmão
Direção: Ruggero Jacobbi
Produção: Teatro Moderno de Comédia / Danilo Bastos
Cenografia: Francisco Giacchieri
Figurinos: Oswaldo Motta
Local: Pequeno Auditório do Teatro Cultura Artística
Estréia: 29 de julho de 1958.
Elenco: Elísio de Albuquerque (George Dandin), Luís Tito (Sr. de Sotenville), Aimée (Angélica), Floramy Pinheiro (Sra. de Sotenville), Gilberto Fernandes (Lubin), Célia Helena (Pascoalina), Gustavo Pinheiro (Clitandro), José Egidio (Nicolau)
A tradução foi realizada em 1713 por Alexandre Gusmão, o "padre voador".

*O Novo Teatro*
Um ato.
Autor: Rosso di San Secondo
Tradução e direção: Ruggero Jacobbi
Produção: Curso de Arte Dramática da Faculdade de Filosofia da URGS
Local: Teatro São Pedro (Porto Alegre)
Estréia: 1958
Elenco (por ordem de entrada em cena): Nilda Maria Toniolo (Secretária), João Carlos Caldasso (Dr. Rhom), Carmelina Machado Dutra (Irma), Alberto de los Santos (Alsbach), Alba Faedrich (Sra. Alsbach), Yara Victoria (Elza Lang), Nair Miorin Paiva (Eva Retsch), Cláudio Heemann (Max Erler), Ivete Brandalise (1ª Jovem atriz), Jane Blauth da Costa (2ª Jovem atriz), Suzana Mattos (3ª Jovem atriz), Wolney de Assis (1° Jovem ator), Luiz Carlos de Magalhães (2° Jovem ator), Fernando Peixoto (Karl Tunk), Marcello Bittencourt (1° assistente), Elisabeth Hartmann (Frida Lang), Noé Sandino Vieira (2° assistente), Isabel Pitta (Ellen Sigrid), Marcos Klein (Kurt Sigrid), Armando Ferreira Filho (um leiteiro), Aysser Bobaduy (um carvoeiro), Luthero da Silva (Dr. Fern)
A peça foi escrita em 1929.
A ação passa-se no palco do "Novo Teatro", numa cidade do norte da Europa.
Observação: O espetáculo não chega a ser encenado publicamente por problemas de liberação de direitos autorais.

*As Casadas Solteiras*
Comédia em três atos.
Autor: Luiz Carlos Martins Pena
Direção e cenários: Ruggero Jacobbi
Produção: Curso de Arte Dramática da Faculdade de Filosofia da URGS

Assistente de direção: Luiz Carlos de Magalhães
Coreografia: Tony Seitz Petzhold
Figurinos: Anita Mattos
Execução de figurinos: Oswaldo Motta
Colaboração dos alunos da escola de bailado de Tony Seitz Petzhold.
Local: Vilas de Porto Alegre
Estréia: 1959
Elenco (por ordem de entrada em cena): Luiz Carlos de Magalhães (Jeremias), Armando Ferreira Filho (Bolingbrok), Aysser Bobaduy (John), Nilda Maria Toniolo (Virgínia), Suzana Mattos, Jane Blauth da Costa (Clarisse), Luthero da Silva (Narciso), Yara Victoria (Henriqueta), Noé Sandino Silveira (Tomás), Marcos Klein (Pantaleão), Alberto de los Santos (Serapião)
A peça foi escrita em 1843.
A ação passa-se: 1º ato, em Paquetá; 2º ato, na Bahia e 3º ato, no Rio de Janeiro.

*Electra*
Tragédia em duas partes.
Autor: Sófocles
Tradução: Mario da Gama Kury
Direção: Ruggero Jacobbi
Produção: Curso de Arte Dramática da Faculdade de Filosofia da URGS
Cenário: Francisco Riopardense de Macedo
Execução de cenário: Luiz Carlos Corrêa
Figurinos: Leda Martins
Execução de figurinos: Ivone Hoffmann Casagrande
Músicas originais: Bruno Kiefer
Gravação executada pela Orquestra Universitária – regência do Maestro Pablo Komlós
Local: Auditório da URGS
Estréia: 1959
Elenco (por ordem de entrada em cena): Armando Ferreira Filho (Preceptor), Wolney de Assis (Orestes), Fernando Peixoto (Pílades), Dilma Fabregas, Ivete Brandalise, Yara Victoria (Coro), Elisabeth Hartmann (Eletra), M. de Lourdes Agnostopoulos (Corifeu e Crisótemis), Nair Miorin Paiva (Corifeu), Isabel Pitta (Crisótemis), Miriam Kassow (Clitemnestra), Cláudio Heemann (Egisto)

*O Corvo* (*Il Corvo*)
Comédia fantástica em três atos (treze quadros)
Autor: Carlo Gozzi
Tradução, adaptação livre e direção: Ruggero Jacobbi
Produção: Curso de Arte Dramática da Faculdade de Filosofia da URGS
Cenários e figurinos: Nelson Boeira Faedrich

Execução dc cenários: Luiz Carlos Corrêa
Sonoplastia: a cargo da Rádio da Universidade do Rio Grande do Sul
Local: Auditório da URGS
Estréia: 1959
Elenco (por ordem de entrada em cena): Alberto de los Santos (Frappante), Enio Gonçalves (O Embuçado), Mariam Kassow (1° Polichinelo), Claudio Heemann (Pantalone), Fernando Peixoto (Jennaro), Dilma Fabregas, Nair Miorin Paiva, Maria Leda Martins (Armilla), Ivete Brandalise (Esmeraldina), Themis R. da Silveira (1ª. Pomba), Elisabeth Hartmann (2ª. Pomba), Luthero da Silva (Norando) Yara Victoria (Truffaldino), Reginaldo Cipolatti (Briguela), Marcos Klein (Tartaglia), Armando Ferreira Filho, Luiz Alberto Conceição (Doutor), Wolney de Assis (Millo)

*Auto de Natal*
Especialmente escrito por Irmão Arnulfo, da PUC, com colaboração de Irmão Dionísio.
Direção: Ruggero Jacobbi
Assistente de Direção: Armando Ferreira Filho
Produção: Curso Arte Dramática da Faculdade de Filosofia da URGS
Patrocínio: Divisão de Cultura da Secretaria de Educação e Cultura
Cenário: Glênio Bianchetti
Coreografia: Marina Fedossejeva
Figurinos: Isolde Brans
Local: Parque Redenção (Porto Alegre)
Estréia: 1959
Elenco (Alunos do Curso Arte Dramática da Faculdade de Filosofia da URGS): Elisabeth Hartmann, Nair Paiva, Yara Victória, Maria Leda Martins, Wolney de Assis, Luthero Luiz da Silva, Cláudio Heemann, Dilma Fabregas, Ivette Brandalise, Armando Ferreira Filho, Alberto de los Santos, Reginaldo Cipolatti, Enio Gonçalves

*Don Juan*
Três atos (cinco quadros).
Autor: Guilherme Figueiredo
Direção: Ruggero Jacobbi
Produção: Teatro do Sul / Empresa: D.T. Bemvenutti
Cenário e figurinos: Nelson Boeira Faedrich
Execução de cenário: Luiz Carlos Corrêa
Execução de figurinos: Gersey Murena e E.D. Bemvenutti
Iluminação: Adão Prates
Cabeleiras: Adelina Weber
Local: Teatro São Pedro

Estréia: 10 de março de 1959
Elenco (por ordem de entrada em cena): Fernando Villar (Don Juan), Luiz Carlos Magalhães (Leporello), Vinícius Salvadori (Comendador), Marlene Ruperti (Dona Isabela), Daisy Santana (Dona Ana)
Ação: Sevilha, século XVII

*A Falecida Mrs. Blake*
Três atos (quatro quadros)
Autores: William Morum e William Dinner
Tradução: Evaristo Ribeiro
Direção: Ruggero Jacobbi
Produção: Teatro do Sul / Empresa: D.T. Bemvenutti
Cenário e figurinos: Nelson Boeira Faedrich
Execução de cenário: Luiz Carlos Corrêa
Execução de figurinos: E.D. Bemvenutti e Alfaiataria Valentin
Cabeleiras: Adelina Weber
Iluminação: Adão Prates
Ação: Arredores de Londres, 1895.
Local: Teatro São Pedro
Estréia: 20 de março de 1959
Elenco (por ordem de entrada em cena): Marlene Ruperti (Flora), Daisy Santana (Elizabeth Graham), Luiz Carlos de Magalhães (Henry Martin), Fernando Villar (Gregory Blake)

*O Outro Lado do Rio*
Autor, direção e cenografia: Ruggero Jacobbi
Produção: Teatro do Sul / Empresa: D.T. Bemvenutti
Local: Teatro São Pedro
Estréia: 3 de abril de 1959
Elenco: Luiz Carlos de Magalhães (Palmer), Daisy Santana (Eva), Marlene Ruperti (Marta), Fernando Villar (Max), Vinícius Salvadori (Bill)

*O Leito Nupcial*
Autor: Jan Hartog
Tradução: Raymundo Magalhães Jr.
Direção e cenografia: Ruggero Jacobbi
Produção: Teatro do Sul / Empresa: D.T. Bemvenutti
Execução do cenário: Luiz Carlos Corrêa
Execução de figurinos: E.D. Bemvenutti e Alfaiataria Valentin
Iluminação: Adão Prates
Local: Teatro São Pedro
Estréia: 12 de abril de 1959 (Pelotas) e 23 de abril de1959 (Porto Alegre)
Elenco (por ordem de entrada em cena): Daisy Santana (Nora), Fernando Villar (Mike)

# 19. Inserts

## INTRODUÇÃO AO PICCOLO TEATRO

Todo o inverno de 1946, em Milão, foi ocupado por um grupo de jovens – grupo pequenino, mas agitado, frenético – no planejamento e divulgação de uma *política cultural*, baseada em grande parte na municipalização dos teatros.

O grupinho era conhecido por todos como "o grupo dos quatro". Para a história, diremos que os quatro se chamavam: Paolo Grassi, Giorgio Strehler, Mario Landi e Ruggero Jacobbi. Havia certa atmosfera de ironia e de superior indulgência, em volta dos quatro. Havia também hostilidades. Quem não nos chamava de loucos, chamava-nos de sectários.

Tínhamos porém nossas tribunas. Paolo era crítico de *Avanti!*, Giorgio escreveu durante muito tempo para a *Milano Sera* e eu mantinha a minha coluna semanal em *Film d'Oggi*. [...]

Mais ainda: tínhamos o Diógenes. Era este um clube de teatro, que se reunia todos os domingos para leituras de peças e debates públicos sobre problemas teatrais. Todos os que se interessavam pelo teatro, em Milão, vinham regularmente para o Diógenes, nem que fosse para mostrar aos *quatro* que estavam redondamente enganados e que eram profundamente antipáticos.

Quando o plano da municipalização dos teatros, elaborado especialmente por Paolo, ficou pronto, a atividade do Diógenes ampliou-se, estendeu-se a outras cidades, promoveu verdadeiros comícios, chegou a enxertar o nosso plano na plataforma eleitoral de vários partidos políticos... O diabo!

Enquanto isso, todos nós vínhamos ganhando prestígio como diretores, especialmente Strehler, cujo talento excepcional (o maior de nossa geração) estava imediatamente confirmado pelo êxito de seus primeiros espetáculos profissionais: *Mourning becomes Electra*, com Diana Torrieri e Memo Benassi, *Calígula*, com Renzo Ricci etc.

Outro ponto firme que conseguimos alcançar foi o da fundação de uma pequena escola de teatro: o Estúdio de Arte Dramática, onde Strehler, Landi e eu lecionamos ininterruptamente durante quase um ano. [...]

Éramos muito moços, não tínhamos um tostão no bolso, mas possuíamos umas poucas idéias, bem claras e firmes. Tínhamos a sagrada teimosia, o desesperado idealismo da nossa idade e de um tempo em que era necessária a desforra dos grandes valores espirituais depois da longa treva da ditadura fascista.

Afinal, toda essa agitação produziu um resultado. O socialista Greppi, eleito prefeito de Milão, resolveu pôr em prática o nosso plano, limitadamente (é claro) à sua cidade. Mais tarde, outras municipalidades fizeram o mesmo, de maneira menos esclarecida e estável. [...]

Quando o Piccolo surgiu eu já estava no Brasil. Landi trabalhou no teatrinho de Via Rovello uns poucos meses, passando depois para o cinema e a TV. Ficaram Grassi e Strehler – o primeiro com a oportunidade de mostrar finalmente suas imensas capacidades de organizador e produtor, o segundo com um teatro à disposição, para experimentar todos os gêneros, enfrentar livremente o melhor repertório universal.

O Piccolo, hoje em dia, é um fato, um exemplo, um monumento dentro do teatro europeu e mundial. [...] E eu acredito que se possa serenamente afirmar que um dos segredos de seu êxito resida, fundamentalmente nisso: em ter sabido permanecer fiel à linha rigorosamente traçada pelos jovens pioneiros de 1946. Os loucos tinham razão.

RUGGERO JACOBBI, *Folha da Noite*, Coluna Espetáculo, São Paulo, recorte sem data (arquivo particular Ruggero Jacobbi).

## SOBRE RUGGERO

Pouco depois da guerra, partimos para colonizar Milão. [...] Havia aquele grupo que se chamava Diogene e nós, romanos, esnobávamos os milaneses.[...] Comia-se na Leiteria Pirovini, onde nos davam dois ovos estragados; com pouco dinheiro comia-se na Pirovini. Dormia-se em lugares medonhos. [...] Eu tinha entrado na Accademia d'Arte Drammatica em 42. Gassman entrara um ano antes. Eu, Salce e Celi entramos no ano seguinte. Ruggero fazia parte de um grupo de fascistas de esquerda que nos reuníamos freqüentemente na casa de Gastone da Venezia, que estudara direção na Accademia d'Arte Drammatica, e ele ia algumas vezes. Mas pertencia a um outro grupo, fazia teatro GUF. Ele e Gerardo Guerrieri eram diretores do teatro GUF que considerávamos um pouco amadores porque nós estudávamos na Accademia d'Arte Drammatica. [...] Ele trabalhava em *Roma Fascista* que era um jornal no qual podíamos publicar as coisas de jovens. [...] Ruggero sabia julgar; lia tudo e dava opiniões; era um pouco maiêutico. [...] Não era um programador de si mesmo. Era seguro de si, mas como alguém que segue, como dizer, sem um projeto.

Luigi Squarzina em entrevista à autora em 6 de novembro de 1999.

Creio que quase ao mesmo tempo que Celi [...], chegou ao TBC, vindo do Rio, onde já trabalhava há algum tempo, Ruggero Jacobbi. Outro tipo de homem. Mais intelectualizado, menos, muito menos, homem de teatro propriamente dito. Em inteligência, brilho, erudição, facilidade de expressão ninguém lhe levaria a palma. Assombroso o que sabe, do que se lembra! Digo não ser ele homem de teatro propriamente dito, e penso ter razão. Não há dúvida: apesar da inteligência e do saber, no teatro, quase sempre fracassou, tanto no Rio como em São Paulo.

Alfredo Mesquita, "Os Diretores Italianos", *A Gazeta*, São Paulo, 1968 (arquivo Maria Thereza Vargas).

Numa ocasião, muito antes de eu entrar em cinema, veio a Comédie Française a São Paulo e foi no Teatro Santana. [...] Não me lembro qual era a peça. E eu reparei que numa frisa tinha um cidadão – me lembro como se fosse hoje –, que eu não conhecia, depois fiquei sabendo que era o Ruggero Jacobbi, que praticamente era ele quem comandava as palmas. Ele começava a aplaudir e o público: "– Uah!", aplaudia também. Quando ele ficava quieto, o público ficava olhando para saber se devia aplaudir ou não. Uma das coisas mais engraçadas da minha vida. Coisa de comédia. Mas, nesse dia, eles aplaudiram muito. O espetáculo era um Molière, talvez. Alguns dias depois, eu fui de novo; nesse dia, o Ruggero Jacobbi, não sei porque – para mim as duas peças estavam excelentes – o Ruggero Jacobbi resolveu não aplaudir quando chegou ao fim. O pessoal da Comédie Française ficou sem saber o que fazer. [Ri] Eles vinham agradecer e o pessoal não batia palma. [...] Você vê o que era o ambiente artístico do pessoal paulista nessa época. Ele comandava as palmas. Se ele não aplaudisse, o pessoal ficava quieto: "– Ah, não, o negócio não tá bom, o Ruggero entende do negócio, o Jacobbi entende do negócio" [ri]. Isso deve ter sido 1948. Eu não me lembro os nomes dos atores, tinha um importantíssimo, que tinha fama internacional. [...] Eles já tinham estado no Rio e fora um enorme sucesso. Em São Paulo só era sucesso quando Ruggero Jacobbi [ri muito] aceitava o negócio.

MARIO AUDRÁ JR. em entrevista à autora em 4 de dezembro de 1997

"Ele não gostava muito de dirigir, não. O Ruggero era um homem extraordinário. Acho que, se naquele momento irrompeu o diretor brasileiro – primeiro foi o diretor, depois foram os autores brasileiros que irromperam através do Arena –, a força vetora de tudo isso foi Ruggero Jacobbi aqui em São Paulo, porque a força que ele deu, os artigos que ele escrevia... Porque todos nós brasileiros que queríamos ser diretores – porque eu fui o segundo; depois do Rubens Petrilli fui eu, junto com o José Renato, simultaneamente; José Renato vinha da EAD e eu não vim de escola nenhuma, vim do TBC. Ruggero Jacobbi deu um apoio tal, escrevia sempre a respeito de se criar um teatro brasileiro, com autores e diretores brasileiros, porque havia uma desconfiança geral quanto ao diretor brasileiro. O próprio TBC não admitia o diretor brasileiro, nem na segunda feira. Era uma batalha, uma discussão diária; tentava-se de um jeito, de outro, mas nunca se conseguia. Só no fim do TBC é que o diretor brasileiro conseguiu entrar lá. [...] Mas o Ruggero – eu quero deixar isso registrado – o Ruggero sempre deu a maior força. Ele já falava de Brecht muito antes de Paris; era homem que falava de Brecht pra gente, um homem que falava de teatro político, um homem que falava de todos os problemas do teatro. Ele era poeta também e era um crítico maravilhoso. [...] Eu sou muito grato a ele. Depois de Décio de Almeida Prado, o homem mais importante pra mim foi Ruggero Jacobbi. Inclusive no início da televisão era ele que carregava os brasileiros: "– Ah, vocês é que têm que fazer, não somos nós, estrangeiros, são vocês". Isso foi muito bonito da parte dele. [...] O Ruggero era uma coisa extraordinária: era um poeta extraordinário, era um teórico de teatro extraordinário.

[...] O Ruggero era camarada mas ele não estava nem aí com o espetáculo. O lance dele era outro: era falar de Brecht, era falar do teatro novo, da nova dramaturgia alemã, de coisas assim. Ele era um homem teórico, profundamente teórico.

[...] Inclusive o Ruggero Jacobbi trabalhou muito para dar consistência à idéia de que o autor e o diretor nacionais também teriam que ter vez. Isso é importante! E foi um homem do TBC, o Ruggero Jacobbi, que foi o homem que mais lutou para isso! Procure os artigos desse homem na Itália, procure esse homem, entreviste esse homem na Itália, procure os artigos dele nos jornais da época que você vê isso. Ele era um homem formidável! É porque não tinha condição mesmo.

ANTUNES FILHO. *Dionysos* / TBC pp. 136 ss.

Ruggero Jacobbi tem um pé no cinema e outro no teatro, um na Vera Cruz, outro no Teatro Brasileiro de Comédia – as duas nossas maiores companhias nos dois campos respectivos. Outra pessoa qualquer dar-se-ia por satisfeita. Ruggero não, porque tem o amor da aventura nas veias. Sabe jogar, sabe ganhar e sabe perder sempre com o mesmo ímpeto, o mesmo entusiasmo, a mesma generosidade de alma e de pensamento, sempre se interessando pelos autores principiantes, pelos atores novos e ainda sem nome (aqueles precisamente que são esquecidos pelos outros diretores), sempre trabalhando pelo Brasil, País em que se sente como se fosse o seu de nascimento e cuja língua fala e escreve com uma desenvoltura de causar inveja. Tanta atividade, valeu-lhe, por exemplo, no cinema, a direção do Centro de Estudos Cinematográficos que materialmente só lhe deve dar canseira e aborrecimento; e, no teatro, entre tantas outras, essa última *aventura* – o Teatro de Vanguarda.

DÉCIO DE ALMEIDA PRADO, "Teatro de Vanguarda", *O Estado de S. Paulo*, Coluna Palcos e Circos, 30 ago. 1953

Ruggero veio ao Brasil e ficou. Foi, entre os encenadores italianos que trabalharam entre nós, o que mais influenciou o surgimento de um processo teatral nacional efetivamente identificado com nossas raízes populares e progressistas. Incansável batalhador do campo das idéias e da política, participou da fundação do teatro de Arena de São Paulo, empenhou-se na batalha por uma dramaturgia nacional e para abrir espaço para os encenadores brasileiros, com uma lucidez crítica permanente, dinâmica, instigante, uma generosidade estimulante, uma capacidade espantosa de despertar o entusiasmo pelo trabalho criativo permanente, tornando-se pouco a pouco um dos mais profundos conhecedores do processo cultural nacional e integrando-se ao mesmo, a partir de uma postura marxista, como companheiro e amigo de todos os que se entregaram à luta cotidiana por uma sociedade culturalmente livre e soberana.

FERNANDO PEIXOTO, *Um Teatro Fora do Eixo*, São Paulo, Hucitec, 1993, p. 133.

Nenhum dos encenadores estrangeiros que até hoje trabalharam no Brasil (sem esquecer o significado de Alberto D'Aversa) chegou a prestar, em nível teórico, uma contribuição tão ampla e expressiva ao teatro nacional. [...] Regressou para uma atividade febril e incansável, como sempre: dirigindo revistas e escolas de teatro, fazendo cinema e televisão e teatro, traduzindo poesia brasileira, organizando antologias comentadas, escrevendo livros teóricos (inclusive *Teatro in Brasile*) e poemas, redigindo diálogos e roteiros para cinema, etc. Transformou-se num embaixador de cultura brasileira na Itália. Fiquei sabendo que uma de suas útimas atividades pouco antes de morrer, foi junto a um ato público pela redemocratização do Brasil. E ainda mais recentemente havia renunciado à direção da escola de teatro em Roma para dedicar-se à cátedra de literatura brasileira, que conhecia como raros críticos brasileiros, numa universidade italiana."

FERNANDO PEIXOTO, "Até Sempre, Mestre Ruggero Jacobbi", *Folha de S. Paulo*, 6 jul. 1981, p. 24, *apud Anuário de Artes Cênicas*, São Paulo, Idart/ SMC, 1981, pp. 107-108.

Ruggero foi um sujeito essencial para todos nós. A presença dele em Porto Alegre dirigindo o curso de teatro da Universidade, em 1958-1959, ao menos para mim, pessoalmente, foi tudo. Eu já tinha 4 ou 5 anos de teatro amador e tempo igual de idéias erradas na cabeça. Ruggero me fez abrir os olhos, não tenho a menor dúvida disso. Ele me fez pensar, encontrar o meu caminho e inclusive foi quem me situou dentro da minha própria geração, foi através dele, em certo sentido, que consegui me definir, em nível de proposta ideológica de trabalho dentro do teatro que eu já havia escolhido como campo de ação, pelo Arena e não pelo TBC. Justamente ele que, para mim, naquele instante, era uma espécie de representante do próprio TBC em Porto Alegre, um dos italianos importados pela indústria teatral paulista.

FERNANDO PEIXOTO, *Teatro em Movimento*, São Paulo, Hucitec, 1989, p. 46.

Ruggero, *enfant-prodige* da sua geração, opositor da constrição fascista, manteve globalmente as promessas de seu exórdio. Com a sua cultura polimorfa, clássica e moderna, ele encarna o europeu de todas as grande épocas e não apenas a multiplicidade do século vinte. O seu amor e o seu conhecimento do Brasil, onde viveu quatorze anos, tornaram-no brasileiro *par conquête*. Ele está intimamente ligado ao Brasil maior e mais autêntico, ao seu povo, à sua cultura, ao seu teatro, não só àquele literário, mas àquele natural; ao numeroso canto do Brasil, à sua vocação pacifista, ao seu modo sensual-macunaímico de viver. [...]

Os poemas de Ruggero, que nasceu estruturalmente anticonformista, refletem, no plano do lirismo e da imagem, ou dos oxímoros, a crise intelectual de um homem vítima das contradições do século, "infeliz como o cosmo", "acampado no seu antigo futuro", tocado pelas possíveis zonas de permanência, leopardianamente "só entre nada e história"; a tensão entre as linhas oblíquas do inconsciente e a claridade da razão, entre o desejo intenso da vida imediata e a sedução do enigma; os problemas de um Ruggero que talvez não se fie totalmente no exato funcionamento das bússolas Freud-Marx-Einstein.

MURILO MENDES, "Ritratto-lampo", em Ruggero Jacobbi, *Immagini del Mondo*, Padova, Rabellato, 1978, p. 3.

Eu o admirava também por sua capacidade de falar [...] como se lesse, como se tivesse diante dos olhos uma transparência, sem nunca voltar atrás, sem nunca corrigir-se, sem repetir-se, com uma gramática perfeita. É um dos homens que dão razão àquele ditado: os mortos caminham e caminham depressa e depressa se afastam de nós. Ele, que nunca esteve presente, porque Jacobbi presente não esteve nunca, não era do tipo que se deixasse instrumentalizar, também nas suas relações com o PCI (Partido Comunista Italiano) e de fato repetia que o seu comunismo derivava do surrealismo de Breton e não de Marx. [...] Ele esteve com os herméticos, mas não foi um hermético, esteve com a esquerda e com o PCI, mas não foi um homem do PCI, colocou-se sempre em posições deliberadamente difíceis, pelas quais, depois, algumas vezes se paga o preço. Há os que o fazem por especulação, ele o fazia por uma inquietação existencial íntima sua; nesses casos, se é punido também por essa originalidade, porque, certamente, foi um homem de extraordinária originalidade.

Luigi Baldacci, 4 de abril de 1997, em Francesca Polidori, Tese de Laurea (Gabinetto Vieusseux).

Era incansável, era inquieto. Me lembro que naqueles encontros habituais nos quais se falava de tudo até tarde da noite, ele tinha uma espécie de exaltação, com uma garrafa de uísque ao lado que acabava numa noite porque precisava dessa exaltação da inteligência, da alegria, da amizade.

Piero Bigongiari, entrevista em 21 de fevereiro de 1997, Francesca Polidori, Tese di Laurea (Gabinetto Vieusseux).

De noite, e só Mara o sabia, vigilando ciumentamente o seu escasso tempo no aposento repleto de livros da casa, Ruggero retomava o fio interrompido das suas aspirações. [...] Densas páginas se acumulavam, perfumadas pela fumaça dos mil cigarros que sustinham o cansaço até o amanhecer.

Maricla Boggio, "Per Ruggero", *Ridotto*, jun./jul. 1982, pp. 17-18.

Piedade, piedade do homem que não dorme, / prisão do seu tórrido aposento. / Na noite fechadíssima e enorme / tudo o que sussurra é recordação.

Ruggero Jacobbi, "Diario brasiliano". In: Anna Dolfi (org.), *Journal Intime e Letteratura Moderna*, Bulzoni Editore, 1989, p. 348 (Biblioteca di Cultura).

Ruggero não se negou ao novo mas se interessou principalmente pelo teatro da palavra, defensor convicto e conseqüente do respeito ao texto, dos valores semânticos, das razões do autor. Como ele (Grassi e

Strehler) tinha vivido e, freqüentemente, padecido a utopia socialista, confiando em melhorar o homem através do teatro.

GASTONE GERON, "Il Teatro", *L'Osservatore*, Milano, out. 1981 (arquivo do Piccolo Teatro de Milão)

Era um homem extraordinário. Era uma força da natureza. Era um falador incrível. Um homem de teatro, um teatro um pouco – eu era mais moderna do que ele – era um teatro um pouco decadente, simbolista. [...] Sabia de tudo. Era, sobretudo, extraordinário falador. Quando ele falava, toda a gente parava. Porque sabia exatamente colocar um assunto, tinha uma cultura formidável. [...] Foi um homem maior do que sua obra. Ruggero toda a vida fez uma obra formidável, sempre escreveu muito, mas ele era muito maior do que ele deixou. Não teve tempo para organizar a sua vida. [...] Ele exatamente não deixou a obra que devia deixar exatamente porque tinha tanta coisa para fazer, tinha projetos, escrevia uma História da Literatura Italiana, uma história do teatro, escrevia versos em português, falava português, falava um belíssimo francês. [...] Quem conheceu o Ruggero, conheceu uma pessoa que ficou na sua memória e muito maior do que sua obra. Embora sua obra seja fantástica. Quando convidava o Ruggero aqui [em sua casa] , dali a pouco, toda a gente estava em volta dele. Era um fenômeno. [...] Na Itália, os simbolistas não tiveram tanta importância, como no Brasil, como na França. E, portanto, esse cunho simbolista foi, acho, uma influência do Brasil. Ele não só exportou cultura, mas ele importou também. O internacionalismo que foi muito importante em nosso teatro. [...] Ruggero sabia tudo, aceitava tudo. E trabalhava também para ganhar dinheiro, portanto, tinha muito trabalho, esse trabalho que mata o artista mas que dá também uma grande visão.

LUCIANA STEGAGNO PICCHIO em entrevista à autora em 5 de novembro de 1999 (em português).

Décio de Almeida Prado: – Eu achava Ruggero Jacobbi um dos melhores conferencistas que eu já vi na minha vida. Eu me lembro dele falando sobre teatro americano, se não me engano, O'Neill. Eugene O'Neill eu acho. Mas ele falava como se estivesse conversando, andando de um lado para outro, se ele estava num palco, mas em vez de ficar, por exemplo, sentado numa cadeira, ou numa mesa, eu me lembro dele andando, andando de um lado para outro, fumando, quer dizer, como se estivesse realmente conversando com alguém e sem nenhuma nota na mão, fazendo tudo de cabeça – ele tinha uma memória fantástica, você sabe. [...] Eu o considero mais escritor do que propriamente encenador. Inclusive ele tinha fama aqui em São Paulo, naquele período em que ele morou aqui em São Paulo, de ser um encenador um pouco relapso. [...]

Berenice Raulino – É interessante que ele fala isso do Bragaglia, que o Bragaglia não se interessava muito pelos ensaios, e ele como discípulo...

DAP – Pois é, exato. Eu acho que nesse ponto ele é discípulo do Bragaglia mesmo. Porque o Bragaglia era também pessoa de grande imaginação... [...] Bragaglia esteve aqui em 37. Eu assisti espetáculos dele. Não me lembro bem do repertório mas me lembro do nome dele. Me contaram que naquela época o Bragaglia fez uma conferência que o pessoal achava que havia um pouco de encenação na conferência. Porque ele começou sentado numa mesa, com os papéis na mão, falando, era uma coisa muito maçante, pouco interessante. De repente, ele largou toda a papelada, foi para a frente, começou a falar com o público e daí ficou interessantíssimo. Mas na base da improvisação. Como era um pouco, acho, também o temperamento do Ruggero Jacobbi. Quando falo que ele está inventando não quero dizer que ele está inventando coisas que não são verdades, mas que ele gosta de trabalhar com a imaginação livre e de acordo com o que vem à memória, só que com uma memória muito boa no caso do Ruggero, então as coisas vinham, ele falava, falava sobre a peça, dava detalhes. Tudo muito vivo, muito, como você falou, muito personalizado. A gente sentia muito a participação emotiva dele no que ele estava falando. [...] O Ruggero, para ganhar a vida, ele se adaptava um pouco às condições reais. Não era uma pessoa assim que tinha uma norma inflexível. Não era o temperamento dele. [...] Ele não se firmou como encenador aqui em São Paulo. [...] Intelectual isso ele era. Porque é muito diferente. Porque o teatro tem uma parte material, que é muito cansativa. Eu posso falar isso porque eu também dirigi como amador, também não era encenador, eu era também crítico e via mais o teatro como fato intelectual, é diferente. [...]

Falava muito bem o português, escrevia muito bem o português, ele falava correntemente e gramática perfeita, ele sabia gramática direitinho. [...] Mas eu acho que às vezes faltava um pouco – estou falando isso com toda a liberdade com você – não inteligência, que isso ele tinha de sobra, às vezes faltava um pouco o que os ingleses chamam de *judgement*, quer dizer, capacidade de... não digo de interpretação, mas capacidade de julgamento assim, sabe.

BR – Discernimento?

DAP – Discernimento. Que isso podia falhar às vezes. Ele tinha também uma vida amorosa muito intensa, você sabe, né. Isso às vezes atrapalhava bastante ele. [...] Eu não tenho impressão de que ele fosse um Dom Juan, não era isso não. Ele era um afetivo assim que se apaixonava, mas era interpretado como sendo um conquistador. [...]

Essa era uma qualidade do Ruggero: as pessoas o procuravam e ele ajudava. Ele era uma pessoa de temperamento generoso. Acho que até os defeitos dele, os erros dele, às vezes, eram de generosidade.

Achar, por exemplo, que a Carla Civelli e o Maurício Barroso podiam fazer um trabalho teatral. Aí é um erro de julgamento, de discernimento, que pode falhar ou pode não falhar, não é? Mas, de modo geral, eu admiro e gosto do Ruggero. Gosto dele como pessoa, quer dizer, com esses defeitos mas de uma personalidade interessante.

DÉCIO DE ALMEIDA PRADO em entrevista à autora em 18 de setembro de 1998.

O Ruggero era um empolgador, um empolgador, uma pessoa que te arrastava num deslumbramento pelo teatro, pela cultura. Nós ficávamos horas conversando. Ele sentava numa mesa para jantar e ficava cinco horas conversando. E é engraçado que anos e anos e anos depois... – ele tinha um costume; ele começava a falar e levantava da mesa, começava a andar – nós fomos para uma cantina em Roma, começamos a conversar e ele levantou, começou a andar e representar certas coisas, e eu também levantei e comecei a representar o que tinha acontecido no Brasil. Foi muito engraçado porque se reproduziu o estilo de conversa da gente de 1950. E era 1981, meses antes de ele falecer. Encontrei com ele, e fomos almoçar, ele dirigia a Escola de Arte Dramática de Roma. Mas eu vou dizer uma coisa – não quero invalidar em nada o trabalho do Ruggero – mais do que um diretor de teatro, ele era um intelectual. Isso é uma coisa que... se eu não disser isso, fica uma injustiça. Porque ele chegava no teatro, ele pegava uma peça, sabia desdobrar e explicar para a gente. Mas nem sempre ele tinha paciência, nem o temperamento para fazer o teatro na sua totalidade, entende? [...] Ruggero sempre foi um homem intelectual que trabalhava com o teatro. E, de vez em quando, quando o assunto afinava muito com ele, como por exemplo, *O Mentiroso*, de Goldoni, ele fez uma direção primorosa, e fez algumas direções incríveis. [...] Enfim, eu posso dizer do Ruggero Jacobbi que foi uma das pessoas que eu mais estimei no mundo do teatro. Eu tinha uma simpatia, um carinho, um amor pelo Ruggero, uma figura extraordinária; ele foi um grande incentivador.

SÉRGIO BRITTO em entrevista à autora em 31 de janeiro de 1998.

Paola Jacobbi: – Eu acho que o meu pai, em 61 anos da vida, talvez tenha brigado três, quatro vezes, nem nunca levantou a voz, nunca. Mas ele fugia. [...] Ele fugiu da reconstrução da Itália. Todos os amigos da mesma idade que ficaram, e participaram do processo de reconstrução, se tornaram os homens de maior poder. Ainda hoje é a geração que tem mais poder na Itália. Ele não lamentava, mas ele falava disso. [...] Uma vez ele escreveu uma dedicatória, em *Lirici Brasiliani*, que dizia assim: "À minha filha Paola, mezza brasiliana di sangue, come io sono mezzo brasiliano di cuore". [...] Ele gostava muito de música. Tinha uma relação com a música que vinha de sua experiência brasileira. Gostava muito de dançar, o que é raro em um italiano. E ele era um intelectual que parava tudo para ver um jogo de futebol; não era esportista, não dirigia, nem andava de bicicleta, mas ele gostava de ver futebol na televisão e aquela também foi uma coisa muito brasileira, ele tinha uma atitude muito brasileira com o futebol. [...] Acho que o Brasil liberou seu interesse pelo popular. [...] Possivelmente sem o Brasil ele teria sido uma pessoa muito acadêmica, muito rigorosa. [...] Para ele, o comunismo era o melhor dos mundos possíveis. [...] Ele era inteligente demais para ser filiado, mas ele tinha um coração de comunista, não sei como dizer... Ele discutia muito a política cultural do Partido Comunista Italiano. Ele dizia sempre: "Sou como um sapateiro que concorda com tudo o que faz o sindicato, exceto em relação ao sapateiro". Quer dizer, ele concordava com a política geral do partido, a política exterior e tudo, mas na parte da cultura ele sempre tinha muito a discutir. Aquela era a parte onde ele era menos ortodoxo. Do ponto de vista cultural, ele aparecia para os homens da esquerda ortodoxa um homem de direita porque ele apreciava D'Annunzio, Pascoli, Massimo Bontempelli, que tinha sido fascista. Ele separava muito a política da realidade e a cultura, a arte, a poesia. Ele sabia muito bem o que era propaganda e o que era poesia. Via muito bem a diferença. Isso ele me ensinou muitíssimo.

BR – Nisso ele era muito moderno já, não é?

PJ – Era super moderno, era considerado revisionista e quase de direita nos gostos desse tipo, mas do ponto de vista do voto, da situação italiana, da política exterior, em relação à Aliança Atlântida, ele era super comunista. [...] Ele nunca se filiou porque ele não ia se tirar o gosto de discutir, a liberdade de discutir. Não, ele não gostava de igrejas. Ele achava que ser comunista era ser pela liberdade, pela democracia, etc. mas que, por exemplo, na cultura precisava ter uma visão mais ampla.

PAOLA JACOBBI em entrevista à autora em 21 de outubro de 1999 (em português, Milão)

## CONCERTO PARA CINCO VOZES

O Cronista saiu à rua procurando pensar em cinema, em televisão, em literatura, em astrologia, em zoologia, em tudo, com exclusão do teatro. Acontece, porém, que o Cronista conhece muita gente de teatro, quase todos, para dizer a verdade, e eles não tiveram a gentileza de ficar em casa. Estavam mesmo na rua, que remédio. O primeiro a gente cumprimenta de longe, com o segundo, troca cinco palavras, com o terceiro acaba batendo papo e é o diabo. Disse o gerente da casa de espetáculos:

– Não sei porque que você fala tanto da crise. Não há crise, as coisas até que correm muito bem. Não é um momento excepcional, mas também não houve quedas sensíveis na bilheteria. A companhia está satisfeita, vai voltar para o Rio com um pequeno lucro. Você sabe, se as coisas estivessem mesmo pretas a gente teria que deixar o teatro e arrendar a sala para uma empresa de exibição cinematográfica. Graças a Deus, podemos permanecer fiéis ao teatro, o velho bom teatro que tanto amamos e amparamos desde os tempos de Leopoldo Fróes...

O homenzinho estava comovido. Com um lindo sorriso afastou-se. O cronista, que a princípio ficara estatelado, começou a raciocinar, ou melhor, a lembrar: o simpático velhote é gerente de uma casa de espetáculos que há muitos anos só abre suas portas para o teatro de revista! Chegou depois a atriz:

– Meu filho, o problema está todo nas concepções erradas de teatro que vocês meteram na cabeça das novas gerações. Antigamente se ia a teatro para ver os atores. Agora, o público quer ver... não sei o que. Nem digo (apressou-se em acrescentar) que isso tenha chegado a afetar a nós os três ou quatro que temos uma verdadeira popularidade. (Baixou os olhos para melhor encobrir a mentira.) Nós somos os beniaminos do público. Mas tem tanta gente que sofre com isso... Coitadinhos!

A Estrela concluiu peremptória:

– Não publique isso, meu amigo, mas a culpa é toda do Teatro Brasileiro de Comédia.

Depois chegou a vez do jovem ator:

– Vou fazer cinema (ajeitou o cabelo) o diretor da Plurifilmes disse que sou um assombro em matéria de fotogenia. Cinema é que é bom. O Anselmo Duarte recebe 600 cartas por semana! Bye ... bye...

O Autor afirmou:

– É preciso representar mais peças de autores nacionais. Você faz bem em falar da situação atual, é insustentável, todo esse dinheiro enorme que os teatros estão ganhando acaba no bolso dos escritores franceses e americanos...

O Cronista quase desmaiou. Tentou perguntar francamente:

– Dinheiro enorme, que que você quer dizer?

– Bom, eu não vou ao teatro porque eu não gosto dessas peças de hoje, mas eu ouvi contar lá na SBAT, coisas incríveis... Até logo.

– Um momento, você tem realmente lido minhas crônicas?

– Não, mas ouvi falar que você está numa campanha formidável. Parabéns.

O Autor também sumiu. Quase na mesma hora chegou como pé de vento o jovem Diretor: sem gravata, descabelado, suéter existencialista, disse:

– A condição mística da memória é que renova no teatro o sentimento do Mito, numa perspectiva lírico cósmica que não escapa às definições da consciência... Os valores problemáticos das iluminações transcendem o espaço puro da cenografia criando os valores ideológicos da forma, quase uma sugestão astral...

Desta vez, fugiu o Cronista.

RUGGERO JACOBBI, *Folha da Noite*, Coluna Espetáculo, São Paulo, 21 nov. 1952 .

## DRAMATURGIA

O segredo do trabalho dramatúrgico está em uma correta relação entre passado, presente e futuro. E isso vale quer para o autor que é homem de teatro que desenvolve no palco diversas funções ou que dentro do grupo é aquele que no fim organiza um roteiro (um copião); seja para o autor isolado que escreve em sua casa mas não por escolha própria. Esse último não tem nenhuma vontade de estar isolado: é somente obrigado a isso. Quantas vezes o convidaram a vir ao palco, a misturar-se ao trabalho teatral; e depois, na hora *H*, retiraram o convite ou o ignoraram... Em suma, um teatro que se funda apenas no presente é teatro-crônica, gênero com limites dificilmente transponíveis, enquanto concorre inutilmente com o jornal, com o comício, com o discurso político. Um teatro fundado sobre o passado é regressivo, estetizante, nostálgico e, enfim, se encontra num beco sem saída. Um teatro que pensa só no futuro é veleidade: é facilmente superado pela teoria e pela prática revolucionária. Só colocando-se no cruzamento onde se cruzam os tempos e se interseccionam, realizando uma síntese violenta através da escritura dramatúrgica e cênica, o ato teatral se torna verdadeiramente história: isto é, deixa de ser positivistamente antropológico e utopicamente revoltoso, ou banalmente crônica, e se torna um ato total, que descobre a própria Essência e revela a própria necessidade frente aos outros meios de comunicação.

RUGGERO JACOBBI, "Tesi di Saint-Vincent", *Le Rondini di Spoleto*, *op. cit.*, p. 152.

## INTRODUÇÃO À POÉTICA DO ESPETÁCULO

Diante dos problemas mais fundamentais do teatro qual é a solução que nós adotamos – nós, homens de teatro de 1958?

Stanislávski tinha a sua solução. Gordon Craig tinha a sua solução. Qual é a nossa? Que tipo de teatro somos levados a adotar hoje em dia? Onde estão nossos *manifestos*?

Sim, é claro, nós adotamos um estilo de representação antinaturalista. A legitimidade da convenção teatral foi estabelecida uma vez por todas, no primeiro pós-guerra, por Taírov, Piscator, Bragaglia, Leon Schiller e outros precursores.

Mas será que também nos recusamos a pôr em cena peças naturalistas ou que tenham algum parentesco com o Naturalismo?

Pelo simples fato de encenarmos Shakespeare, sentimo-nos indiferentes perante a tentação de encenarmos um Ibsen?

O que é que nos atrai? A pantomima, a estilização, a dança, o realismo? Existe um repertório que nos inspire em nosso trabalho?

Stanislávski contava com Tchékhov. Bem ou mal, Jouvet contava com Giraudoux.

Mas, nós? Que é que nós encenamos e representamos de preferência? Onde está o nosso encontro com um repertório, nosso diálogo com uma literatura dramática?

Pois bem, eu creio que teremos afirmado, ao mesmo tempo, a força e o limite do espetáculo contemporâneo, se considerarmos como o seu traço característico justamente a recusa de limitação da própria liberdade, tanto pela escolha das peças quando pela escolha de um tipo de representação.

Queremos ser os herdeiros e os conservadores de uma tradição e, ao mesmo tempo, queremos nos libertar da obrigação de dependermos unicamente dessa tradição.

Queremos ressalvar nosso direito de escolhermos livremente, sobretudo dentro das formas novas.

Não temos mais vontade de nos limitarmos unicamente ao teatro épico de Brecht, do que ao classicismo francês, mantido em vida pelas veneráveis vestais da Comédie.

Quando Brecht vem nos dizer que o ator deve ser conduzido até o ponto de poder permanecer impassível diante de sua própria criação, de não se identificar a ela, mas sim de soltá-la na cena sem ressalvas interiores, sem a participação dos próprios sentimentos – não o escutamos com o maior interesse, mas ao mesmo tempo sentimos a tentação de perguntar-lhe: será que o ator não trabalhou sempre dessa forma, ao menos em parte? E quando Brecht nega o direito do ator a servir-se da participação (própria e do espectador) à vida do personagem, nós perguntamos: é certo, é garantido que ele possa, mesmo, evitar isso? digamos, nas peças do próprio Brecht?

Será que o ator pode privar-se do momento transcendente de sua arte, da sua obra de transfiguração, sem a qual o fenômeno teatral é, sempre, incompleto?

Será que o ator pode manter seu personagem afastado do espectador, sem violentar o mais elementar entre os seus instintos – o instinto do *faz-de-conta*, a vontade de transformar-se, de ampliar suas fronteiras pessoais, de se tornar mais rico através desse jogo tão sério, de forma a conquistar um novo homem no interior de si mesmo?

Eu creio que na oscilação perpétua (quer do espectador, quer do ator) entre penetração e transformação, entre o sentir-se empolgado pelo ato de representar e o poder ver esse ato a certa distância – creio que é nesse ponto, precisamente, que devemos procurar a essência do teatro, e que há nisso uma série de campos magnéticos que não podemos limitar, sem fazermos violência à própria natureza desta arte.

Creio, também, que é tão perigoso como inútil tentar adaptar a representação a um só modelo: é uma coisa tão impensável como o seria, hoje em dia, querer encenar um só tipo de repertório.

A nossa época é uma época de inquietações, de provações, mas, sobretudo, uma época de procura.

Estamos procurando com a mesma ansiedade um estilo de representação que convenha ao nosso tipo de homem histórico, e uma categoria de situação, isto é, um drama, um repertório capaz de identificar-nos.

Não podemos renunciar a essa busca, a essa inquietação, mais do que possamos renunciar à nossa liberdade de escolher e de experimentar.

Às vezes, temos a impressão de que todos os personagens da literatura universal passeiam à nossa volta como numa peça de Pirandello, procurando em nós suas identidades perdidas.

E creio que o homem moderno (isto é, o público nos países em que o teatro não é uma diversão esporádica) já prestou ouvidos atentos a esse estranho apelo da cena.

As mais modernas concepções do homem contribuem, sem dúvida, para fazer do palco um lugar extremamente interessante.

A psicologia moderna se compraz em representar o caráter humano como uma série de personagens que se fundem um no outro. O jogo teatral tornou-se simplesmente atual.

O fato de que esse tema (o homem como ator fugindo de um caráter fictício para outro) possa ser encontrado na raiz de toda grande dramaturgia tradicional, dos gregos a Ibsen, e desse a Arthur Miller, passando pela grande aventura do barroco espanhol ou elisabetano, de Shakespeare ou do Romantismo, esse fato só pode servir para reforçar nossa vontade de ansiarmos todas as possibilidades, todas as *nuances* de um motivo tão vasto.

Sentimos que nossa época inquieta e incerta encontra um alívio e uma dignidade nessa exploração de todos os caminhos.

O poema dramático por si mesmo, em versos ou em prosa poética, já não é capaz de satisfazer nossa sede; temos uma vontade, igualmente grande, de mergulharmos no coloquial, intimista ou realista. Queremos utilizar o linguajar cotidiano, observado de perto e fielmente transcrito com suas insistências e seu gaguejar, na mesma medida em que desejamos utilizar a sinfonia completa dos corpos, das vozes e dos objetos, dentro de um quadro livremente imaginado.

Sentimos que existe uma força nessa ausência de limites; que há nisso uma liberdade nova, a qual nos abre o caminho para experiências que ainda não foram formuladas conscientemente, mas que estão dirigidas ao futuro e preservam nossa juventude espiritual.

Esse desejo de expansão está ligado a uma profunda exigência democrática que é bem nossa.

Queremos dar a cada voz a sua oportunidade, não queremos renunciar a nenhuma das *nuances* possíveis. A única atitude respeitável para o teatro de hoje consiste em pôr à prova, até o extremo limite de nossas energias, todo o que sentimos vibrar de vida humana, de protesto, de revolta. Qualquer tentativa de acorrentar essa exigência de liberdade a teses e programas rígidos deve ser considerada uma ameaça grave. Até mesmo a ambigüidade é importante e necessária.

O que é válido em termos gerais, para esse sentimento de escolha limitada de peças ou de estilos de representação, vale evidentemente, dia a dia, para o trabalho infinitamente volúvel do encenador de espetáculos.

Se refletirmos por um instante sobre o seu trabalho junto aos atores, logo acharemos algo que se encontra nessa mesma linha: seu sentido de vigilância, digamos mesmo de circunspecção, em face do incerto, do ambíguo, do imprevisto, do desconhecido.

Logo somos levados a sublinhar até que ponto são preciosos e vitais certos elementos em todo o trabalho artístico moderno: o inconsciente, o espontâneo, a rede dos impulsos.

Tenho a sensação nítida de que a nova psicologia não nos forneceu apenas um método de trabalho inteiramente novo como também fez aumentar nosso respeito pelos campos magnéticos que não aparecem na superfície.

Sabemos que a análise é uma condição, mas não basta. A encenação analítica não pode dispensar uma compreensão profunda dos *instintos de jogo* (que inveja dos franceses para os quais a palavra *jeu* significa exatamente as duas coisas que queremos indicar!) – dos *instintos de jogo* elementares, dos impulsos alógicos.

O encenador já não se sente como um construtor planimétrico; sua vigilância é levada a despertar aquelas tonalidades aéreas, vibrantes, que nascem fora das bordas do traçado analítico.

Isso pode parecer por demais evidente, e até mesmo banal, em teoria – mas, na prática, é esse o ponto em que o encenador se encontra diante de sua tarefa mais delicada.

Cabe-lhe despertar uma vida fora do visível; cabe-lhe sugerir e provocar, por todos os meios, uma linguagem mais eloqüente do que as palavras; cumpre-lhe evocar aquela vida que flui despercebida entre as rijas formas das coisas.

É preciso que a própria linguagem do encenador seja transformada, renovada, enriquecida. Ele não pode mais ficar satisfeito com os termos técnicos ordinários, embora tenha que os possuir e dominar minuciosamente; ele tem de iniciar os atores à vida subterrânea da representação.

Foi sempre, sem dúvida, o indefinido, o impalpável, que se constituiu em matéria-prima da obra de arte. Mas, ao que parece, hoje em dia a sensibilidade à mensagem secreta de uma obra de arte tornou-se particularmente aguda. Talvez isso seja devido, de um lado, ao fato de as palavras, demasiado numerosas, custarem muito a despertar a confiança do espectador e, de outro lado, ao fato de a mensagem essencial do nosso tempo ser sempre forçada ao disfarce para não sucumbir: por mero espírito de conservação.

De qualquer maneira, quero lembrar que estou falando, aqui, de uma espécie de arte dramática que depende radicalmente da sua pureza: pureza do poeta e pureza dos meios de expressão.

Em outras palavras, essa não é a defesa das obras *flous*, das formas escamoteadas e não trabalhadas, ou dos atores sem dicção e sem técnica; muito ao contrário, é uma concepção do teatro que apela para as mais sutis energias do ator, que exige todo o seu virtuosismo e sua inteira participação; um trabalho consciencioso e impiedoso.

Trata-se de um teatro que não pode ser feito senão pelos artistas que sabem pronunciar à perfeição as palavras em cena, não apenas com suas vozes e inflexões, mas também com seus corpos, com seus silêncios, sua presença mesmo muda ou imóvel, seu poder de sugestão, suas vibrações internas, sua harmonia final com o resto da equipe, com o cenário e com a luz.

A psicologia dos gestos expressionais ensina-nos que o estado de espírito momentâneo do homem se expressa tão bem em seus gestos e movimentos não controlados, quanto em suas palavras, em seus *lapsus*, em sua postura, em sua maneira de vestir, em sua maneira de agir sobre os outros ou de receber a ação deles.

O ator moderno confirma essa tese, pois seu trabalho com o encenador consiste em selecionar essa escrita surpreeendente, essa linguagem plástico-vocal, esses sinais de uma mímica secreta que, como uma grafia subitamente decifrada, desvenda seu drama latente.

O ator moderno age sobre os objetos inanimados na mesma medida em que age sobre os atores que com ele contracenam; e obtém isso participando daquele jogo de forças ocultas que atravessa todo e qualquer elemento que se encontre num palco.

Seu trabalho com o encenador consiste em traçar nesse campo alguns paralelogramas de força.

Um cenário sem atores não é absolutamente nada. Um personagem não vive senão da ligação existente entre ele e toda outra vida que se revela no palco.

É preciso que cada parcela, cada fragmento de uma representação dramática contenha em si toda a vida dessa representação.

A obra de arte moderna – e, igualmente, a obra cênica – serve-se de fragmentos de uma diversidade chocante, opostas um ao outro como outras iluminações.

O princípio do conjunto harmonioso, subordinado a um cânone central, pertence definitivamente ao passado. O que atualmente consideramos essencial é o sentido da inter-relação dessas partes, uma com a outra. A tarefa do encenador está em surpreender o ator nessa tensão secreta.

Ao mesmo tempo é necessário transmitir certos detalhes concretos com infalível precisão, mas não se deve esquecer, nunca, que cada um desses detalhes deve também ser o reflexo de uma luz muito mais complexa.

Creio que tudo isso será mais claro se relembrarmos a maneira com que Henry James considerava os personagens de seus romances: como outras tantas projeções, diversas entre si, de um único tema.

Da mesma forma, cada ator deve, no espetáculo moderno, sentir-se atravessado pela corrente que atravessa todo o campo magnético, seu papel sendo formado por todos os outros papéis.

Um Romeu que não seja, a todo instante, iluminado pela sua Julieta, não tem sentido algum.

Que será o Brand de Ibsen, se o isolarmos? Um sonho, uma gigantesca aspiração religiosa. Um protesto *leonardiano* contra qualquer especialização. Mas que passa a ser Brand, visto à luz do papel da Mãe? Um estrutura complicada; algo totalmente diferente e muito mais interessante – um homem neurótico. E que é Brand com Agnes? Agora, sim, podemos ver de maneira pungente a sua enfermidade. Em que se torna Brand no meio de todas as outras figuras, atravessado por todas as linhas de forças?

A grandeza e a pequenez do indivíduo, criador e assassino ao mesmo tempo – em outras palavras, a própria ambivalência do homem.

Essa tendência para a complexidade, que procurei mostrar em traços grossos, como um dado característico do teatro, continua existindo com igual força quando passamos à própria construção do lugar cênico, isto é, ao aspecto visual do espetáculo.

O encenador contemporâneo não conta com um lugar cênico determinado uma vez por todas, como por exemplo a cena dos gregos ou dos elisabetanos.

Os historiadores do teatro costumam dizer que a firmeza da concepção do mundo, que os homens daquelas épocas possuíam, se reencontra no traçado da estrutura cênica. O teatro, dizem, foi sempre um espelho, um símbolo de sua época, até mesmo na sua forma exterior. O teatro de Shakespeare, apesar do violento fermento de anarquia que se agita em seu fundo mais secreto, traz ainda a marca do mundo medieval, que é a marca de uma ordem de valores.

Hoje, a anarquia dos valores é um fato. Como poderia nosso mundo dilacerado possuir uma estrutura cênica adequada? A indecisão, a confusão e a multiplicidade não passam de uma conseqüência lógica.

A curiosidade que as peças anunciadas despertam – sejam elas velhas ou novas – acrescenta-se à curiosidade de saber de que maneira o encenador resolveu seu problema. Que espécie de cena utilizará?

Entretanto, vivemos e trabalhamos, há mais de duzentos anos, no palco à italiana, nos teatros de ópera, e realmente um dos grandes problemas deveria ser o de saber como, afinal de contas, seria desejável que fosse uma cena moderna.

Mas, ao mesmo tempo, pergunto-me se nessa discussão várias vezes iniciada, sobre as formas que deveria ter o teatro atual ou futuro, não ficou esquecida alguma coisa, bastante essencial, quando se trata de teatro: e é que o ator, e o próprio espetáculo, sempre tomaram emprestadas as formas que encontravam já feitas, e das quais em seguida souberam se libertar.

O ator foi sempre um hóspede da realidade, um estranho personagem que representava onde podia, sobre qualquer plataforma.

Quer me parecer que a cena elisabetana não era apenas um símbolo da idéia que a época tinha do mundo, mas que também se assemelhava, e bastante, às estalagens, locandas e hospedarias em que os atores da época davam inicialmente suas representações. O teatro dos gregos é uma petrificação do espaço ocupado pelos fiéis diante do altar.

Em outros termos, quando o teatro teve recursos monetários e pode construir uma casa para si mesmo, fixou-se simplesmente nos lugares onde já estava acostumado a viver.

O teatro de ópera à italiana não foi construído por homens de teatro, mas sim por príncipes e arquitetos, tendo em vista muito menos a representação dos atores do que a grandeza e a glória do príncipe.

Creio, afinal, que para o espetáculo em si a arquitetura foi sempre coisa secundária. A cena ideal sempre foi uma desembaraçada de toda e qualquer invenção técnica.

A verdadeira magia do espetáculo é a de tudo transformar em poesia, num canto de outra coisa, de outras coisas, independentemente e mesmo contra o lugar onde se representa.

Que nos importa o esquálido teatro de hoje em dia, e sua péssima arquitetura, se de qualquer maneira apagamos as luzes antes de começarmos a representar?

Não é um belo sintoma de vitalidade e da necessidade da arte teatral o fato de que ela se sirva de matérias usadas, de resíduos, de ruínas, para transformá-los em uma nova substância vitoriosa?

Shakespeare representava igualmente bem no Teatro do Cisne e no assoalho de mármore lustroso, diante da rainha Elizabeth, que bocejava de indiferença. Os espetáculos mais revolucionários de nosso tempo foram realizados nos palcos de velhos teatros. E nós continuamos a trabalhar em todos os tablados que encontramos à nossa disposição.

Creio que nesse ponto podemos encontrar mais um elemento característico da moderna arte de encenação. Toda a aparelhagem técnica, os elevadores, os giratórios, todo o delírio dos botões e dos sinais, não despertam, um só instante, nosso entusiasmo. Nossa tendência é a de montarmos os nossos espetáculos com os recursos mais simples e mais pobres. Com aqueles recursos de que os atores sempre dispuseram: seus corpos, suas palavras, seus movimentos de conjunto. O único meio técnico que sentimos que não podemos renunciar é a luz, graças à qual construímos ritmos e formas, dissolvemos e transformamos constantemente os objetos.

Acredito firmemente no futuro dessa modalidade de teatro, a qual só utiliza os parcos recursos que pode encontrar ao alcance da mão. Acredito nela como um símbolo do poder maravilhoso que o homem tem de se libertar das adversas condições externas, de transformar o mundo, de transfigurar sua própria matéria.

Nossa civilização geme sob o peso de poderes sustentados pela força material; sob o peso de uma reação que parece avançar de todos os lados. Nesse período de gritaria desbragada, até a palavra tem de se esconder debaixo da terra. Mas é trabalhando em lugares obscuros que nós nos sentimos ligados aos fatos essenciais. Acreditamos que é necessário continuar com o velho jogo; e mais uma vez digo a palavra à moda francesa, no seu duplo sentido. Acreditamos nisso mais do que nunca. Diante da espessa indiferença, e mesmo diante da aversão, que o teatro às vezes desperta, temos ainda a vontade de irmos procurar nossos semelhantes, de forçá-los a um diálogo a que eles mesmos, muitas vezes, se recusam. Queremos transformar seu tipo de atenção. E achamos importante que isso se realize com o menor número possível de transformações externas.

Muitas vezes ouvi lamentações, vozes de pesar, sobre o que havia, sobre o que há de efêmero na arte do teatro, que é uma arte do instante. Mas, quais serão as coisas capazes de subsistirem enquanto tudo se precipita e desaba? Nessa dura existência o homem de teatro escolhe a forma de vida mais absurda, mais frágil, mais insignificante, consagra-lhe meses e meses de trabalho monstruoso, como se construísse para a eternidade. Acreditemos sem queixas na destruição de nosso trabalho. Já no primeiro instante em que o iniciamos, demos o primeiro passo rumo ao seu desaparecimento; mas isso foi feito porque esse jogo aparentemente fútil contém todo o nosso protesto; porque nós achamos que nele chora toda a grande mágoa terrestre, sua resistência à sombra e à morte; porque acreditamos na necessidade desse jogo, dessa ficção feita de quase nada.

Mas olhai! Lá, num ponto do mundo onde o homem já foi unidade e milagre, o teatro de Dionísio fala aos céus com suas escadarias quebradas. Fala-nos de um acordo religioso, de uma aliança cívica, de uma terrível e serena elevação moral. É preciso olhar para lá; é preciso trabalhar olhando para lá, naquela luz que parece eterna.

Ruggero Jacobbi, "Aula Inaugural do Curso de Arte Dramática da Universidade do Rio Grande do Sul", em 10 de abril de 1958, *apud* Fernando Peixoto, *Um Teatro Fora do Eixo*, *op. cit.*, pp. 355-362.

# Bibliografia

BIBLIOGRAFIA DE AUTORIA DE RUGGERO JACOBBI

a) Teoria do Teatro

JACOBBI, Ruggero. *A Expressão Dramática*. São Paulo, Ministério da Educação e Cultura/Instituto Nacional do Livro, 1956.

_______. *Goethe, Schiller, Gonçalves Dias*. Porto Alegre, Edições da Faculdade de Filosofia da Universidade do Rio Grande do Sul, 1958.

_______. *Teatro in Brasile*. Bologna, Cappelli, 1961.

_______. *O Espectador Apaixonado*. Porto Alegre, Publicações do Curso de Arte Dramática da Faculdade de Filosofia da Universidade do Rio Grande do Sul, 1962.

_______. *Ibsen – La Vita, il Pensiero, i Testi Esemplari*. Milano, Edizioni Accademia, 1972. (I memorabili).

_______. *Teatro da Ieri a Domani*. Firenze, La Nuova Italia, 1972.

_______. *Le Rondini di Spoleto*. Samedan/Svizzera, Munt Press, 1977.

_______. *Guida per lo Spettatore di Teatro*. Firenze, D'Anna, Tangenti, n. 26, 1973.

_______. *La Tradizione Tragica e Altri Saggi* (inédito).

b) Peças de Teatro

JACOBBI, Ruggero. *Casa Volmer/Almas Perdidas*, 1943 (inédita).

_______. *O Outro Lado do Rio*, 1959. Em *Filmcritica*, 1962 (*L'altra Riva del Fiume*).

_______. *Ifigênia*. Em *Anhembi*, n. 117-120, ago., set., nov., 1960.

_______. *Il Porto degli Addii*. Em *Ridotto*, 1965.
_______. *Un Deserto d'Amore – Representazione Biblica in Sette Quadri*. Em *Ridotto*, 1967.
_______. *Il Cobra alle Caviglie*. Em *Il Dramma*, n. 13, out. 1969.
_______. *I Sogni di Madri – Commedia all'Antica in Due Tempi*, 1969 (inédita).
_______. *Edipo senza Sfinge*, 1973. Em *Ridotto*. Roma, jun./jul., 1982.

c) Introdução e Organizações de Obras Teatrais

JACOBBI, Ruggero. "Il Teatro fra Due Secoli: Rosso di San Secondo". Em *Teatro Contemporaneo*, vol. I. Lucarini Editore, 1981.
SAN SECONDO, Rosso di. *Teatro*, vols. 2 e 3: introdução e organização. Roma, Bulzoni Editore, 1975-1976.

d) Prefácio

AN-SKI, Sch. *O Dibuk – Entre Dois Mundos*. São Paulo, Perspectiva, 1952 (Prefácio de Ruggero Jacobbi, tradução de J. Guinsburg).

e) Artigos sobre Teatro

JACOBBI, Ruggero. "Verso una Nuova Arte Teatrale". *Il Solco, Settimanale della Federazione dei Fasci di Combattimento di Teramo*, maggio 1941.
_______. "A Interpretação de Atores no Cinema do Brasil". *I Festival Internacional de Cinema do Brasil*, fevereiro de 1954. (Catálogo)
_______. "A Direção: Texto e Espetáculo". *Estudos Teatrais*. São Paulo, Federação Paulista de Amadores Teatrais, abril, 1958.
_______. "Teoria Geral do Teatro". *Estudos Teatrais*, n. 3 e 4-5. São Paulo, Federação Paulista de Amadores Teatrais, setembro e dezembro 1958.
_______. "La Poetica Teatrale di Bontempelli". *Rivista Italiana di Drammaturgia*, trimestrale dell'Istituto del Dramma Italiano, n. 13.
_______. "La Letteratura Drammatica in Brasile". *Annali dell'Istituto Universitario Orientale-Sezione Romanza*, III, 1. Napoli, 1961. Atti del primo convegno italiano di studi filologici e storici portoghesi e brasiliani. Pisa, 9-10 dezembro 1960.
_______. "Attualità e Inattualità di Pirandello". *Quaderni del Piccolo Teatro*, n. 1. Milano, 1962. A cura di Paolo Grassi, Giorgio Strehler e Ruggero Jacobbi.
_______. "Meditazione su un Mito e su una Biografia". *Quaderni del Piccolo Teatro*, n. 4. Milano, 1962. A cura di Paolo Grassi, Giorgio Strehler e Ruggero Jacobbi.
_______. *Quaderni del Piccolo Teatro*, n. 5. Milano, 1964. A cura de Paolo Grassi, Giorgio Strehler e Ruggero Jacobbi. Tutta l'organizzazione del fascicolo, le note, le didascalie ecc. sono di Ruggero Jacobbi.
_______. "La Scuola d'Arte Drammatica del Piccolo Teatro". *Quaderni del Veltro*. Roma, Il Veltro, 1965.

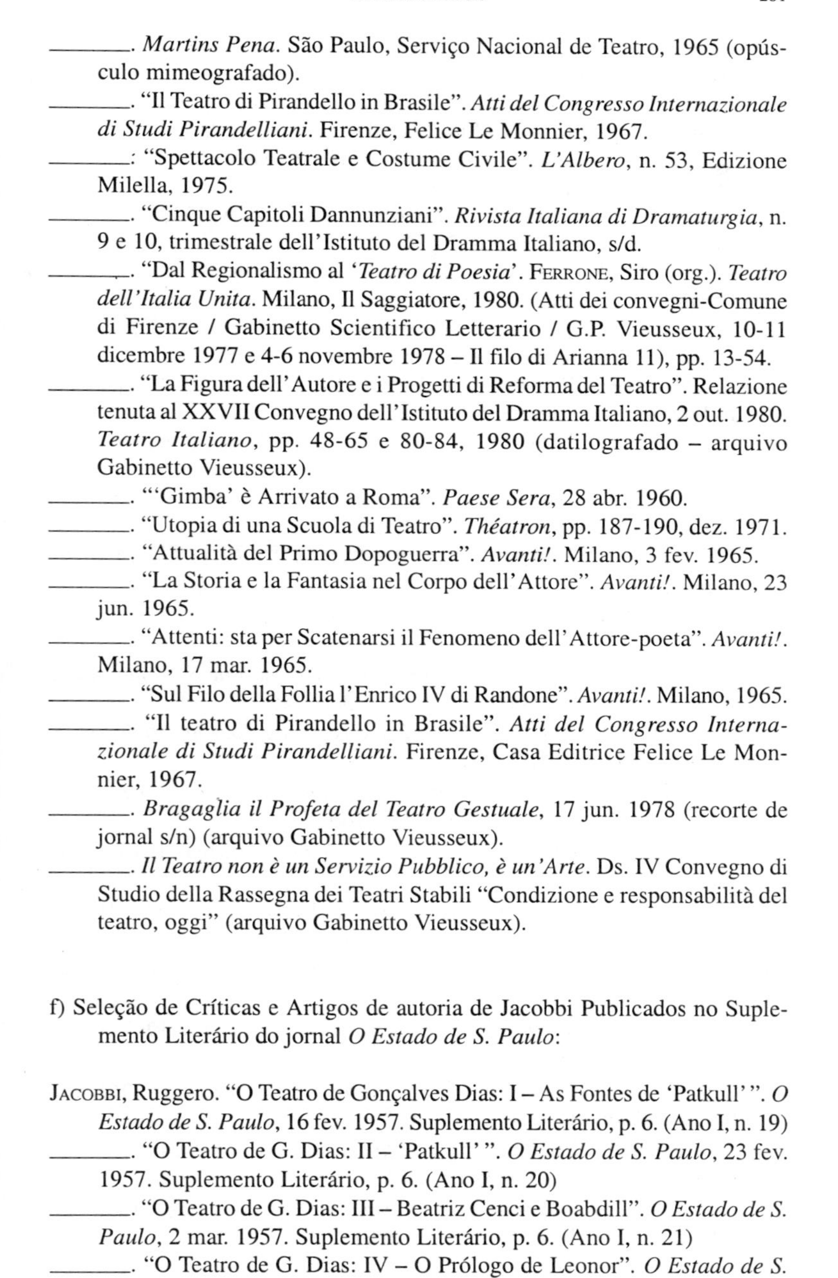

______. *Martins Pena*. São Paulo, Serviço Nacional de Teatro, 1965 (opúsculo mimeografado).

______. "Il Teatro di Pirandello in Brasile". *Atti del Congresso Internazionale di Studi Pirandelliani*. Firenze, Felice Le Monnier, 1967.

______: "Spettacolo Teatrale e Costume Civile". *L'Albero*, n. 53, Edizione Milella, 1975.

______. "Cinque Capitoli Dannunziani". *Rivista Italiana di Dramaturgia*, n. 9 e 10, trimestrale dell'Istituto del Dramma Italiano, s/d.

______. "Dal Regionalismo al '*Teatro di Poesia*'. Ferrone, Siro (org.). *Teatro dell'Italia Unita*. Milano, Il Saggiatore, 1980. (Atti dei convegni-Comune di Firenze / Gabinetto Scientifico Letterario / G.P. Vieusseux, 10-11 dicembre 1977 e 4-6 novembre 1978 – Il filo di Arianna 11), pp. 13-54.

______. "La Figura dell'Autore e i Progetti di Reforma del Teatro". Relazione tenuta al XXVII Convegno dell'Istituto del Dramma Italiano, 2 out. 1980. *Teatro Italiano*, pp. 48-65 e 80-84, 1980 (datilografado – arquivo Gabinetto Vieusseux).

______. "'Gimba' è Arrivato a Roma". *Paese Sera*, 28 abr. 1960.

______. "Utopia di una Scuola di Teatro". *Théatron*, pp. 187-190, dez. 1971.

______. "Attualità del Primo Dopoguerra". *Avanti!*. Milano, 3 fev. 1965.

______. "La Storia e la Fantasia nel Corpo dell'Attore". *Avanti!*. Milano, 23 jun. 1965.

______. "Attenti: sta per Scatenarsi il Fenomeno dell'Attore-poeta". *Avanti!*. Milano, 17 mar. 1965.

______. "Sul Filo della Follia l'Enrico IV di Randone". *Avanti!*. Milano, 1965.

______. "Il teatro di Pirandello in Brasile". *Atti del Congresso Internazionale di Studi Pirandelliani*. Firenze, Casa Editrice Felice Le Monnier, 1967.

______. *Bragaglia il Profeta del Teatro Gestuale*, 17 jun. 1978 (recorte de jornal s/n) (arquivo Gabinetto Vieusseux).

______. *Il Teatro non è un Servizio Pubblico, è un'Arte*. Ds. IV Convegno di Studio della Rassegna dei Teatri Stabili "Condizione e responsabilità del teatro, oggi" (arquivo Gabinetto Vieusseux).

f) Seleção de Críticas e Artigos de autoria de Jacobbi Publicados no Suplemento Literário do jornal *O Estado de S. Paulo*:

Jacobbi, Ruggero. "O Teatro de Gonçalves Dias: I – As Fontes de 'Patkull' ". *O Estado de S. Paulo*, 16 fev. 1957. Suplemento Literário, p. 6. (Ano I, n. 19)

______. "O Teatro de G. Dias: II – 'Patkull' ". *O Estado de S. Paulo*, 23 fev. 1957. Suplemento Literário, p. 6. (Ano I, n. 20)

______. "O Teatro de G. Dias: III – Beatriz Cenci e Boabdill". *O Estado de S. Paulo*, 2 mar. 1957. Suplemento Literário, p. 6. (Ano I, n. 21)

______. "O Teatro de G. Dias: IV – O Prólogo de Leonor". *O Estado de S. Paulo*, 9 mar. 1957. Suplemento Literário, p. 6. (Ano I, n. 22)

______. "O Teatro de G. Dias: V – Leonor de Mendonça". *O Estado de S. Paulo*, 16 mar. 1957. Suplemento Literário, p. 6. (Ano I, n. 23)

______. "Significação da Tragédia". *O Estado de S. Paulo*, 21 set. 1957. Suplemento Literário, p. 7. (Ano I, n. 50)

_______. "De um Novo Naturalismo". *O Estado de S. Paulo*, 7 dez. 1957. Suplemento Literário, p. 1. (Ano 2, n. 59)

_______. "Atualidade de Goldoni". *O Estado de S. Paulo*, 21 dez. 1957. Suplemento Literário, p. 5. (Ano 2, n. 61)

_______. "Rosso di San Secondo". *O Estado de S. Paulo*, 11 jan. 1958. Suplemento Literário, p. 5. (Ano 2, n. 64)

_______. "O Último O'Neill". *O Estado de S. Paulo*, 22 fev. 1958. Suplemento Literário, p. 5. (Ano 2, n. 70)

_______. "Teatro Polonês". *O Estado de S. Paulo*, 15 mar. 1958. Suplemento Literário, p. 5. (Ano 2, n. 73)

_______. "Gabriele D'Annunzio: Além da Morte". *O Estado de S. Paulo*, 12 abr. 1958. Suplemento Literário, p. 1. (Ano 2, n. 76)

_______. "Um caso Clínico". *O Estado de S. Paulo*, 24 mai. 1958. Suplemento Literário, p. 6. (ano 2, n. 82)

_______. "Entre Tchékhov e Kafka". *O Estado de S. Paulo*, 6 set. 1958. Suplemento Literário, p. 1. (Ano 2, n. 97)

_______. "Hermetismo e Historicismo". *O Estado de S. Paulo*, 4 out. 1958. Suplemento Literário, p. 1. (Ano 3, n. 101)

_______. "Do Ator e do Realismo". *O Estado de S. Paulo*, 17 jan. 1959. Suplemento Literário, p. 5. (Ano 3, n. 116)

_______. "Ibsen Atual". *O Estado de S. Paulo*, 31 jan. 1959. Suplemento Literário, p. 5. (Ano 3, n. 118)

_______. "Os Oitenta Anos de Bontempelli". *O Estado de S. Paulo*, 4 abr. 1959. Suplemento Literário, p. 1. (Ano 3, n. 126)

_______. "Giuseppe Patroni-Griffi". *O Estado de S. Paulo*, 4 jul. 1959. Suplemento Literário, p. 1. (Ano 3, n. 138)

_______. " 'Romagnola' e a Dramaturgia". *O Estado de S. Paulo*, 5 dez. 1959. Suplemento Literário, p. 1. (Ano 4, n. 160)

_______. "Maeterlinck Póstumo". *O Estado de S. Paulo*, 26 mar. 1690. Suplemento Literário, p. 5. (Ano 4, n. 175)

_______. "Sobre um Texto de Shakespeare". *O Estado de S. Paulo*, 21 mai. 1960, Suplemento Literário, p. 5. (Ano 4, n. 182)

_______. "Sobre um Texto de Eurípedes. *O Estado de S. Paulo*, 18 jun. 1960. Suplemento Literário, p. 5. (Ano 4 , n. 186)

_______. "Eduardo, o Napolitano". *O Estado de S. Paulo*, 4 fev. 1961. Suplemento Literário, p. 5. (Ano 5, n. 219)

_______. "A Tradição Trágica". *O Estado de S. Paulo*, 25 fev. 1961. Suplemento Literário, p. 1. (Ano 5, n. 222)

_______. "A Estética Racionalista". *O Estado de S. Paulo*, 8 abr. 1961. Suplemento Literário, p. 1. (Ano 5, n. 227)

_______. "O Fim do Neo-realismo". *O Estado de S. Paulo*, 1 dez. 1962. Suplemento Literário, p. 1. (Ano7, n. 307)

g) Tradução de Peça Brasileira para o Italiano Publicada

BOAL, Augusto. *Rivoluzione all Sudamericana*. Torino, Einaudi, 1962. (Teatro Uno)

h) Traduções de Peças da Dramaturgia Mundial para o Italiano Publicadas

BENAVENTE, Jacinto. *La Malquerida*. Torino, Edizioni di Il Dramma, 1943. (Tradução e apresentação de Ruggero Jacobbi)

LORCA, F. Garcia. *Yerma*. Roma, OET Edizioni del Secolo, 1944. (Tradução e introdução de Ruggero Jacobbi)

i) Traduções e Adaptações de Peças para o Português Representadas no Brasil e Não Publicadas

*O Mentiroso*, de Carlo Goldoni (tradução e adaptação)

*A Ronda dos Malandros*, de John Gay, juntamente com Maurício Barroso e Carla Ci[illegible]lli (tradução e adapatação).

*A Ilha dos Papagaios*, de Sergio Tofano.

*O Sedutor*, de Diego Fabbri, juntamente com Luís Giovannini.

*A Rainha e os Rebeldes*, de Ugo Betti.

*Vestir os Nus*, de Luigi Pirandello.

*Quando se Morre de Amor*, de Giovanni Griffi.

*O Corvo*, de Carlo gozzi (tradução e adaptação)

j) Traduções de Peças Brasileiras para o Italiano Representadas e Não Publicadas

*Quello che ha Fatto il Voto*, de Dias Gomes.

*La Volpe e l'Uva*, de Guilherme Figueiredo.

*LSD e Il Contratto Azzurro*, de Pedro Bloch.

k) Outras Traduções de Peças de Dramaturgia Mundial para o Italiano Representadas e Não Publicadas

*Il Signor di Pourceaugnac*, de Molière.

*Amleto e La Commedia degli Errori*, de Shakespeare.

*Il Grande Coltello*, de Clifford Odets.

*La Duchessa di Urbino*, de Lope de Veja.

*Solitudine a Parigi* e *L'Infanzia e la Morte*, de Rilke.

*Israfel*, de Castillo.

*Il Male Corre*, de Audiberti.

*Ifigenia in Tauride*, de Eurípides.

l) Adaptações para o Teatro

*D'Annunzio Segreto*

*Tempi e Stilli del Teatro Italiano*

*Tiempe Belle 'e 'na Volta*
*Il Mondo di Shakespeare*

m) Poesia

JACOBBI, Ruggero. *Exilado em Copacabana*. Rio de Janeiro, 1946-1949.
_______. *Poemi senza Data*. Porto Alegre, Edições Hiperion, 1955.
_______. *Angra*. Gela, 1973.
_______. *Novecento Letto & Erario*. Roma, 1975.
_______. *Despedidas*. Pisa, 1976.
_______. *Le Immagini del Mondo*. Padova, Rabellato, 1978.
_______. *E Dove e Quando e Come*. Padova, Rabellato, 1980.
_______. *Privato Minimo*. Roma, Cuaderni di Piazza Navona, 1980.

n) Ensaio

JACOBBI, Ruggero. *Immagine Del Brasile*. Roma, Teatro Club / Genova, Columbianum / Centro Europa – America Latina, 1960.

o) Crítica Literária

_______. *Lirici Brasiliani*. Milano, Silva Editore, 1960.
_______. *Primo e Secondo Novecento*. Milano, edizioni Accademia, 1965.
_______. *William Faulkner: La Vita e l'Opera*. Roma, Fratelli Fabbri Editore, 1967.
_______. *Ernst Hemingway: La Vita e l'Opera*. Milano, Fratelli Fabbri Editore, 1967.
_______. *Poesia Futurista Italiana*. Milano, Edizioni Guanda, 1968.
_______. *Campo di Marte trent'Anni Dopo – 1938-1968*. Firenze, Vallechi, 1969.
_______. *Poesia Italiana del Novecento*. Ravenna, Longo Editore, 1973.
_______. *Rimbaud*. Milano, Accademia, 1974 (I memorabili)
_______. *Critica Sotto Inchiesta. Le Nuove Correnti Metodo-logiche e la Critica Militante*. Ravenna, Longo, 1976.
_______. *Pizzuto*. La Nuova Italia. Il Castoro, 1976.
_______. *Invito alla Lettura di Campana*. Milano, Mursia, 1976.
_______. *La Solitudine Pubblica. Saggio di Poesia di Roberto Sanesi*. Macerata, la Nuova Folio Editrice, 1976.
_______. *L'Avventura del Novecento – Le Chiavi di Lettura Storiche, Filosofiche e Critiche di uno Straordinario Testimone e Protagonista del Novecento Europeo*. Milano, Garzanti, 1984. (Saggi Blu / a cura di Anna Dolfi)
JACOBBI, Ruggero & MACRI, Oreste. *Lettere 1947-1981*. Roma, Bulzoni, 1993. (Carte e Categgi del Novecento n. 3 / a cura di Anna Dolfi).

p) Traduções de Poesia Brasileira para o Italiano

JACOBBI, Ruggero (org.). *Poesie di Murilo Mendes*. Milano, Nuova Accademia,

1961 (traduções de Giuseppe Ungaretti, Luciana Stegagno Picchio, Ruggero Jacobbi *et alli*)

_______. (org.). *Le Metamorfosi di Murilo Mendes*. Milano, Lerici, 1964. (Introdução, tradução, nota bio-bibliográfica)

_______. (org.). Poesia Libertà di Murilo Mendes. Milano, Sansoni-Accademia, 1971. (Introdução e tradução – Prêmio Internazionale Etna-Taormina).

_______. "Simbolisti Brasiliani: João da Cruz e Sousa". *L'Albero*, n. 47, 1971.

_______. *Poesia Brasiliana del Novecento*. Longo Angelo, Il Portico, n. 44, 1973.

_______. *Poesia Brasiliana del Novecento*. Ravenna, Longo Editore, 1973.

LIMA, Jorge. *Invenzione di Orfeo*. Edizioni Abete, 1982. (Tradução, introdução e apêndice).

q) Narrativa

JACOBBI, Ruggero. "Diario Brasiliano". In DOLFI, Anna (org.). *"Journal Intime" e Letteratura Moderna*. Bulzoni Editore, 1989 (Biblioteca di Cultura).

## PUBLICAÇÕES SOBRE RUGGERO JACOBBI

a) Livros e Revista Italianos

*Diciotto Saggi su Ruggero Jacobbi. Atti delle giornate di studio*. Firenze, 23-24 marzo 1984. Firenze, Gabinetto G.P. Vieusseux, 1987. (A cura di Anna Dolfi)

PIROMALLI, Antonio. *L'Attività Letteraria di Ruggero Jacobbi*. Napoli, Edizioni Scientifiche Italiane, 2000.

*Ridotto* – Mensile di Teatro – SIAD. Giuno-luglio 1982 (Speciale Ruggero Jacobbi).

b) Artigos Italianos

BALDACCI, Luigi. "Ricordo di un Critico Impuro". *La Nazione*, 24 giugno. 1981.

CATTANEO, Carlo Vittorio. "Jacobbi Lascia un'Eredità di Dieci raccolte di testi Poetici". *Nuova Rivista Europea*, pp. 144-147, 1981.

DOLFI, Anna. "Per Ruggero Jacobbi, Poeta e Critico". *L'Albero*, pp. 271-287, 63-64, 1980.

_______. "Ruggero Jacobbi, Antologia Impersonale". *Quasi*, pp. 59-70, 3-4, 1982-1983.

DE MONTICELLI, Roberto. "É Scomparso Ruggero Jacobbi Un Teatrante Sempre Diviso tra pagina e Palcoscenico". *Corriere della Sera*, 21 giu. 1981, p. 19.

DOPLICHER, Fabio. "Sulla Scena una Ricerca di Verità". *Stilb*, pp. 115-116, gennaio-febbraio, 1982.

MEMMO, Francesco Paolo. "Dalla Poesia alla Critica al Teatro: Una Partita Giocata su molti Tavoli". *Produzione e Cultura*, novembre 1981, pp. 30-39.
PIZZIGALLO, Michele. "In Ricordo di Ruggero Jacobbi". *Teleradio*, 25 lug. 1981.
RAMAT, Silvio. "Intempestivà e Riconsacrazione". *Stilb*, gennaio-febbraio, 1982, pp. 113-115.
SPAGNOLETTI, Giacinto. "L'Unità Sotto il Segno della Modernità". *Stilb*, gen.-feb. 1982, pp. 111-112.
"TRA Brasile e Italia Letteratura e Teatro". *La Repubblica*, 22 giu. 1981.

c) Artigos Publicados no Brasil

MAGALDI, Sábato. "O Que Nossa Cultura Aprendeu com este Italiano". *Jornal da Tarde*, São Paulo. 23 jun. 1981, p.14.
PEIXOTO, Fernando. "Até Sempre, Mestre Ruggero Jacobbi". *Folha de S. Paulo*, 6 jul. 1981, p. 24.

## BIBLIOGRAFIA ESCOLHIDA

a) Livros

ALBERTI, Alberto Cesare. *Poetica Teatrale e Bibliografia di Anton Giulio Bragaglia*. Roma, Bulzoni, 1978.
ALBERTI, Alberto Cesare; BEVERE, Sandra & DI GIULIO, Paola. *II Teatro Sperimentale degli Indipendenti (1923-19361)*. Roma, Bulzoni, 1984.
AMARAL, Maria Adelaide. *Dercy de Cabo a Rabo*. Rio de Janeiro, Globo, 1994.
APPLEBAUM, Stanley. *Teatro Brasileiro: Impressões de um Norte-americano*. Ceará, Imprensa Oficial. 1952.
AUTRAN, Paulo. *Um Homem no Palco*. São Paulo, Boitempo, 1998. (Entrevista a Alberto Guzik)
BENJAMIN, Walter. "A Obra de Arte na Era de sua Reprodutibilidade Técnica". *Magia e Técnica, Arte e Política*. São Paulo, Brasiliense, 1993 (5ª edição).
BERNARDINI, Aurora Fornoni (org.). *O Futurismo Italiano*. São Paulo, Perspectiva, 1980.
BRAGAGLIA, Anton Giulio. *Fora de Cena*. Rio de Janeiro, Vecchi, 1941.
________. *Del Teatro Teatrale Ossia del Teatro*. Roma, Edizioni Tiber, 1929.
BRECHT, Bertolt. "A Ópera dos Três Vinténs". *Teatro Completo*. Rio de Janeiro, Paz e Terra, 1992. (2ª edição)
BRETON, Andre. *Manifesti del Surrealismo*. Torino, Einaudi, 1998.
CORVIN, M. *Dictionnaire Encyclopédique du Théâtre*. Paris, Bordas, 1991.
CRUCIANI, Fabrizio. *Registi Pedagoghi e Comunità Teatrali nel Novecento*. Roma, E & A editori associati, 1995.
D'AMICO, Silvio (org.). *La Regia Teatrale*. Roma, Angelo Belardetti Editore, 1947.
________. *Storia del Teatro*. Milano, Aldo Garzanti, 1974.

_______. *Tramonto del Grande Attore*. Firenze, La Casa Usher, 1985.

DIONYSOS. Rio de Janeiro, MEC/DAC-FUNARTE/SNT (n. 23), set. 1978. (Número dedicado ao Teatro do Estudante do Brasil / Teatro Universitário / Teatro Duse).

DIONYSOS. Rio de Janeiro, MEC/ DAC-FUNARTE/ SNT (n. 24), out. 1978. (Número dedicado ao Teatro de Arena)

DIONYSOS. Rio de Janeiro, MEC/ SEAC-FUNARTE/ SNT (n. 25), set. 1980. (Número dedicado ao Teatro Brasileiro de Comédia)

DORIA, Gustavo. *Moderno Teatro Brasileiro*. Rio de Janeiro, Serviço Nacional de Teatro / Ministério da Educação e Cultura, 1975.

EVOLA, Dario. *L'Utopia Propositiva di Vito Pandolfi*. Roma, Bulzoni, 1991.

FERNANDES, Nanci & VARGAS, Maria Thereza (org.). *Uma Atriz: Cacilda Becker*. São Paulo, Perspectiva, 1984.

GAY, John. *L'Opera dei Mendicanti*. Torino, Edizioni di *Il Dramma*, 1943. (Versione integrale e prefazione di Vinicio Marinucci)

GIANELLA, Maria de Lourdes Rabetti. *Contribuição para o Estudo do Moderno Teatro Brasileiro: A Presença Italiana*. Departamento de Historia da FFCHL/USP, 1988. (Tese de Doutoramento)

GOLDONI, Carlo. *Commedie Scelte di Carlo Goldoni*. Torino, Unione Topografico-Editrice Torinese, 1948. (A cura di Giuseppe Ortolani)

_______. *I Capolavori de Carlo Goldoni: Il Servitore di Due Padroni, La Vedova Scaltra, La Putta Onorata*. Milano, A. Mondadori, 1978.

GRASSI, Paolo. *Fascismo e Antifascismo (1936-1948). Lezioni e Testimonianze*. Milano, Feltrinelli, 1972.

GUZIK, Alberto. *TBC – Crônica de um Sonho*. São Paulo, Perspectiva. 1986.

MACIEL, Luiz Carlos. *Geração em Transe - Memórias do Tropicalismo*. Rio de Janeiro, Nova Fronteira, 1996.

MAGALDI, Sábato. *Panorama do Teatro Brasileiro*. Rio de Janeiro, MEC/DAC/ FUNARTE/SNT, 2ª ed., s/d.

MAGALDI, Sábato & VARGAS, Maria Thereza. *Cem Anos de Teatro em São Paulo*. São Paulo, Senac, 2000.

MELDOLESI, Claudio. *Fondamenti del Teatro Italiano – La Generazione dei Registi*. Firenze, Sansoni, 1984.

MERCADO NETO, Antonio. *A Crítica Teatral de Alberto D'Aversa no Diário de São Paulo*. São Paulo, Escola de Comunicações e Artes da USP, 1979, (Dissertação de Mestrado).

MIKLASEVSKIJ, Konstantin. *La Commedia dell'Arte o il Teatro dei Commedianti Italiani nei Secoli XVI, XVII, XVIII*. Venezia, Marsilio Editori, 1981.

MOLINARI, Cesare. *Storia del Teatro*. Roma, Laterza, 1996.

MORAES, Denis de. *Vianinha – Cúmplice da Paixão*. Rio de Janeiro, Nórdica, 1991.

PANDOLFI. Vito. *Teatro Italiano Contemporâneo 1945-1959*. Milano, Schwarz, 1959.

_______. *Teatro da Quattro Soldi – Vito Pandolfi Regista*. Bologna, Nuova Alfa Editoriale, 1990. (A cura di Andrea Mancini, scritti di C. Meldolesi, S. De Matteis, M. Martinelli, V. Pandolfi e A. Mancini)

PEDULLÀ, Gianfranco. *Il Teatro Italiano nel Tempo del Fascismo*. Bologna, Il Mulino, 1994.

PEIXOTO, Fernando. *Um Teatro Fora do Eixo*. São Paulo, Hucitec. 1993.

POZZI, Emilio. *Paolo Grassi – Quarent'anni di Palcoscenico*. Milano, Murso, 1977.

PRADO, Décio de Almeida. *Apresentação do Teatro Brasileiro Moderno. Crítica Teatral – 1947-1955*. São Paulo, Livraria Martins Editora, 1956. 2ª edição, São Paulo, Perspectiva, 2001.

_______. *Teatro em Progresso. Crítica Teatral – 1955-1964*. São Paulo, Martins, 1964. 2ª edição, São Paulo, Perspectiva, 2002.

_______. *Procópio Ferreira – A Graça do Velho Teatro*. São Paulo, Brasiliense, 1984.

_______. *Teatro Brasileiro Moderno: 1930-1980*. São Paulo, Perspectiva/Edusp, 1988.

QUADRI, Franco. *Il Teatro del Regime*. Milano, Gabriele Mazzotta Editore, 1976.

RATTO, Gianni. *A Mochila do Mascate*. São Paulo, Hucitec, 1995.

SILVEIRA. Miroel. *A Contribuição Italiana ao Teatro Braslieiro – 1895-1964*. São Paulo, Quíron, 1976.

_______. *A Outra Crítica*. São Paulo, Símbolo, 1977.

SOUSA, Galante de. *O Teatro no Brasil*. Rio de Janeiro, INC, 1960.

SQUARZINA, Luigi. *Da Dioniso a Brecht. Pensiero Teatrale e Azione Scenica*. Bologna, Il Mulino, 1988.

STAMPALIA, Giancarlo. *Strehler Dirige: Le fasi di un Alleslimento e l'Impulso Musicale nel Teatro*. Venezia, Marsilio Editori. 1997. (Introduzione di Robert Wilson)

STREHLER, Giorgio. *Un Théâtre pour la Vie*. Paris, Fayard, 1986.

TESSARI, Roberto. *La Commedia Dell'Arte nel Seicento*. Firenze, Olshki. 1969.

_______. *Commedia dell'Arte: La Maschera e l'Ombra*. Milano, Mursia, 1999.

TAÍROV, Aleksander. *Le Théâtre Libéré*. Lausanne, L'Age d'Homme, 1974.

TOFANO, Sergio. *Il Teatro all'Antica Italiana e altri Scritti di Teatro*. Roma, Bulzoni, 1985. (A cura di A. Tinterri)

VEINSTEIN, Andre. *La Mise en Scène Théâtrale et sa Condition Esthétique*. Paris, Librairie Théâtrale, 1992.

VERDONE, Mario. *Anton Giulio Bragaglia*. Roma, Edizioni di Bianco e Nero, 1965.

_______. *Il Futurismo*. Roma, Tascabili Economici Newton, 1994.

_______. *Avventure Teatrali del Novecento*. Catanzaro, Rubbettino 1999.

b) Ensaios

BRAGAGLIA, Anton Giulio. "Tramonto del Grande Critico!". *La Stirpe*, agosto/settembre, 1929.

_______. "Variazioni sulla Regía". *Ottobre – Quotidiano del Fascismo Universale*. Roma, 1936.

_______. "Balli nelle Commedie". *Il Dramma*. 15 março 1950. pp. 36-40, n. 105.

_______. "La Commedia dell'Arte - I Comici Italiani Maestri di Teatro in Francia. *Il Dramma*, setembro 1950, pp. 33-56, n. 115.

_______. "Meccanica del Teatro e Tecnica della Scene". *Il Dramma*, n. 119, 15 out. 1950, pp. 28-33.

FULCHIGNONI, Enrico. "Il Teatro Sperimentale del GUF di Messina". In AA. VV., ll. *Teatro Sperimentale di Messina*. Messina, GUF, 1941.

MELDOLESI, Claudio. "Atti di Fede e Polemiche al Tramonto dei Teatri – GUF". *Rivista Biblioteca Teatrale*. Roma, Bulzoni, 1978.

SCHINO, Mirella. "Sul 'ritardo' del Teatro Italiano". *Teatro e Storia*, aprile 1988. (Anno III n. 1.)

c) Catálogos

FERRARA, J. A. & SARKIS. Lilian (Superv. e Coord.). *Sérgio Cardoso*. São Paulo, Secretaria de Estado da Cultura / RTC – Radio e Televisão Cultura, 1980.

Ferrara, J. A. & Serroni J. C. (Coord.). *TBC – 16 Anos de Cenografia e Indumentária 1948-1964*. São Paulo, Secretaria de Estado da Cultura, 1980.

d) Televisão

*Aventura do Teatro Paulista*. Série de televisão produzida pela TV Cultura de São Paulo, em 1981. Produção e entrevistas de Júlio Lerner.

BIBLIOTECAS E ARQUIVOS CONSULTADOS

a) No Brasil

Arquivo da Censura – preservado por Miroel Silveira
Biblioteca da Escola de Comunicações e Artes da USP
Biblioteca do Museu Lasar Segall
Arquivo Multimeios – IDART
Arquivo particular de Maria Thereza Vargas
Arquivo particular de Nydia Lícia
Arquivo particular de Décio de Almeida Prado
Arquivo particular de Fernando Peixoto

b) Na Itália

Arquivo pessoal de Ruggero Jacobbi – Roma
Gabinetto Giovan Pietro Vieusseux / L'Archivio Contemporaneo Alessandro Bonsanti / Fondo Ruggero Jacobbi – Florença
Biblioteca Nazionale di Firenze
Arquivo do Piccolo Teatro di Milano
Biblioteca da Università degli Studi di Bologna
Biblioteca del Dipartimento di Musica e Spettacolo / DAMS – Bologna
Biblioteca Comunale di Bologna
Biblioteca dell'Archiginnasio di Bologna

ENTREVISTAS REALIZADAS

a) No Brasil

Décio de Almeida Prado, Gianni Ratto, Sergio Britto. Fernando Peixoto. Mário Audrá Jr. e Margarita Schulmann.

b) Na Itália

Luigi Squarzina, Claudio Meldolesi, Luciana Stegagno Picchio, Daisy Santana, Paola Jacobbi e Mara Jacobbi.

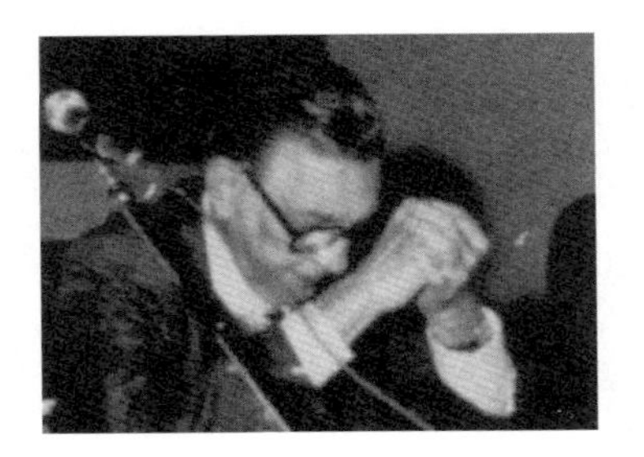

# Índice Remissivo

A

D

G



H

Q



R

S